Forderungen erfolgreich einziehen

So kommen Sie zu Ihrem Geld

von

Dr. Kerstin Diercks-Harms

Rechtsanwältin, Celle

Verlag C.H. Beck München 2012

www.beck.de

ISBN 978 3 406 63185 6

© 2012 Verlag C. H. Beck oHG
Wilhelmstraße 9, 80801 München

Satz: Druckerei C. H. Beck, Nördlingen (Adresse wie Verlag)
Druck: Druckhaus Nomos, In den Lissen 12, 76547 Sinzheim
Umschlagkonzeption: Atelier Seidel, Verlagsgrafik, Teising

Gedruckt auf säurefreiem, alterungsbeständigem Papier
(hergestellt aus chlorfrei gebleichtem Zellstoff)

Vorwort

Ansprüche einzuziehen und schnell und effektiv zu prozessieren, eventuell bis hin zur Zwangsvollstreckung und dem Forderungseinzug im Insolvenzverfahren, das ist sowohl für Privatpersonen als auch für Geschäftstreibende zunehmend von außerordentlicher Wichtigkeit.

Die hier gegebenen Tipps sollen desgleichen dazu beitragen, schon im Vorwege juristischer Streitigkeiten, insbesondere Forderungsausfällen vorzubeugen und damit zu vermeiden, in die „Gefahr eines Gerichtsverfahrens" zu gelangen. Darüber hinaus werden für den Fall, dass ein Prozess erforderlich werden sollte, die Maßnahmen aufgezeigt, diesen – mit oder, soweit möglich, auch ohne anwaltliche Unterstützung – zielstrebig und erfolgreich zu führen. Schließlich wird erläutert, wie eine etwaig erforderlich werdende Zwangsvollstreckung effizient durchzuführen ist.

Demonstriert werden taktische und zweckgerichtete Maßnahmen, zivilrechtliche Forderungen, insbesondere Zahlungsansprüche gegenüber Privatpersonen, Firmen, Versicherungen usw. durch Inkassomaßnahmen und im sogenannten Zivilprozess geltend zu machen.

Ebenso enthält dieses Buch Ratschläge dafür, sich effektiv gegen eine unberechtigte Forderung zu wehren. Dabei wird besonders dem Irrtum begegnet, dass man sich nicht gegen ein unredliches Vorgehen wenden müsse, weil es nicht sein könne, dass man zu Unrecht zu einer Zahlung oder einer sonstigen Leistung verurteilt wird.

Hier vorgeschlagene Tipps und strategische Hinweise schöpfen legale prozessuale Möglichkeiten aus, um schnell und günstig zum Recht zu gelangen. Ausgewählt und dargestellt aus der Fülle des Prozessrechts werden informative und praxisrelevante Themen.

Celle, im März 2012   *Dr. Kerstin Diercks-Harms*

Inhaltsverzeichnis

Abkürzungsverzeichnis

Abs. .... Absatz
AG .... Aktiengesellschaft
AGB .... Allgemeine Geschäftsbedingungen/Amtsgericht
ArbGG .... Arbeitsgerichtsgesetz

BDSG .... Bundesdatenschutzgesetz
BGB .... Bürgerliches Gesetzbuch
BGH .... Bundesgerichtshof

f, ff. .... folgende, fortfolgende

GbR .... Gesellschaft bürgerlichen Rechts
GewO .... Gewerbeordnung
GG .... Grundgesetz
ggf. .... gegebenenfalls
GmbH .... Gesellschaft mit beschränkter Haftung
GmbH & Co.
KG .... Gesellschaft mit beschränkter Haftung & Compagnie
                   Kommanditgesellschaft
GKG .... Gerichtskostengesetz
GVG .... Gerichtsverfassungsgesetz
GVZ .... Gerichtsvollzieher

HGB .... Handelsgesetzbuch

InsO .... Insolvenzordnung

K 1, 2, B 1, 2 ..... Auflistung überreichter Anlagen, „K" = Kläger,
                   „B" = Beklagter
KG .... Kommanditgesellschaft
KV .... Kostenverzeichnis

OHG .... Offene Handelsgesellschaft
OLG .... Oberlandesgericht

RpflG .... Rechtspflegergesetz
RVG .... Rechtsanwaltsvergütungsgesetz
RA .... Rechtsanwalt/Rechtsanwältin

1. Kapitel. Forderungsausfällen vorbeugen

Häufig zeigt sich anlässlich der Einforderung von Ansprüchen, dass schon zum Zeitpunkt einer Geschäftsanbahnung rechtliche Fehler begangen wurden, die sich im Nachhinein auswirken. Möglicherweise hätten diese bei entsprechender Aufmerksamkeit verhindert werden können. Womöglich wäre es sogar besser gewesen, ganz auf den Vertragsabschluss oder die Geschäftsbeziehung zu verzichten.

I. Datenerfassung

Jedes Vertragsverhältnis beginnt mit der Kontaktaufnahme zum Vertragspartner. Über diesen sollte man sich informieren, um keine „bösen Überraschungen" zu erleben.

Beispiel:

Herr Meyer führt ein kleines Geschäft. Er möchte seinen Umsatz steigern und verkauft seine Ware seinem Geschäftspartner Herrn Hinz, den er seit kurzem kennt. Der Kontakt findet per Fax statt. Herr Meyer liefert seine Ware im Voraus. Die folgende Rechnung wird nicht beglichen, die Mahnungen bleiben erfolglos. Herr Meyer verklagt Herrn Hinz und will schließlich aus dem Urteil vollstrecken. Jedoch kennt Herr Meyer die Kontonummer des Herrn Hinz nicht, diese war auch auf dessen Briefbogen nicht vorhanden. Er kann keine Kontopfändung vornehmen, andere Zwangsvollstreckungsmaßnahmen bleiben ebenfalls erfolglos. Herr Meyer ärgert sich, ihm hätte gleich auffallen müssen, dass der Briefbogen unseriös ist, weil keine Kontoverbindung angegeben ist.

Beispiel:

Frau Schulz möchte sich einen gebrauchten Pkw kaufen und erwirbt ihr „Wunschauto" gegen bar auf einem privaten Automarkt. Dass das Auto schwere Fehler hat, bemerkt sie erst Wochen später. Sie will die Verkäuferin belangen. Die angegebene Adresse ist aber offensichtlich nicht mehr aktuell. Eine Einwohnermeldeamtsanfrage bleibt ohne Erfolg, weil sich die Verkäuferin nicht umgemeldet hat. Gerichtliche Maßnahmen können daher nicht sofort ergriffen werden, weil die dazu erforderlichen Daten, nämlich eine ladungsfähige Adresse, fehlen. Spätere Nachforschungen bleiben ohne Erfolg, die Forderung kann nicht realisiert werden.

Bei jeglicher Vertragsanbahnung und Vertragsabwicklung sollte also von vornherein darauf geachtet werden, eine etwaige Zahlungsunfähigkeit oder Zahlungsunwilligkeit des Geschäftspartners zu erkennen und auszuschließen, einem unredlichen Vertragspartner aufzusitzen. Das gilt sowohl für Verbindungen im geschäftlichen Bereich, aber auch für rein private Verträge.

Tipp:
Vor einem Vertragsabschluss sollte man sich darüber Gewissheit verschaffen, wer der Vertragspartner ist. Die zur Verfügung gestellten Daten des Vertragspartners sollten also sorgfältig auf Vollständigkeit und Seriosität geprüft werden.

Die Daten des Vertragspartners – oder im geschäftlichen Bereich speziell des Kunden – sollten möglichst vollständig erfasst werden. Schließlich gehört das Erfassen der kompletten Daten nicht nur unabdingbar zur Vertragsabwicklung, sondern eben auch der Feststellung des Leumundes des Vertragspartners. Außerdem werden auf diese Weise für den Fall, dass es doch zu einem Mahnverfahren oder Prozess kommt, diese wichtigen Auskünfte für etwaigen späteren Forderungseinzug gesichert. Man sollte sich daher nicht scheuen, sich ein Ausweispapier zeigen zu lassen und alle wesentlichen Informationen zu notieren.

Von einem privaten Vertragspartner sollte man sich vermerken:

- vollständiger Name
- Anschrift
- Beruf
- Festnetzrufnummer/Handynummer
- E-Mailadresse
- Bankverbindung

Handelt es sich um eine Geschäftsbeziehung, ist gerade bei neuen Auftraggebern vor dem Vertragsabschluss – schon bei der Anbahnung – sicherzustellen, dass die Kundendaten vollständig erfasst werden. Gegen den Grundsatz, die Rechtschaffenheit des Vertragspartners bereits vor dem Abschluss des Vertrages – gründlich – zu prüfen, wird des Öfteren verstoßen. Insbesondere bei Werkverträgen bringt dies wesentliche wirtschaftliche Gefahren mit sich: Aufgrund der von Gesetzes wegen bestehenden Vorleistungspflicht des Werk-

unternehmers sollte die Solvenz des Kunden jedoch nicht bedenkenlos bis zum Ablauf der Zahlungsfrist übernommen werden.
Bewährt ist das Anfordern eines aktuellen Briefbogens des Kunden.

Der Briefbogen des Geschäftspartners sollte alle wichtigen Informationen enthalten, u. a.:

- korrekt eingetragene Bezeichnung (ggf. auch der gesetzlichen Vertreter)
- Anschrift
- Kommunikationsdaten
- E-Mail- und Internetadresse
- HR-Eintrag
- Verbandszugehörigkeiten
- richtige Bankverbindung und Steuernummer

Achtung!
Enthält der Briefbogen des Geschäftspartners diese Informationen nicht, ist Vorsicht geboten!

Tipp:
Auch in dem entgegengesetzten Fall, dass man sich gegen eine unberechtigte Inanspruchnahme wehren möchte, kann es bereits hilfreich sein, die zur Verfügung stehenden Daten daraufhin zu prüfen, ob diese vollständig und seriös sind. Insbesondere bei Abmahnungen, die mit einer Geldforderung verbunden sind, fehlen oftmals Angaben zu Vertretungsbefugnissen und eine Adresse. So lässt sich schnell feststellen, ob es sich um eine undurchsichtige Firma handelt.

Eine weitere effektive Methode, an bonitätsrelevante Informationen zu gelangen, ist die Eigenauskunft des Kunden, z. B. durch:
- „Kontoeröffnungsanträge" oder
- „Neukundenanträge".

Dem Kunden kann eventuell folgender Kontoeröffnungsantrag oder Neukundenantrag zum Ausfüllen vorgelegt werden:

Formulierungsbeispiel:
Ich beantrage bei Firma ... eine Kontoeröffnung und versichere, dass keine gerichtlichen Vollstreckungsmaßnahmen gegen mich und / oder das von mir geführte Unternehmen laufen und meine Angaben richtig und vollständig sind. Gleichzeitig ermächtige ich die Firma ... bei der genannten Bank die üblichen

Auskünfte einzuholen. Die Allgemeinen Geschäftsbedingungen der Firma ... erkenne ich an. Ich stimme zu, dass die Firma ... Grundbuchdaten im Grundbuch einsehen darf.

Folgende Daten sind grundsätzlich interessant, wobei offenbar ist, dass man an die heiklen Informationen oftmals nicht (vollständig) wird gelangen können. Jedoch dürfte eine achtbare Firma kein Problem damit haben, ihre allgemein zugänglichen Kommunikationsdaten und Unternehmensangaben selbst zu offenbaren.

(Unterschrift)

allgemein zugängliche Daten		"heikle" Daten
Kommunikationsdaten	**Unternehmensangaben**	
• Firmenbezeichnung • Branche • Anschrift (Land, Ort) • Telefonnummer • Telefaxnummer • Handynummer • E-Mailadresse • Internetadresse	• Rechtsform • Handelsregisterort • Handelsregister-Nummer • Niederlassungen • Gesellschafter • Geschäftsführer • gesetzlicher Vertreter • Umsatzsteuer-ID	• Bankverbindung • Gründungsjahr • Unternehmensgröße • Mitarbeiterzahl • Haftungskapital • Jahresumsatz • Immobilien • Einrichtungswert des Geschäfts • Auftragslage • Außenstandslage • Zahlungsverhalten

Im geschäftlichen Bereich kommt auch der sog. Stammdatenpflege besondere Bedeutung zu. Es wird empfohlen, möglichst vollständige Informationen zu archivieren und auch zu pflegen. Die Stammdaten sollten nach Möglichkeit stets auf dem neuesten Stand gehalten werden, um die Geschäftsbeziehung sich abzeichnenden Änderungen anpassen zu können.

1. Interne Informationsquellen

Für die Datensammlung stehen interne und externe Informationsquellen zur Verfügung:

Interne Informationsquellen:

• die Eigenauskunft des Kunden
• das erfasste Zahlungsverhalten

- das (Nicht-)Ausnutzen eines eingeräumten Skontos
- die allgemeine Zahlungstendenz
- das (Nicht)Überschreiten des Zahlungszieles und ggf. die Häufigkeit der Überschreitung
- das Durchlaufen von Mahnstufen
- die Reklamationshäufigkeit und
- die Jahresumsatzentwicklung

Sämtliche dieser Informationsquellen sind geeignet, Aufschlüsse darüber zu geben, ob das Aufnehmen oder die Fortführung einer geschäftlichen Beziehung ratsam ist oder nicht. Während die Eigenauskunft des Kunden schon vor dem Abschluss eines Vertrages beachtenswert sein kann, betreffen die anderen Punkte die Frage des Fortbestandes eines Vertragsverhältnisses. Ein erfasstes Zahlungsverhalten ist ein wichtiges Indiz für die Zuverlässigkeit des Bestellers oder Käufers. Dasselbe gilt für die allgemeine Zahlungstendenz, die Jahresumsatzentwicklung und das Überschreiten des Zahlungszieles und ggf. die Häufigkeit der Überschreitung. Durchläuft der Kunde bereits eine oder mehr Mahnstufen, weist dies auf eine nicht vorhandene Zahlungsmoral hin. Auch ist der Hang zu Reklamationen vielfach in der Weise einzuschätzen, dass der Kunde versucht, auf diese Weise den Preis zu drücken, und zwar auf eine unehrliche Art. Ebenso ist Zahlungsfähigkeit oder Zahlungswilligkeit indiziert, wenn ein eingeräumtes Skonto nicht ausgenutzt wird.

Beispiel:

Ernst Huber betreibt einen kleinen Elektrohandel. Er liefert mehrere Male in Abständen von wenigen Wochen Ware an seine neue Kundin, die Firma Schubert, welche von dem gestatteten Skonto keinen Gebrauch macht und schließlich auch keine Rechnung bezahlt. Nach der fünften Auslieferung meldet sie Insolvenz an. Weil Skonto einem Kunden erkennbar ermöglicht, Geld einzusparen, ist das Nichtausschöpfen dieser Möglichkeit ein Indiz für fehlende Zahlungsfähigkeit oder -moral. Bei Ernst Huber hätten Zweifel aufkommen müssen. Er hätte seit dieser Erkenntnis keine weiteren Verträge mehr abschließen dürfen.

2. Externe Informationsquellen

Will man sich, insbesondere bei größeren, wichtigen Aufträgen vergewissern, dass ein neues Geschäftsverhältnis keine wirtschaftlichen Risiken birgt, können auch sog. externe Informationsquellen ausgeschöpft werden. Dazu gehören die Einsicht in öffentliche Register und den „Bundesanzeiger", Internetrecherchen, das Einholen von Bankauskünften oder von Informationen über eine Wirtschaftsauskunftei, die Abfrage in Adressdatenbanken oder die Verfolgung von Branchenberichten und durchaus auch der – lokalen – Tages- und Wirtschaftspresse. Diese Informationsquellen werden noch einmal in der folgenden Übersicht dargestellt:

Externe Informationsquellen:

- die öffentlichen Register (Handwerkskammer, Amtsgericht, Einwohnermeldeamt)
- der Bundesanzeiger
- Wirtschaftsauskunfteien
- Internetrecherchen
- Adressdatenbanken
- Bankauskünfte
- Branchenberichte
- die Tages- und Wirtschaftspresse

Beim Amtsgericht können folgende Informationen erfragt werden:

- Hat der Schuldner bereits die eidesstattliche Versicherung abgegeben?
- Wurde über das Vermögen des Schuldners ein Insolvenzverfahren eröffnet?
- Ist der Schuldner im Schuldnerverzeichnis eingetragen?

Darüber hinaus werden beim Amtsgericht das Handelsregister, welches Auskunft über alle kaufmännisch geführten Unternehmen gibt, und das Grundbuchamt – dieses informiert über die Eigentumsverhältnisse und Belastungen an Grundstücken – geführt. Natürlich macht es keinen Sinn, vor jedem Vertragsabschluss jede Informationsquelle extensiv auszuschöpfen. Bestehen aber Vermutungen dafür, dass es eventuell nicht zweckmäßig ist, ein Geschäft einzugehen, kann es angezeigt sein, Einkünfte einzuholen. Dazu dienen die nachstehenden Informationen. Zu bedenken ist dabei, dass der Einsatz der externen Informationsquellen aber auch in Bezug auf Zuverlässigkeit, Schnelligkeit, Auskunftsumfang, Kosten-Nutzen-Verhältnis abzuschätzen ist.

a) SCHUFA. Die SCHUFA (Schutzgemeinschaft für allgemeine Kreditsicherung) ist eine Gemeinschaftseinrichtung der kreditgebenden

Wirtschaft. Sie erhält ihre Informationen vor allem von angeschlossenen Kreditinstituten, die sich ihrerseits dazu von ihren Kunden ermächtigen lassen. Dazu müssen die Kunden eine Einwilligungserklärung unterschreiben, die sog. SCHUFA-Klausel. Die Schufa bearbeitet jährlich mehr als 90 Millionen Anfragen zur Kreditwürdigkeit. Sie verfügt über etwa 440 Millionen Einzeldaten zu 65 Millionen Personen. Die SCHUFA bietet klassische Auskünfte an, aber auch solche, die auf mathematisch-statistischen Systemen (sog. „Decision Support System") beruhen. Die Auskünfte beinhalten Angaben zu natürlichen Personen, Informationen über nicht vertragsgemäße Abwicklungen von Geschäften sowie Daten aus öffentlichen Verzeichnissen und amtlichen Bekanntmachungen.

b) Schuldnerverzeichnis. Das Vollstreckungsgericht (ansässig beim Amtsgericht) führt ein Verzeichnis der Personen, die in einem bei ihm anhängigen Verfahren die eidesstattliche Versicherung, § 807 ZPO, abgegeben haben oder gegen welche die Haft angeordnet ist, § 901 ZPO. Wird in einem Insolvenzverfahren der Eröffnungsantrag mangels Masse abgewiesen, so wird dies ebenfalls im Schuldnerverzeichnis vermerkt. In das Schuldnerverzeichnis werden die Bezeichnung des Schuldners, sein Geburtsdatum (soweit bekannt), das Datum der Abgabe der eidesstattlichen Versicherung oder das Datum der Anordnung der Haft sowie das Aktenzeichen der Vollstreckungssache und die Bezeichnung des Vollstreckungsgerichts oder der Vollstreckungsbehörde eingetragen. Jeder, der ein berechtigtes Interesse darlegen kann, erhält eine Auskunft oder Einblick in dieses Verzeichnis. Die Gebühren liegen meist bei 15 EUR.

Einzelauskunft erhält derjenige, der darlegen kann, dass die Auskunft erforderlich ist:

- zum Zwecke der Zwangsvollstreckung
- zur Erfüllung gesetzlicher Pflichten wegen der Prüfung der wirtschaftlichen Zulässigkeit
- zur Prüfung der Voraussetzung für die Gewährung von öffentlichen Leistungen
- zur Abwehr von wirtschaftlichen Nachteilen oder
- zur Verfolgung von Straftaten

Eine weitergehende Glaubhaftmachung wird nicht verlangt. Auch ist ein Nachweis, z. B. in Form eines Vollstreckungstitels, nicht erforderlich.

Eine Eintragung im Schuldnerverzeichnis wird nach Ablauf von drei Jahren seit dem Ende des Jahres gelöscht, in dem die eidesstattliche Versicherung abgegeben, die Haft angeordnet oder die sechsmonatige Haftvollstreckung beendet wurde.

c) Wirtschaftsauskunfteien. Handels- und Wirtschaftsauskunfteien speichern Daten von Personen und Betrieben, um diese auf Anfrage an Dritte zu übermitteln (§ 29 BDSG). Auskunfteien erhalten nur einen Teil der Daten von ihren Kunden, hauptsächlich ermitteln sie diese selbst. Sie sammeln Informationen über die wirtschaftliche Betätigung, Kreditwürdigkeit und Zahlungsfähigkeit von Unternehmen und Privatpersonen. Dazu gehören: Name, Anschrift, Geburtsdatum, Angaben zum Einkommen und Vermögen (z. B. Beruf, Arbeitgeber, Umsatz, Grundeigentum, Bankverbindung, Zahlungsweise, Schulden) und etwaige Hinweise auf die Abgabe einer eidesstattlichen Versicherung sowie auf das Vorliegen sog. „harter Negativmerkmale".

Diese Daten stammen meist aus allgemein zugänglichen Quellen, wie z. B. Telefon- und Adressbüchern, Veröffentlichungen im Bundesanzeiger und anderen Publikationen über Insolvenzen, Vergleiche, Betriebsgründungen und Geschäftsberichte, oder aus öffentlichen Registern, wie dem Handelsregister, dem Vereinsregister, dem Schuldnerverzeichnis oder dem Melderegister. Daneben werden aber auch Betroffene, Geschäftspartner und mitunter Nachbarn befragt.

Eine Auskunftserteilung darf nur erfolgen, wenn der Anfragende ein berechtigtes Interesse plausibel darlegt. Außerdem darf der Betroffene, über welchen Daten gesammelt worden sind, kein schutzwürdiges Interesse daran haben, dass die Informationen nicht weitergegeben werden. Die Auskunfteien melden regelmäßig ihren Kunden über einen bestimmten Zeitraum neu hinzukommende Daten nach, wenn davon auszugehen ist, dass das berechtigte Interesse am Erhalt dieser Daten fortbesteht und dies gewünscht wird. Die Erwartung, zuverlässige bonitätsrelevante Daten zu erhalten, wird nicht immer erfüllt.

d) Informationen der Auskunfteien zur qualifizierten Kreditprüfung

Folgende Auskünfte können von Auskunfteien eingeholt werden:

- genaue Firmenbezeichnung
- Firmensitz und Anschrift
- Basisinformationen
- Handelsregisterdaten
- Kennzahlen
- „harte Negativinformationen"
- Bonitätsindex aufgrund der Bewertung der Daten

Zu den Anforderungen, welche die Auskunfteien nicht garantieren können, gehören:

- Aktualität
- genaueste Kenngrößen
- aktuelle Liquidität
- gegenwärtige Pressemitteilungen
- Inhalt (wegen ungeprüfter Eigenangaben)
- empfohlener Kreditrahmen

e) Bankauskunft. Mittels einer Bankauskunft kann ebenfalls die Bonität von Kunden geprüft werden. Bankauskünfte erhalten lediglich eigene Kunden sowie andere Kreditinstitute für deren eigene Zwecke und die ihrer Kunden. Deshalb kann eine Bankauskunft – bei berechtigtem Interesse – (nur) mittels der eigenen Hausbank angefordert werden.

Folgendes ist insoweit zu beachten: Ein Kreditinstitut ist gemäß der regelmäßig verwendeten AGB berechtigt, über Geschäftskunden (juristische Personen und Kaufleute, die im Handelsregister eingetragen sind) eine Bankauskunft zu erteilen, sofern ihr keine anderslautende Weisung des Kunden vorliegt. Wenn ein Kunde ausdrücklich gebeten hat, keine Informationen weiterzugeben, muss sich das Institut daran halten. Bankauskünfte über Privatkunden (alle sonstigen Personen und Vereinigungen) erteilt die Bank nur, wenn diese generell oder im Einzelfall ausdrücklich zugestimmt haben. Bankauskünfte sind allgemein gehaltene Feststellungen und Bemerkungen über die wirtschaftlichen Verhältnisse des Kunden, seine Kredit- und Zahlungsfähigkeit. Betragsmäßige Angaben über Kontostände, Sparguthaben, Depotwerte oder sonstige einem Kreditinstitut anvertraute Vermögenswerte sowie Kreditinanspruchnahme werden hingegen nicht gegeben.

Tipp:
Möchte man verhindern, dass die eigene Hausbank Bankauskunft über das eigene Firmenkonto erteilt, sollte die Bank angewiesen werden, keine Auskünfte zu erteilen.

f) Gewerberegisterauskunft. Im Gewerberegister werden alle gewerberechtlichen Daten der Gewerbebetriebe gespeichert. Weil Unternehmen verpflichtet sind, ihre Tätigkeit beim Gewerbeamt anzumelden, sind diese Informationen regelmäßig aktuell und zutreffend. Auskünfte dürfen nur erteilt werden, wenn der Antragssteller ein berechtigtes Interesse daran hat (§ 14 GewO). Die Auskunft beschränkt sich aus datenschutzrechtlichen Gründen auf den Namen, die Betriebsanschrift und die angezeigte Tätigkeit. Ebenfalls aus datenschutzrechtlichen Gründen werden Gewerbebetriebe am Ende des auf die Abmeldung folgenden Jahres gelöscht. Über abgemeldete Betriebe wird grundsätzlich keine Auskunft erteilt. Die Änderung der Wohnanschrift ist kein gewerberechtlich relevanter Vorgang. Deshalb ist u. U. nicht immer die aktuelle Wohnanschrift eingetragen. Die Auskunft ist grundsätzlich gebührenpflichtig.

g) Handelsregister. Im Handelsregister werden alle kaufmännisch geführten Unternehmen verzeichnet. Das Register wird am lokal zuständigen Amtsgericht geführt. Das Handelsregister ist öffentlich und kann von jedermann kostenlos eingesehen werden. Schriftliche Auskünfte per Post kosten 10 EUR, eine beglaubigte Auskunft 18 EUR. Die Auskunft kann auch über www.unternehmensregister. de eingeholt werden (Kosten: 4,50 EUR). Durch das Offenlegen der rechtlichen Verhältnisse des Unternehmens dient das Handelsregister der Rechtssicherheit im Geschäftsverkehr, d. h. die eingetragenen Tatbestände des Unternehmens schaffen rechtlich relevante Vertrauenstatbestände. Bedeutsam ist die Eintragung, da hierdurch die Rechtsgrundlage der Unternehmenstätigkeit bestimmt wird. Ins Handelsregister eingetragene Unternehmen unterliegen den Vorschriften des HGB.

Eingetragen werden in das Handelsregister u. a.:

- Kapitalgesellschaften (AG, GmbH, GmbH & Co. KG)
- offene Handelsgesellschaften (OHG)
- Kommanditgesellschaften (KG)
- Einzelkaufleute und Personengesellschaften, wenn ihr Unternehmen einen in kaufmännischer Weise eingerichteten Geschäftsbetrieb erfordert, § 1 HGB

Informationen können aus dem Handelsregister beschafft werden über:

- den Geschäftszweig
- den Gesellschaftsvertrag
- die Liste der Gesellschafter
- den Gegenstand des Unternehmens
- die Höhe des Stammkapitals und der Stammeinlagen
- den Geschäftsführer und die Vertretungsbefugnisse
- die Erteilung von Prokura

Auch im privaten Bereich kann es durchaus sinnvoll sein, sich durch eine Handelsregisterauskunft Sicherheit über die Seriosität einer Firma zu verschaffen.

Beispiel:

Frau List möchte ihr Dach neu eindecken lassen. Sie rechnet mit Kosten von etwa 20.000 EUR und holt sich mehrere Angebote ein. Sie würde gern das günstigste Angebot über 18.000 EUR annehmen. Sie hat jedoch noch Bedenken und holt beim Handelsregister Informationen über diese Firma ein. Tatsächlich stellt sich heraus, dass der Betrieb kein, wie im Internet angegeben, Meisterbetrieb ist.

II. Kreditprüfung

Die folgenden Ausführungen betreffen die Prüfung der Kreditwürdigkeit eines Kunden im geschäftlichen Bereich, insbesondere bei einer dauerhaften Geschäftsbeziehung. Gerade dann sollte zur Vermeidung von Forderungsausfällen nicht vernachlässigt werden, fortlaufend die Bonität des Kunden zu prüfen. Dazu sind die Kundendaten zu pflegen. Auffälligkeiten des Zahlungsverhaltens sollten bei vernetzter Buchhaltung zu erkennen sein.

Typische Anzeichen für sich anbahnende Zahlungsschwierigkeiten sind Änderungen im Zahlungs- oder im Bestellverhalten, z. B.:

- der Verzicht auf ein Skonto-Angebot
- das Umstellen der Zahlungsweise
- die Veränderung in der Hauptbank-Verbindung
- das kommentarlose Annehmen von hohen Preisen
- die dauerhafte Nichterreichbarkeit eines wichtigen Gesprächspartners
- ein häufiger Wechsel bei Geschäftsführung und bei Gesellschaftern
- Betriebsaufspaltungen

Würde die Kundenbeziehung trotz der aufgelisteten Kriterien einschränkungslos fortgesetzt werden, würde auch das wirtschaftliche Risiko eines Forderungsausfalls getragen werden. Um dem entgegenzuwirken, sollte eine Kreditentscheidung und Limitfestlegung erfolgen.

Die Kreditentscheidung und Limitfestlegung kann wie folgt geschehen:

- etwaige Kreditsperren werden verhängt
- Sicherheiten sollten vom Kunden zur Verfügung gestellt werden
- die Intensität der Geschäftsbeziehung ist zu beschränken
- der Auftragswert und Auftragsumfang sowie die Auftragsdauer sind festzulegen
- die eigenen Lieferkonditionen sind zu überprüfen

1. Verlangen von Sicherheiten

Eine Geschäftsbeziehung kann trotz nicht ausschließbarer Zahlungsprobleme fortgesetzt werden, wenn der (Zahlungs-)Anspruch abgesichert wird. Nicht alle der nachfolgend aufgezeigten gebräuchlichen Sicherungsrechte dürften sich stets für die konkrete Kundenbeziehung eignen. Gleichwohl soll der Vollständigkeit halber ein Überblick erfolgen, welche Mittel grundsätzlich zur Verfügung stehen.

In Betracht kommen folgende Rechtsinstitutionen, welche aus Gründen der späteren Beweisbarkeit unbedingt schriftlich getroffen werden sollten:

- Vorausleistungen, die im Einzelfall vereinbart werden
- die Abtretung einer Forderung, sog. Sicherungszession
- die Sicherungsübereignung von beweglichen Gegenständen, z. B. eines Kfz oder von Warenvorräten
- der Eigentumsvorbehalt, vereinbart vor allem durch eigene Allgemeine Geschäftsbedingungen
- der Schuldbeitritt, z. B. durch den / die Geschäftsführer/in persönlich
- eine Bürgschaft, ebenfalls durch den / die Geschäftsführer/in persönlich oder private Dritte
- eine Bankbürgschaft
- eine Belastung im Grundbuch, soweit Grundvermögen vorhanden ist

a) Vorausleistungen. Das Gesetz, hauptsächlich BGB, sieht vielfach Vorausleistungspflichten vor, z. B. bei Werkverträgen die Pflicht des Werkunternehmers zur Herstellung der Sache. Um das wirtschaftliche Risiko der Vorausleistung abzuwälzen, kann im Einzelfall, auch durch Vereinbarung einer entsprechenden Klausel in AGB, abgemacht werden, dass der Werklohn – teilweise – vorausgezahlt wird.

b) Forderungsabtretung. Ein durchaus gebräuchliches Sicherungsmittel für den Verkäufer einer Sache oder für den Werkunternehmer ist die sog. Forderungsabtretung. Diese setzt voraus, dass der Kunde (Schuldner) seinerseits über eine Forderung verfügt, welche ein Dritter (sog. Drittschuldner) noch nicht erfüllt hat. Zur Sicherheit tritt nun der Schuldner die Geltendmachung dieser Forderung an den Gläubiger (Verkäufer/Werkunternehmer) ab. Für den Fall, dass die Hauptforderung aus dem Geschäftsabschluss nicht realisiert werden kann, kann nun der Gläubiger von dem Dritten die Bezahlung des Anspruchs verlangen.

c) Sicherungsübereignung. Die Übereignung von beweglichen Gegenständen, z. B. eines Kfz oder von Warenvorräten als Mittel zur Sicherung von Ansprüchen ist ein nutzbringendes Mittel, um der Erfüllung einer Forderung Nachdruck zu verleihen.

d) Eigentumsvorbehalt. Bei Warenlieferungen wird seitens größerer Unternehmen stets ein Eigentumsvorbehalt durch das Einbeziehen von AGB in den Vertrag vereinbart. Diese Vorgehensweise sollte auch von kleineren Firmen beherzigt werden. Allgemeine Geschäftsbedingungen werden auftragsgemäß individuell auf den jeweiligen Betrieb von Rechtsanwälten/Rechtsanwältinnen erarbeitet. Die Anwaltskosten sind vor Auftragserteilung abzuklären. Der Rechtsanwalt/die Rechtsanwältin berät auch über Art und Einbeziehung der AGB in ein Vertragsverhältnis. Es wird davon abgeraten, AGB ohne fachkundige Hilfe selbst zu erstellen. Diese müssen nämlich insgesamt fehlerfrei sein, um im Geschäftsverkehr nicht eine Abmahnung nach §§ 1 ff., 8 UWG zu riskieren. Diese droht aber bei jedem Verstoß gegen geltendes Recht, weil darin stets ein Wettbewerbsvorteil zu erblicken ist. Die Kosten einer Abmahnung sind meist höher als die Vergütungsrechnung einer Rechtsanwaltskanzlei für das Erstellen von AGB.

Auch bei einer rein privaten Veräußerung eines Gegenstandes, der nicht sofort voll bezahlt wird, ist die Vereinbarung eines Eigentumsvorbehaltes dringend zu empfehlen.

e) Schuldbeitritt. Mit einem Schuldbeitritt verpflichtet sich eine weitere Person, für die Schulden des Vertragspartners mit einzustehen. Dadurch dass eine weitere Person haftet, wird die Forderung sicherer.

Beispiel:
Ein Vermieter möchte die Wohnung gern an einen Interessenten vermieten, dieser ist jedoch Student und verfügt damit über keine hohen Einkünfte. Dessen Freundin, die mit in die Wohnung ziehen will, erhält zwar zurzeit lediglich Arbeitslosenhilfe, hat aber die Aussicht, in Kürze ein festes Arbeitsverhältnis abzuschließen. Dem Vermieter ist daher zu raten, beide Personen als Mieter aufzunehmen.

Eine Schuldbeitrittserklärung kann im Übrigen durch einfache Erklärung zu einem Vertrag hinzugesetzt werden.

Formulierungsbeispiel:
Ich trete der Verpflichtung des/der ... als zweite/r Schuldner/in bei.
(Ort, Datum, Unterschrift)

f) Bürgschaft. Mit einem Bürgschaftsvertrag verpflichtet sich ebenfalls eine dritte Person, für die Erfüllung einer Verbindlichkeit eines Schuldners einzustehen, § 765 BGB. Vielfach werden nahe Angehörige bereit sein, eine solche Erklärung abzugeben. Auch die Konstellation, dass der/die Geschäftsführer/in persönlich bürgt, wenn es um ein wichtiges Geschäft für eine GmbH geht, kommt in Betracht. Die Qualität dieser Sicherheit richtet sich nach der Solvenz des Bürgen. Der Unterschied zum Schuldbeitritt liegt darin, dass letztere eine sog. eigene Verbindlichkeit begründet, während die Bürgschaft vom Bestand der Hauptschuld abhängt.

g) Bankbürgschaft. Die Bürgschaft einer Bank ist kostenpflichtig und setzt die Bonität des Bankkunden voraus. Wenn sie die einzige in Betracht kommende Möglichkeit zur Absicherung ist und ein entsprechendes Sicherungsbedürfnis besteht, sollte sie verlangt werden.

Tipp:
Die Bankbürgschaft wird z. B. auch bei größeren Vorauszahlungen eines Kunden beim Möbelkauf durch das Einrichtungshaus zur Verfügung gestellt, wenn der Kunde diese verlangt.

h) Grundbuchbelastung. Es handelt sich um eine Sicherungsmaßnahme, welche sich bei einem Geschäftsabschluss größeren Ausmaßes anbietet. Der Schuldner bewilligt, dass ein ihm gehörendes Grundstück im Grundbuch (in der dritten Abteilung) mit einer Grundschuld oder Hypothek belastet wird.

2. Allgemeine Geschäftsbedingungen

Die folgenden Erwägungen richten sich nicht nur an Gewerbetreibende. Es geht um die grundsätzliche Möglichkeit, zur Stützung der eigenen Rechtsposition – im erlaubten Rahmen – im Vertragswege von gesetzlichen Vorschriften abzuweichen. Große Unternehmen schließen Verträge mit ihren Vertragspartnern und Verbrauchern immer unter Einbeziehung ihrer AGB („Kleingedrucktes"). Darin wird, soweit dies §§ 305 ff. BGB zulassen, zugunsten des Verwenders von den gesetzlichen Vorschriften abgewichen.

Dies ist auch für rein private Angelegenheiten möglich, z. B. beim Abschluss eines Miet- oder Kaufvertrages – zumeist werden dazu Vordrucke verwendet.

> **Tipp:**
> Wird nur der Abschluss eines einzigen Vertrages, z. B. eines Miet- oder Kauf-
> vertrages, beabsichtigt, wird es meistens sinnvoller sein, kein Formblatt zu
> verwenden, sondern vertragliche Bestimmungen einzelvertraglich festzulegen,
> weil dann die sog. Inhaltskontrolle nach §§ 308 ff. BGB entfällt.

Wird eine Firma betrieben, z. B. ein Handwerksbetrieb, welcher mit
seinen Kunden regelmäßig Werkverträge abschließt, ist auf jeden Fall
zu empfehlen, AGB bei Vertragsabschluss zu vereinbaren, denn sie
ermöglichen ein Abweichen vor allem vom gesetzlich geregelten Ver-
gütungszeitpunkt. So bestimmt § 641 Abs. 1 BGB, dass die Vergütung bei Abnahme des Werkes zu entrichten ist. § 266 BGB sieht
vor, dass der Schuldner (also auch der Unternehmer für die Werkleistung) zu Teilleistungen nicht berechtigt ist. Die Konsequenz ist,
das ohne abweichende Vereinbarung in eigenen Allgemeinen Geschäftsbedingungen der Werkunternehmer verpflichtet ist, vollständig vorzuleisten, auch wenn nach Vertragsabschluss zweifelhaft
wird, ob der Besteller überhaupt wird bezahlen können.

> **Die eigenen AGB bringen viele wirtschaftliche Vorteile, u. a.:**
>
> • Regelungen zum Zahlungsverzug
> • Eigentumsvorbehalte
> • Haftungsbegrenzung und Haftungsausschlüsse
> • Gerichtsstandsvereinbarung

Bei einer schriftlichen Fixierung des Auftrages ist zu empfehlen:

> **Formulierungsbeispiel:**
> Wir arbeiten ausschließlich auf der Grundlage unserer umseitig abgedruckten
> Allgemeinen Geschäftsbedingungen.
> Oder:
> Wir arbeiten ausschließlich auf der Grundlage unserer Allgemeinen Geschäfts-
> bedingungen, die im Internet unter www. ... abrufbar sind.

Bei mündlichem Vertragsschluss sollte der Mitarbeiter notieren, dass
der Hinweis auf den Internetauftritt mündlich erfolgt ist. Zudem ist
auf der Rechnung zu vermerken, dass die AGB für alle Zusatz- und
künftigen Aufträge gelten.

Formulierungsbeispiel:
Unsere AGB, abrufbar unter www. ..., gelten für alle Zusatz- und zukünftigen Aufträge.

III. Forderungsmanagement

Vertragliche Ansprüche sind umgehend abzurechen, ggf. ist zu mahnen. Sonstige Ansprüche sollten zur Geltendmachung einer Anwaltskanzlei übertragen werden. Dazu im Einzelnen:

1. Rechnungen

Für Geldforderungen gilt: Rechnungen sind zügig zu schreiben, soweit nicht ausnahmsweise etwas anderes vereinbart wurde. Neben dem primären Ziel, die Forderung zu realisieren, geht es darüber hinaus darum, die Rechtswirkungen einer Rechnung herzustellen. Das ist unter mehreren Gesichtspunkten wichtig, u. a. für das Erheben von Verzugszinsen. Dazu ist eine Frist zur Zahlung (z. B.: zahlbar innerhalb von zwei Wochen) oder ein bestimmtes Datum (z. B.: zahlbar am 20. 5. 2011) zur Zahlung vertraglich zu vereinbaren.

Wird keine Zahlungsfrist oder kein bestimmtes Datum vereinbart, gilt § 286 Abs. 3 BGB. Danach muss der Schuldner einer Entgeltforderung innerhalb von 30 Tagen nach Fälligkeit und Zugang einer Rechnung oder gleichwertiger Zahlungsaufstellung zahlen. Leistet er nicht, kommt er in Zahlungsverzug (Ausnahme: der Schuldner hat die Nichtleistung nicht „zu vertreten"). Allerdings gilt dies nicht einschränkungslos. Ist der Schuldner ein Verbraucher (jede natürliche Person, die ein Rechtsgeschäft zu einem Zweck abschließt, der weder ihrer gewerblichen noch ihrer selbstständigen beruflichen Tätigkeit zugerechnet werden kann, § 13 BGB) kommt er nur unter der Voraussetzung in Verzug, wenn er auf diese Rechtsfolge in der Rechnung (oder Zahlungsaufstellung) besonders hingewiesen worden ist.

> **Formulierungsbeispiel:**
> Zahlungshinweis: Sie kommen mit der Zahlung des Rechnungsbetrages spätestens dann in Verzug, wenn Sie diesen nicht innerhalb von 30 Tagen nach Fälligkeit und Zugang dieser Rechnung begleichen.

Sollte ein Kunde, der kein Verbraucher ist, eventuell später den Zeitpunkt des Zugangs der Rechnung oder der Zahlungsaufstellung bestreiten, kann sich der Gläubiger dennoch auf den Verzugseintritt berufen. Gesetzlich geregelt ist nämlich, dass dieser Schuldner spätestens 30 Tage nach Fälligkeit und Empfang der Gegenleistung in Verzug kommt. Ein besonderer Hinweis ist nicht erforderlich.

> **Das Gesetz sieht in § 286 Abs. 2 BGB weitere Fälle vor, in denen der Schuldner ohne eine Mahnung in Verzug gerät:**
>
> - Für die Leistung ist eine Zeit nach dem Kalender bestimmt. Die Leistungszeit kann sich aus gesetzlichen Vorschriften, aus einem Urteil oder aus einem Rechtsgeschäft ergeben, also insbesondere aus einer speziellen vertraglichen Vereinbarung (Beispiel: in einem Mietvertrag wird vereinbart, dass der Mieter die Miete zum Fünften eines jeden Monats im Voraus zu entrichten hat). Wichtig: eine einseitige Bestimmung durch den Gläubiger genügt grundsätzlich nicht, außer, die Parteien sind sich darüber einig, dass der Gläubiger bestimmen soll, wann der Schuldner zu bezahlen hat.
> - Der Leistung hat ein Ereignis vorauszugehen, und eine angemessene Zeit für die Leistung ist in der Weise bestimmt, dass sie sich von dem Ereignis an nach dem Kalender berechnen lässt. Es handelt sich dabei um Fälle, in denen die Parteien z. B. per AGB vereinbart haben, dass innerhalb von zwei Wochen nach Lieferung oder Bestellung usw. zu leisten ist.
> - Der Schuldner verweigert die Leistung ernsthaft und endgültig, dann liegt ein Fall der sog. „Selbstmahnung" vor.
> - Aus besonderen Gründen unter Abwägung der beiderseitigen Interessen ist der sofortige Eintritt des Verzugs gerechtfertigt, z. B. wenn der Schuldner durch sein Verhalten den Zugang der Mahnung verhindert.

2. Sonstige Forderungen

Handelt es sich bei der zustehenden Forderung nicht um eine vertragliche, sondern um eine aus sog. „unerlaubter Handlung", wie z. B. Schadensersatz aus einem Verkehrsunfall oder Ersatz aus einer Sachbeschädigung, dann braucht der Gläubiger ebenfalls seine Ansprüche nicht selbst geltend zu machen. Er kann vielmehr sofort eine Rechtsanwaltskanzlei beauftragen, weil sein Anspruch auf Schadensersatz die angemessenen Rechtsverfolgungskosten, also die Rechtsanwaltsgebühren umfasst. Speziell bei berechtigten Forderungen wegen Verkehrsunfällen werden daher die Anwaltsgebühren des Geschädigten von der gegnerischen Kfz-Haftpflichtversicherung mit erstattet.

3. Mahnungen

Für Ansprüche aus einem Vertrag gilt weiter: Nach Rechnungsstellung sind die Zahlungseingänge zu kontrollieren. Ist die Zahlfrist von 30 Tagen nicht einschlägig oder liegt keiner der aufgeführten Gründe für einen Verzug ohne Mahnung vor, ist konsequent und unmissverständlich zu mahnen, wenn der Schuldner nicht zahlt.

Das Durchnummerieren von Mahnungen mit „1. Mahnung" usw. ist eher ungünstig, weil dies bei dem Kunden den Eindruck erweckt, dass er sich ruhig Zeit lassen könne, weil ja noch eine zweite Mahnung kommen werde. Besser ist der Begriff „Zahlungserinnerung" oder schlicht „Mahnung". Ebenfalls effektiv sind Mahntelefonate, welche die Kundenbetreuung mit einer Abfrage der Zufriedenheit verbinden kann.

Formulierungsbeispiel:
(…)
(Datum)
Mahnung
Rechnung vom (…)
Sehr geehrte Damen und Herren,
die Rechnung haben Sie bislang nicht beglichen.
Ich mahne die Zahlung an und setze dazu eine Frist bis zum
(…) (5 – 14 Tage).
Mit freundlichen Grüßen
(Unterschrift)

Ist die Zahlfrist von 30 Tagen einschlägig und wurde sie überschritten oder ist der Schuldner aus einem anderen Grund in Verzug, kann bereits jetzt der Forderungseinzug an eine Rechtsanwaltskanzlei abgegeben werden. Der nun bestehende Zahlungsverzug genügt nämlich nicht nur für das Geltendmachen von Verzugszinsen (grundsätzlich fünf Prozentpunkte über dem Basiszinssatz und acht Prozentpunkte über dem Basiszinssatz bei Verträgen, an denen kein Verbraucher beteiligt ist), vielmehr sind auch die Rechtsanwaltsgebühren Verzugsschäden und daher vom Schuldner zu erstatten. Auf diese Weise kann sich sogar der Kostenaufwand für eine betriebsinterne Mahnabteilung erübrigen. „Zeit und Nerven" können gespart werden.

Wurde ein Verbraucher nicht auf die Verzugsfolgen, s. o. hingewiesen und liegt kein anderer Verzugsgrund vor, muss der Schuldner gemahnt werden, damit er mit der Zahlung in Verzug gerät. In diesem Fall wären die Gebühren für die Mahnung durch eine/n Rechtsanwalt/Rechtsanwältin noch nicht erstattungsfähig. Eine Mahnung ist aber völlig ausreichend. Leistet der Schuldner dann noch immer nicht, kann jetzt eine Rechtsanwaltskanzlei mit der Durchsetzung der Forderung beauftragt werden.

Eine Alternative zur Beauftragung von Rechtsanwälten/innen ist die Inanspruchnahme eines Inkassobüros. Diese Vorgehensweise ist aber in Bezug auf die dort anfallenden Gebühren – die Abrechnung erfolgt meist wie bei Anwälten – problematisch: Kommt es später zu einem Prozess und sollen die durch die Einschaltung des Inkassobüros angefallenen Kosten mit eingeklagt werden, muss der Gläubiger damit rechnen, dass er auf diesen Kosten letztendlich sitzen bleibt, auch wenn er den Rechtsstreit im Übrigen gewinnt. Nach der überwiegenden Rechtsprechung setzt der Ersatz von Kosten eines Inkassobüros die Erforderlichkeit der Einschaltung eines solchen Büros voraus. Es müsste sich um eine zweckmäßige Maßnahme handeln. Dies ist regelmäßig nicht der Fall, wenn es angebracht ist, gleich Maßnahmen der Rechtsverfolgung durch eine Rechtsanwaltskanzlei einzuleiten.

Tipp:
Nach erfolgloser/n Mahnung/en auf die Einschaltung eines Inkassobüros verzichten und sogleich eine Rechtsanwaltskanzlei beauftragen.

4. Zahlungsschwierigkeiten des Schuldners

Sollte sich zeigen, dass der Schuldner Zahlungsschwierigkeiten hat, so dass er die geschuldete Summe nicht auf einmal zahlen kann, könnte eine Ratenzahlungsvereinbarung die beste Möglichkeit sein, um die Forderung in absehbarer Zeit zu realisieren. Abzuwägen ist dabei einerseits die Möglichkeit, Geld noch in voller Höhe zuzüglich Zinsen und etwaiger Kosten einzuziehen und andererseits die Gefahr, dass sich bei einem zeitlichen Entgegenkommen die Vermögenssituation des Schuldners bis zur Insolvenz hin verschlechtert. Außerdem ist zu berücksichtigen, dass selbst dann, wenn Außenstände noch beigebracht werden können, diese bei einer späteren Insolvenz u. U. vom Insolvenzverwalter zurückgefordert werden können. Die Voraussetzungen dafür sind in §§ 131 ff. InsO geregelt. Zahlungen in einem Zeitraum von bis zu drei Monaten vor Insolvenzeröffnung sind regelmäßig wiederzuerstatten. (Unter bestimmten engen Voraussetzungen sind Leistungen sogar bis zehn Jahren auszugleichen.) Deshalb sollte mit einem Zahlungszugeständnis bei Zahlungsschwierigkeiten des Schuldners mit Bedacht umgegangen werden. Je früher die eigene Forderung bezahlt wird, desto eher endet die schließlich kritische Drei-Monats-Frist.

a) Ratenzahlungsvereinbarung. Voraussetzung für den Abschluss einer Ratenzahlungsvereinbarung, mit welcher dem Schuldner die Forderung teilweise gestundet wird, also die Fälligkeit der Forderung auf einen späteren Zeitpunkt verschoben wird, ist, dass der Schuldner in der Lage sein wird, zu diesem Termin die Forderung auch zu begleichen. Würde der Schuldner damit rechnen, dass er die Forderung auch dann nicht wird bezahlen können, würde er den Gläubiger täuschen, so dass dann eventuell sogar ein strafbares Verhalten des Schuldners, nämlich Betrug, § 263 StGB, vorläge. Dies ist dem Schuldner bewusst zu machen.

b) Gesamtfälligkeitsklausel. Eine Ratenzahlungsvereinbarung sollte eine Gesamtfälligkeitsklausel (die Restforderung wird auf einmal fällig, wenn der Schuldner in Zahlungsrückstand gerät, die Stundung entfällt) enthalten und ist zwecks Beweisbarkeit in jedem Fall schriftlich festzulegen. Als Anreiz für den Schuldner, die Forderung zügig zu begleichen, könnte geprüft werden, ob in Bezug auf die Zinsen Entgegenkommen eingeräumt werden sollte.

Formulierungsbeispiel:

(Datum)

Ratenzahlungsvereinbarung

zwischen

(...) – Gläubiger –

und

(...) – Schuldner –

Der Schuldner schuldet dem Gläubiger aus dem Kaufvertrag vom 20. 3. 2011 3.000 EUR (eventuell: zuzüglich weiterer Zinsen von fünf Prozentpunkten über dem Basiszinssatz seit dem 20. 3. 2011).

Der Schuldner verpflichtet sich, wie folgt zu zahlen:
- erstmalig am 30. 3. 2011: 1.000 EUR,
- am 30. 4. 2011: weitere 1.000 EUR
- und am 30. 5. 2011: weitere 1.000 EUR (zuzüglich aufgelaufener Zinsen).

Der Schuldner erklärt, dass er bei gleichbleibenden wirtschaftlichen Verhältnissen zur Zahlung der vereinbarten Beträge in der Lage ist und seinen Ratenzahlungspflichten pünktlich nachkommen wird.

Die jeweilige Restforderung ist zur Zahlung sofort fällig, wenn der Schuldner mit einer Rate ganz oder teilweise länger als zehn Tage im Rückstand ist, spätestens jedoch mit Ablauf von zwei Wochen, sofern der Gläubiger dem Schuldner nicht ausdrücklich eine weitere Stundung gewährt.

Alle Zahlungen werden zunächst auf die bisher entstandenen Zinsen und schließlich auf die Hauptforderung verrechnet. Gleicht der Schuldner die Forderung bis zum ... insgesamt aus, braucht er keine Zinsen zu zahlen.

(Ort, Datum, Unterschriften)

5. Interne Konsequenzen

Besteht eine ständige Geschäftsbeziehung oder ist damit zu rechnen, dass der Schuldner beim Gläubiger erneut bestellt, sind bei einem Zahlungsverzug in Bezug auf den Kunden interne Konsequenzen zu ziehen, etwa, dass weitere Verträge nicht geschlossen werden oder nur gegen Vorkasse geliefert wird.

Bei einer Zahlungsverzögerung des Vertragspartners ist also Folgendes zu beachten:

- Es ist festzustellen, ob sich der Schuldner bereits in Verzug befindet. Ist dies nicht der Fall, ist er zu mahnen.
- Befindet sich der Schuldner bereits in Verzug, kann bereits jetzt zur Forderungsdurchsetzung eine Anwaltskanzlei beauftragt werden.

- Ggf. ist eine Ratenzahlungsvereinbarung zu treffen.
- Interne Konsequenzen in Bezug auf den Kunden sind festzulegen.
- Es ist schnell zu handeln, denn je eher laufen die Fristen nach §§ 131 ff. InsO ab, innerhalb derer der Insolvenzverwalter vereinnahmtes Geld vom Gläubiger zurückfordern kann.

IV. Zusammenfassung

Die Vorbeugung von Forderungsausfällen beginnt bereits vor einem Vertragsabschluss. Dazu sind, soweit möglich, die Daten des potentiellen Geschäftspartners zu erfassen. Zu diesem Zweck kann auf interne Informationsquellen (wie auf eine Eigenauskunft des Kunden oder auf das über ihn erfasste Zahlungsverhalten) und auf externe Informationsquellen (wie die öffentlichen Register) zurückgegriffen werden.

Von Bedeutung ist darüber hinaus die Kreditprüfung des Kunden. Gerade bei dauerhaften Geschäftsbeziehungen sind die Kundendaten zu pflegen, dann ist auch ein auffälliges Zahlungsverhaltens (z. B. der Verzicht auf Skonto-Angebote) erkennbar.

Ggf. sind vom Geschäftspartner Sicherheiten wie Vorausleistungen, Forderungsabtretungen, Sicherungsübereignungen oder eine Bürgschaft zu verlangen oder ein Eigentumsvorbehalt zu vereinbaren.

Zum Ausbau der eigenen Rechtsposition können Verträge mit eigenem „Kleingedruckten", den Allgemeinen Geschäftsbedingungen, geschlossen werden.

Das Forderungsmanagement ist konsequent zu betreiben. Rechnungen und ggf. Mahnungen sind zügig zu schreiben. Bei Zahlungsschwierigkeiten des Schuldners kann u. U. – soweit keine Anzeichen für eine mögliche Insolvenz gegeben sind – eine Ratenzahlungsvereinbarung geschlossen werden. Jedenfalls sind in Bezug auf einen säumigen Schuldner interne Konsequenzen festzulegen.

2. Kapitel. Außerprozessuale Strategien

Reichen – bisherige – Maßnahmen zur Vermeidung eines Forderungsausfalls nicht aus, sondern zeigt sich, dass eine Forderung beigetrieben werden muss, ist das weitere Vorgehen genau zu prüfen. Nach Möglichkeit sollte versucht werden, die Angelegenheit ohne Einschaltung eines Gerichts, also außerprozessual zu erledigen, weil bereits der Kosten- und Zeitaufwand gegen einen Prozess spricht.

I. Schuldanerkenntnis

Dieses kommt ebenso wie die Ratenzahlungsvereinbarung in Betracht, wenn einem Gläubiger Ansprüche unstreitig zustehen.

Beispiel:
Nach einem Verkehrsunfall ist die Sach- und Rechtslage häufig eindeutig, etwa bei Auffahrunfällen oder Vorfahrtsverletzungen. Dann sind Versicherungen oftmals bereit, ihre Einstandsverpflichtung – dem Grunde nach – anzuerkennen.

Mit dem Schuldanerkenntnis kann eine neue, eigenständige Schuld geschaffen werden. Dann handelt es sich um ein sog. konstitutives Schuldanerkenntnis, § 781 BGB.

Beispiel:
Frau Lange muss noch zwei ausstehende Raten eines privaten, in bar gegebenen Darlehens zurückzahlen. Sie ist dazu aber auf längere Sicht nicht in der Lage. Der Darlehensgeber – ein Arbeitskollege – und Frau Lange möchten eine „saubere Lösung". Frau Lange unterschreibt ihm deshalb ein Schuldanerkenntnis.

1. Interessenlage des Gläubigers

Will der Gläubiger keineswegs (sogleich) klagen, hat er also kein sofortiges „Titulierungsinteresse", insbesondere weil er auch nicht umgehend zwangsvollstrecken würde, kann zur Feststellung der Forderung zunächst ein Schuldanerkenntnis genügen. Auch wenn möglicherweise zu befürchten steht, dass der Schuldner später die Forderung an sich in Frage stellen könnte, muss der Gläubiger versuchen, sich weitgehend abzusichern. Die Vorteile eines Schuldanerkenntnisses liegen für den Gläubiger in der später erleichterten Beweisbarkeit und Einklagbarkeit des Anspruchs, in der Verjährungshemmung und in der Förderung der Zahlungsbereitschaft des Schuldners. Wird dem Schuldner beim Schuldanerkenntnis Ratenzahlung eingeräumt, ist wiederum eine Gesamtfälligkeitsklausel aufzunehmen.

Formulierungsbeispiel:
Konstitutives Schuldanerkenntnis

des/der (…)

– Schuldner/in –

gegenüber

Herrn/Frau/Firma

– Gläubiger/in –
1. Der Schuldner erkennt die Forderung des Gläubigers aus der Rechnung vom … gemäß des Vertrages vom … über … EUR nebst Zinsen von fünf Prozentpunkten über dem Basiszinssatz seit dem … an.
2. Der Schuldner verpflichtet sich, die Forderung spätestens am … zurückzuzahlen (ggf. Ratenzahlungsvereinbarung).
3. (Der Schuldner zahlt zunächst auf die Zinsen, danach auf die Hauptforderung.)

(Ort, Datum, Unterschriften)

2. Interessenlage des Schuldners

Der Schuldner, gegen welchen berechtigte Ansprüche geltend gemacht werden, sollte verhindern, dass der Gläubiger klagt, einen Antrag auf Erlass eines Mahnbescheides stellt oder andere, kostenauslösende Maßnahmen veranlasst. Genügt dem Gläubiger kein eigenhändig unterschriebenes Schuldanerkenntnis, muss dem Rechtsschutzbedürfnis des Gläubigers zuvorgekommen werden.

Beispiel:
Für den gegenüber minderjährigen Kindern Unterhaltsverpflichteten ist die preiswerteste Möglichkeit, dem Titulierungsinteresse des Unterhaltsgläubigers zu genügen, beim Jugendamt den Unterhalt urkundlich anzuerkennen.

Darüber hinaus ist es möglich, bei einem Notar/einer Notarin in notarieller Form seine Schuld anzuerkennen. Dieses notarielle

Schuldanerkenntnis ist ein Vollstreckungstitel, § 794 Abs. 1 Nr. 5 ZPO. Der Gläubiger ist dann nicht mehr berechtigt, den Schuldner zu verklagen oder den Erlass eines Mahnbescheides gegen ihn zu beantragen. Eine Klage wäre unzulässig.

> **Tipp:**
> Der Schuldner kann im Falle eines unstreitig gegen ihn bestehenden Anspruchs durch Abgabe eines notariellen Schuldanerkenntnisses einer Klage zuvorkommen.

Der wesentliche Vorteil für den Schuldner besteht darin, dass ein derartiges notarielles Schuldanerkenntnis sehr kostengünstig ist. Außerdem wird die Angelegenheit nicht publik.

II. Außergerichtlicher Vergleich

Drohende Rechtsstreitigkeiten können auch im Wege eines außergerichtlichen Vergleichs beigelegt werden. Sogar künftige Beziehungen können geregelt und damit weiterem Streit vorgebeugt werden. Es ist möglich, dass die Parteien sich selbst einigen, sich also rechtlich entgegenkommen, eine besondere Form ist nicht erforderlich. Eine schriftliche Ausarbeitung wird zu Beweiszwecken dringend empfohlen.

> **Bei der Formulierung eines außergerichtlichen Vergleichs sollte ein Aufbau entsprechend der folgenden Empfehlung erfolgen:**
>
>
>
> - Bezeichnung des Textes (z. B.: „Vergleich über die Regelung der Unfallfolgen vom …", „Änderung des Kaufvertrages vom …", „Mietaufhebungsvertrag")
> - Bezeichnung der Vertragsparteien
> - eventuell eine Präambel, welche die Voraussetzungen des Vergleiches und die Zielsetzungen enthält
> - Ausformulierung der Regelungspunkte, geordnet nach ihrer Bedeutung und den Schwerpunkten der Regelung sowie nach Haupt- und Nebenbereichen
> - vorsorgliche Regelungen zur Vermeidung von Vertragslücken
> - Förmlichkeiten, z. B. Schriftformvereinbarungen, In-Kraft-Treten
> - am Ende: salvatorische Klausel

Formulierungsbeispiel für eine salvatorische Klausel:
Die teilweise oder vollständige Unwirksamkeit einzelner Vertragsbestimmungen berührt die Wirksamkeit der übrigen Bestimmungen nicht. Die Vertragsparteien vereinbaren, die ungültige oder undurchsetzbare Bestimmung durch eine gültige und durchsetzbare Bestimmung zu ersetzen, welche wirtschaftlich der Zielsetzung der Vertragsparteien am nächsten kommt. Das Gleiche gilt bei einer Vertragslücke.

Formulierungsbeispiel für einen Vergleich:
(Datum)
Mietaufhebungsvereinbarung
zwischen
(...)
– Vermieterin –
und
(...)
– Mieterin –
1. Präambel
Mit Vertrag vom 1. 1. 2010 hat die Vermieterin der Mieterin die Gewerbehalle, Heimat 17, 30987 Hannover, vermietet. Die Parteien beenden das Mietverhältnis einvernehmlich zum 30. 9. 2011.
2. Räumungsfrist
Die Mieterin erhält eine Räumungsfrist von drei Monaten, also bis zum 31. 12. 2011.
3. Rückgabe des Mietgegenstandes
Die Mieterin verpflichtet sich, die Gewerbehalle bis zum 31. 12. 2011 in dem bei Beginn des Mietverhältnisses befindlichen Zustand zurückzugeben. Die Vermieterin verzichtet auf Wartungs- und Reparaturarbeiten.
4. Kaution
Die von der Mieterin bei Vertragsbeginn gezahlte Kaution von 2.000 EUR zuzüglich Zinsen zahlt die Vermieterin bei Rückgabe der Gewerbehalle zurück.
5. Abstandszahlung
Die Vermieterin verpflichtet sich, an die Mieterin Zug-um-Zug gegen Rückgabe des Mietobjektes einen Abstand von 6.000 EUR zu zahlen. Die Abstandszahlung reduziert sich um 1.000 EUR für jeden vollen Monat verspäteter Rückgabe der Gewerbehalle.
6. Nutzungsentschädigung
Nach dem Ende der Mietzeit am 30. 9. 2011 zahlt die Mieterin die bisherige Miete zuzüglich der vereinbarten Betriebskostenvorauszahlung als Nutzungs-

entschädigung bis zum Ende des Monats, in dem sie das Mietobjekt geräumt an die Vermieterin zurückgibt.

7. Betriebskosten

Die Parteien verzichten auf die Abrechnung der Betriebskosten für die Zeit bis zur Rückgabe der Gewerbehalle.

(8. Salvatorische Klausel ...)

(Ort, Datum, Unterschriften)

Ist die Sache komplex oder geht es um größere Geldbeträge, kann es sinnvoll sein, sich allein oder gemeinsam anwaltlich beraten zu lassen. Ist durch das Gesetz notarielle Form vorgeschrieben, wie z. B. in Grundstücksangelegenheiten, muss ein Notar/eine Notarin aufgesucht werden.

Schließen die Parteien einen sog. Anwaltsvergleich, kann dieser unter den Voraussetzungen des § 796 a ZPO für vollstreckbar erklärt werden, so dass der Gläubiger daraus ggf. im Wege der Zwangsvollstreckung vorgehen kann. Die Gebühren für diese außergerichtliche Konfliktschlichtung dürften bei einem anderenfalls anstehenden Prozess verhältnismäßig sein.

1. Verjährungshemmung

Jeder Anspruch unterliegt der Verjährung, §§ 194 ff. BGB. Die regelmäßige Verjährungsfrist beträgt drei Jahre, § 195 BGB. Bei Verhandlungen ist die Verjährung des Anspruchs bis zur Fortsetzungsweigerung durch eine der Parteien gehemmt, § 203 BGB. Die Zeit der Verhandlungen wird also in die Verjährungszeit nicht eingerechnet. Der Beginn von Vergleichsgesprächen darf dennoch nicht dazu führen, die Verjährung der Forderung aus den Augen zu verlieren. Der Gläubiger muss unbedingt regelmäßig kontrollieren, ob der Schuldner zu weiteren Gesprächen noch bereit ist. Ist das nicht der Fall, läuft die Verjährungsfrist wieder. Die Verjährung tritt aber frühestens drei Monate nach dem Verhandlungsende ein, § 203 BGB. Der Gläubiger muss also berechnen, wann die neue Verjährungsfrist endet oder seine Ansprüche umgehend gerichtlich geltend machen.

Tipp:
Zur erleichterten Beweisführung für die Dauer des Schwebens der Verhandlungen sind dem Schuldner ggf. Protokollvermerke über die Verhandlungen zu übersenden.

Der Schuldner hingegen sollte schriftlich mitteilen, wenn er nicht mehr bereit ist, weiter zu verhandeln. Er wird dann ggf. später geltend machen können, dass die Vergleichsverhandlungen beendet und die Ansprüche nicht länger gehemmt waren, so dass er sich dann möglicherweise auf Verjährung berufen kann.

2. „Erlassfalle"

Vornehmlich Versicherungen, aber auch private Schuldner versuchen bisweilen, sich eines größeren Teils ihrer Verpflichtungen zu entledigen, indem sie Gläubigern mit einem Begleitschreiben einen Scheck überreichen und mitteilen, dass mit dem Einlösen die Restforderung erlischt. Bei dieser sog. „Erlassfalle" nimmt der Gläubiger einen vorgeschlagenen Vergleich an, ohne dies eigens zu erklären, § 151 BGB. Entscheidend ist, ob der Gläubiger mit dem Willen zur Annahme des Vergleichsangebotes handelt. Das – angebotskonforme – Einlösen des Schecks kann als Annahmewille des Angebotsempfängers ausgelegt werden. Wenn ein krasses Missverhältnis zwischen Forderung und Scheckbetrag vorliegt, sind an den Annahmewillen strenge Anforderungen zu stellen.

Beispiel:
Der BGH (NJW 2001, 2324) hatte einen Fall zu entscheiden, in welchem es um eine Forderung über 147.890 DM nebst 10 % Zinsen und einen Scheckbetrag von 1.000 DM ging. Bei diesem krassen Missverhältnis bestand kein Wille, das Vertragsangebot anzunehmen. Restliche Zahlungsansprüche erloschen trotz Scheckeinlösung nicht.

Tipp:
Um ein Erlöschen der Restforderung zu verhindern, muss dem Schuldner vor Scheckeinlösung die Erklärung zugehen, dass man den Scheck zwar einlösen werde, dass man damit aber ausdrücklich dem Schuldner die Ansprüche im Übrigen nicht erlässt.

III. Kostenreduzierung

Wichtig ist, im außergerichtlichen Bereich, die Kosten der Rechtsverfolgung günstig zu gestalten, gerade dann, wenn keine Rechtsschutzversicherung vorhanden ist. Ist noch kein Rechtsstreit anhängig, bestehen folgende Möglichkeiten, Kostenlast und -risiko zu begrenzen.

1. Beratungshilfe

Niemand braucht auf eine anwaltliche Beratung zu verzichten. Liegen die persönlichen und wirtschaftlichen Voraussetzungen vor, dann besteht ein Anspruch auf Beratungshilfe. Dieser Anspruch besteht in allen Bundesländern, außer in Hamburg und Bremen. Dort kann bei Rechtsfragen stattdessen eine öffentliche Beratungsstelle aufgesucht werden (in Berlin können die Rechtssuchenden zwischen diesen Alternativen wählen). Der Rechtsanwalt/die Rechtsanwältin weist den Mandanten/die Mandantin auf die Möglichkeit der Beratungshilfe hin, füllt gemeinsam mit ihm/ihr das Formular aus und reicht es bei dem Amtsgericht am Wohnsitz des Rechtssuchenden ein, um die entstandene Beratungsgebühr bei der Landeskasse abzurechnen. Dem Mandanten/der Mandantin kann von der Rechtsanwaltskanzlei eine Schutzgebühr von 10 EUR in Rechnung gestellt werden. Die Formulare können auch unter dem Justizportal des jeweiligen Bundeslandes online abgerufen werden und vor dem Besuch der Rechtsanwaltskanzlei ausgefüllt werden. Von Rechtsanwaltskanzleien gern gesehen wird, wenn der Mandant zur Beratung sogleich einen Berechtigungsschein, ausgestellt von örtlichen Amtsgericht, mitbringt.

2. Erstberatung

Kostengünstig ist desgleichen eine anwaltliche Erstberatung mit einer Höchstberatungsgebühr von 190 EUR zuzüglich Mehrwertsteuer, Nr. 2102 VV zum RVG. Eventuell ist ein Rechtssuchender danach selbst in der Lage, seinen Anspruch zu benennen und einzufordern. Wichtig ist, dass es bei einer ersten Beratung bleibt. Werden mehrere Beratungsgespräche, ggf. auch telefonisch in Anspruch genommen, ist der Rechtsanwalt/die Rechtsanwältin an diese Obergrenze nicht mehr gebunden.

3. Einfaches anwaltliches Schreiben

Ist anzunehmen, dass der Schuldner lediglich deshalb nicht zahlt, weil der „erforderliche Nachdruck" fehlt, kann zur Realisierung des Anspruchs bereits ein einfaches Anwaltsschreiben ausreichen, Nr. 2402 VV zum RVG. Es entsteht dann nur eine (niedrige) 0,3-Gebühr. Befindet sich der Schuldner in Verzug, hat dieser ohnehin diese Rechtsverfolgungskosten zu tragen. Der Rechtsanwalt/die Rechtsanwältin fügt dem Aufforderungsschreiben gleich die Kostenrechnung bei und fordert den Schuldner zusätzlich auf, auch diese Gebühren mit auszugleichen.

4. Zahlungsansprüche wegen einer Straftat

Bei Forderungen aus Delikt (z. B. bei Körperverletzungen) kommt für den Gläubiger ein sog. Adhäsionsverfahren, § 403 StPO, in Betracht. Dies bedeutet, dass zivilrechtliche Schadensersatzansprüche, z. B. auf Schmerzensgeld, in dem Strafverfahren gegen den angeklagten Schädiger mit abgeurteilt werden können. Dieses Verfahren wird nicht häufig genutzt. Für den Geschädigten, der im Prozess auch als Zeuge oder Nebenkläger auftreten kann, besteht aber auf diese Weise die Möglichkeit, die Kosten und Gebühren, u. a. den Gerichtskostenvorschuss eines gesonderten Zivilprozesses zu sparen.

Außerdem bietet der spezielle Verfahrenstyp des Adhäsionsverfahrens folgende Möglichkeiten:

- Der Geschädigte kann auch ein sog. Grundurteil erwirken. Das bedeutet: Das Gericht stellt auf Antrag fest, dass der Angeklagte dem Grund nach verpflichtet ist, dem Geschädigten Schadensersatz, insbesondere ein Schmerzensgeld zu zahlen. Im Anschluss daran kann der Geschädigte den Schaden beziffern und den Straftäter außergerichtlich auffordern zu zahlen. Wenn der Täter dem nicht nachkommt, braucht der Betroffene in dem Zivilprozess nur die Höhe seiner Forderung zu begründen. Er trägt nicht mehr das Risiko, dass seine Klage dem Grunde nach abgewiesen wird.
- Der Geschädigte kann vor dem Strafrichter auch einen Vergleich mit dem Täter schließen. Auf diese Weise kann der Gläubiger einer Schadenersatzforderung ebenfalls einen Titel erwirken, aus welchem er später ggf. zwangsvollstrecken kann. Insofern steht ein gerichtlich geschlossener Vergleich einem Urteil gleich.
- Möglich ist daneben, dass der Strafrichter dem Straftäter eine Auflage erteilt, etwa zur Schadenswiedergutmachung an den Gläubiger, § 153 a StPO. Diese

Verfahrensmaßnahme ist deshalb besonders effektiv, weil der Täter im Falle der Erfüllung eines derartigen Schadensausgleichs eine endgültige Einstellung des gegen ihn gerichteten Verfahrens erwirken kann. Dies motiviert den Schädiger natürlich, der Auflage nachzukommen.

5. Prüfung der Wirtschaftlichkeit eines Prozesses

Hauptsächlich bei unternehmensbezogenen Mandaten ist es üblich, vor prozessualen Schritten festzustellen, ob eine spätere Vollstreckung Erfolg verspricht. Auskünfte über die wirtschaftliche Situation von Schuldnern sind, wie oben dargestellt, u. a. über die öffentlichen Register, Wirtschaftsauskunfteien, Internetrecherchen und die Tages- und Wirtschaftspresse zu erlangen. Bestehen Zweifel an der Wirtschaftlichkeit eines kostenauslösenden Verfahrens, sollte zumindest beim Amtsgericht des Schuldners nachgefragt werden, ob der Schuldner die eidesstattliche Versicherung abgegeben hat, ob über sein Vermögen ein Insolvenzverfahren eröffnet oder ob der Schuldner im Schuldnerverzeichnis eingetragen ist.

6. Abschluss einer Rechtsschutzversicherung

Für denjenigen, der das mit Rechtsstreitigkeiten verbundene Kostenrisiko fürchtet, könnte der Abschluss eines Versicherungsvertrages interessant sein.

Die Rechtsschutzversicherungen bieten u. a. folgende Formen des Rechtsschutzes an:

- Arbeitgeber-Rechtsschutz/Berufs-Rechtsschutz für Selbstständige
- Berufs-Rechtsschutz für Arbeitnehmer
- Privat-Rechtsschutz für Nichtselbstständige und Selbstständige
- Gewerberäume-Rechtsschutz und Vermieter-Rechtsschutz
- Wohnungs- und Haus-Rechtsschutz
- Verkehrs-Rechtsschutz

a) „Bausteine". Abgedeckt werden jeweils bestimmte „Bausteine". Diese Rechtsschutz-Elemente enthalten vor allem das Vertrags- und Sachenrecht, die Geltendmachung von Schadensersatzforderungen, das Arbeitsrecht, das Wohnungs- und Grundstücksrecht, das Steuerrecht, das Sozial- und Verwaltungsgerichtsverfahren, das Ordnungswidrigkeitenrecht sowie die Beratung im Familien- und Erbrecht. Bei der Überlegung, welcher Rechtsschutzversicherungsvertrag erwogen wird, ist dementsprechend die jeweilige **Zusammenstellung der Versicherungsbestandteile** maßgebend. Hierzu drei Möglichkeiten:

- Der Rechtsschutz für Selbstständige deckt Prozessrisiken für den versicherten gewerblichen, freiberuflichen oder sonstigen selbstständigen Beruf des Versicherungsnehmers ab. Mitversichert sind die von ihm beschäftigten Personen in Ausübung ihrer beruflichen Tätigkeit.
- Der Berufs-Rechtsschutz für Arbeitnehmer schließt die Absicherung für den beruflichen Bereich (Arbeits-, Disziplinar- und Standesangelegenheiten) des Versicherungsnehmers und dessen mitversicherten Lebenspartners in ihrer Eigenschaft als Arbeitnehmer sowie als Arbeitgeber für geringfügige hauswirtschaftliche Beschäftigungs- und Pflegeverhältnisse ein.
- Der Privat-Rechtsschutz für Nichtselbstständige und Selbstständige versichert den privaten Bereich des Versicherungsnehmers und dessen mitversicherten Lebenspartners. Der Versicherungsschutz schließt Schadensersatz-, Vertrags- und sachenrechtliche Angelegenheiten ein, ferner Steuer-, Sozialgerichts- und Verwaltungssachen sowie Strafsachen und Ordnungswidrigkeiten. Weil es sich ausschließlich um den privaten Bereich handelt, sind Interessenvertretungen aus beruflichen Tätigkeiten ausgenommen.

b) Kostentragung. Die Versicherung übernimmt im Rechtsschutzfall (im Inland) die Vergütung des für den Versicherungsnehmer tätigen Anwalts/der Anwältin. Die Beratungsgebühren sind freilich begrenzt auf eine einfache Rechtsanwaltsgebühr, höchstens 250 EUR, für eine Erstberatung höchstens 190 EUR. Überdies bezahlt die Versicherung Gerichtskosten einschließlich der Entschädigung für Zeugen und Sachverständige, die vom Gericht beigezogen wurden sowie (grundsätzlich dreimal) die Kosten des Gerichtsvollziehers. Schließlich werden die dem Prozessgegner durch seine Vertretung entstandenen Kosten – vorausgesetzt der Versicherungsnehmer ist zu deren Erstattung verpflichtet – beglichen. Die Leistungen der Rechtsschutzversicherungen gehen damit über die Kostentragung hinaus, welche im Falle der Bewilligung von Prozess-/Verfahrenskostenhilfe übernommen werden, dort sind nicht die dem Gegner entstandenen Kosten umfasst.

Die Gebühren eines Schieds-/Schlichtungsverfahrens werden bis zur Höhe der Gebühren, die bei Anrufung eines zuständigen staatlichen Gerichtes erster Instanz entstehen, übernommen. Bei einer außergerichtlichen Mediation vermittelt die Versicherung dem Versicherungsnehmer einen Mediator zur Durchführung des Mediationsverfahrens und trägt dessen Kosten. Der Rechtsschutz für Mediation erstreckt sich auf die Leistungsarten Schadensersatz-Rechtsschutz, Arbeits-Rechtsschutz, Wohnungs- und Grundstücks-Rechtsschutz.

Bei einem verwaltungsbehördlichen Verfahren werden ebenfalls die etwaig hinzukommenden Entschädigungen für Zeugen und Sachverständige sowie die Kosten der Vollstreckung im Verwaltungsweg entrichtet.

Die Versicherung trägt hingegen keine Kosten, die ihr Versicherungsnehmer ohne Rechtspflicht übernommen hat, des Weiteren nicht die Kosten, die bei einer einverständlichen Erledigung/Einigung entstanden sind und die unverhältnismäßig zum angestrebten Ergebnis sind (außer diese Kostenverteilung ist gesetzlich vorgeschrieben).

Die Rechtsschutzversicherungen schließen in ihren AGB bestimmte Risiken aus. Rechtsschutz besteht beispielsweise nicht für:

- die Abwehr von Schadenersatzansprüchen, außer es handelt sich um eine Vertragsverletzung
- Auseinandersetzungen aus dem kollektivem Arbeits- oder Dienstrecht
- Ereignisse aus dem Recht der Handelsgesellschaften oder aus Anstellungsverhältnissen gesetzlicher Vertreter juristischer Personen
- Fälle im ursächlichen Zusammenhang mit Patent-, Urheber-, Marken- oder sonstigen Rechten aus geistigem Eigentum oder Angelegenheiten aus dem Wettbewerbsrecht
- Streitigkeiten im ursächlichen Zusammenhang mit Spiel- oder Wettverträgen, Gewinnzusagen sowie Termin- oder vergleichbaren Spekulationsgeschäften
- Belange wegen der Anschaffung, Inhaberschaft, Veräußerung oder Finanzierung von Wertpapieren i. S. d. Wertpapierhandelsgesetzes (z. B. Aktien, Fondsanteile), Bezugsrechten oder Anteilen (z. B. an Kapitalanlagemodellen, stillen Gesellschaften), die eine Beteiligung am Ergebnis eines Unternehmens gewähren sollen
- Angelegenheiten, die im ursächlichen Zusammenhang mit e nem Insolvenzverfahren stehen, welches über das Vermögen des Versicherungsnehmers eröffnet wurde oder eröffnet werden soll
- Fälle aus dem Bereich des Familienrechts/Rechts der eingetragenen Lebenspartnerschaft und des Erbrechtes – dort gibt es lediglich Beratungs-Rechtsschutz

---

Formulierungsbeispiel:

Frederike Glanz, Lübecker Straße 100, 20100 Hamburg

An die

ABC-Rechtsschutzversicherung

Gerichtsstraße 1

20001 Hamburg

1. 7. 2012

Versicherungsnehmerin: Frederike Glanz

Versicherungsschein-Nummer: 12345/123

Sehr geehrte Damen und Herren,

mir steht gegen die Firma Herrmann GmbH aus Berlin ein Anspruch auf Minderung des Reisepreises nach §§ 651 c Abs. 1, 638 Abs. 3, 4, 651 d BGB zu. Da sich die Firma Herrmann GmbH weigert zu zahlen, bin ich auf eine Klage angewiesen.

Ich bitte Sie daher, mir Deckungsschutz für den Prozess zu bewilligen. Den Entwurf der bereits vorbereiteten, aber noch nicht eingereichten Klageschrift überreiche ich Ihnen anliegend, ebenso das Ablehnungsschreiben der Firma Herrmann GmbH von letzter Woche.

Mit freundlichen Grüßen

Frederike Glanz

---

c) Erfolgsaussichten. Auch wenn die Angelegenheit versichert ist, kann die Rechtsschutzversicherung die Übernahme von Kosten noch verweigern, wenn keine Aussicht auf Erfolg besteht oder die Rechtsverfolgung mutwillig ist. Mutwilligkeit liegt nach den Allgemeinen Rechtsschutzversicherungsbedingungen vor, wenn „der durch die Wahrnehmung der rechtlichen Interessen voraussichtlich entstehende Kostenaufwand unter Berücksichtigung der berechtigten Belange der Versichertengemeinschaft in einem groben Missverhältnis zum angestrebten Erfolg steht." Ausdrücklich ausgeschlossen wurden in den Allgemeinen Rechtsschutzbedingungen daher für das Ordnungswidrigkeitenrecht Verfahren wegen Park- oder Halteverstößen. Die Versicherung muss dem Versicherungsnehmer unverzüglich ihre Ablehnung begründen. Der Versicherungsnehmer kann einen Rechtsanwalt/eine Rechtsanwältin auf Kosten des Versicherers veranlassen, dazu Stellung zu nehmen, ob die Wahrnehmung rechtlicher Interessen in einem angemessenen Verhältnis zum angestrebten Erfolg steht und hinreichende Aussicht auf Erfolg verspricht. Die Entscheidung ist für beide Teile grundsätzlich bindend.

7. Prozessfinanzierungen

Versicherungsgesellschaften bieten teilweise sog. Prozessfinanzierungen an. Geworben wird damit, dass es Rechtssuchenden auf diese Weise ermöglicht wird, ohne ein finanzielles Risiko zu klagen. Als Gegenleistung verlangen die Versicherungen dafür allerdings bei positivem Prozessausgang eine Erfolgsbeteiligung am Ertrag. Diese liegt meist bei 20 bis 30 Prozent, je nach dem Prozessrisiko, dem zu betreibenden Verfahrensaufwand und der Höhe des Gegenstandswertes. Teilweise wird die Erfolgsbeteiligung auch individuell ausgehandelt.

Voraussetzung für die Übernahme eines Rechtsstreits durch einen Prozessfinanzierer ist meist, dass ein relativ hoher Streitwert erreicht wird. Die Versicherungsgesellschaften verlangen teilweise Streitwerte ab mindestens 20.000 EUR, teilweise aber auch wesentlich mehr. Bisweilen wird eine Prozesssumme von wenigstens 500.000 EUR vorausgesetzt. Es gibt aber auch Prozessfinanzierer, welche keine Mindestsummen verlangen.

Zur Übernahme einer Klage durch einen Prozessfinanzierer kommt es aber erst, wenn dieser die Erfolgsaussichten für die angestrebte Klage geprüft hat. Häufig finanziert werden Streitigkeiten aus dem Arzthaftungsrecht, dem Architektenhonorarrecht, dem Insolvenz- und dem Erbrecht sowie dem Maklervertragsrecht. Teilweise schließen die Versicherungsgesellschaften aber auch bestimmte Rechtsgebiete aus, z. B. das Baurecht – dort kann es zu besonders aufwändigen Beweisaufnahmen und teuren Sachverständigengutachten kommen.

Neben der Prozessfinanzierung gibt es auch die Möglichkeit, sich Forderungen abkaufen zu lassen.

IV. Zusammenfassung

Strategien außerhalb eines Prozesses wie Schuldanerkenntnisse und außergerichtliche Vergleiche haben den Vorteil, dass ein hoher Kosten- und Zeitaufwand gespart werden kann. Ein Schuldanerkenntnis, ggf. mit Ratenzahlungsvereinbarung, bietet sich für beide Seiten insbesondere an, wenn dem Gläubiger Ansprüche unstreitig zustehen. Genügt dem Gläubiger kein eigenhändiges Schuldanerkenntnis, kann seinem Rechtsschutzbedürfnis durch Unterzeichnung eines notariellen Schuldanerkenntnisses, der ein Vollstreckungstitel ist, entsprochen werden.

Für einen außergerichtlichen Vergleich ist keine besondere Form erforderlich; eine Schriftform ist aber zu Beweiszwecken dringend zu empfehlen. Vergleichsverhandlungen hemmen im Übrigen die Verjährung.

Mit einer außergerichtlichen Einigung können die Kosten der Rechtsverfolgung niedrig gehalten werden. Möglichkeiten zur Kostenreduzierung bestehen auch, soweit ein Anspruch auf Beratungshilfe besteht, ferner, wenn lediglich eine anwaltliche Erstberatung stattfindet oder die Angelegenheit mit einem einfachen anwaltlichen Schreiben sein Bewenden hat.

Bei deliktischen Forderungen kann der Gläubiger seine zivilrechtlichen Schadensersatzansprüche, z. B. auf Schmerzensgeld, in dem Strafverfahren gegen den angeklagten Schädiger einfordern und so Prozesskosten sparen.

Vor dem Ergreifen prozessualer Maßnahmen sollte stets deren Wirtschaftlichkeit geprüft werden. Festzustellen ist, ob eine spätere Vollstreckung Erfolg verspricht, dazu sind Auskünfte über die wirtschaftliche Situation des Schuldners, z. B. über die öffentlichen Register einzuholen.

Der Abschluss einer Rechtsschutzversicherung kommt für denjenigen in Betracht, der das mit Rechtsstreitigkeiten verbundene Kostenrisiko fürchtet. Es sollte aber vor dem Abschluss der Versicherung genau geprüft werden, welche Risiken abgesichert werden. Prozessfinanzierungen werden regelmäßig nur für Prozesse mit hohen Streitwerten angeboten.

3. Kapitel. Klägerisches Vorgehen im Gerichtsverfahren

Sind außergerichtliche Maßnahmen zur Forderungsbeitreibung gescheitert und ist der Schuldner nicht bereit, den Anspruch zu erfüllen,
ist ein Rechtsstreit nicht zu umgehen.

I. Zulässigkeit der Klage

Eine Klage muss zunächst zulässig sein. Die Bundesländer
- Baden-Württemberg
- Bayern
- Brandenburg
- Hessen
- Niedersachsen
- Nordrhein-Westfalen
- Sachsen-Anhalt
- Schleswig-Holstein und
- das Saarland

haben **Schlichtungsgesetze** eingeführt. Für bestimmte Klageverfahren wird damit zwingend ein vorheriger Schlichtungsversuch vorgeschrieben. Wird – sofort – geklagt, ohne dass eine von einer Gütestelle ausgestellte Bescheinigung vorgelegt wird, ist die Klage
unzulässig. Das Schlichtungsverfahren kann auch nicht während des
Prozesses nachgeholt werden. Art und Umfang des Verfahrens unterscheiden sich von Bundesland zu Bundesland. Auch betreffen diese
Schlichtungsgesetze nur einige wenige Prozessarten, u. a.:
- vermögensrechtliche Streitigkeiten vor dem Amtsgericht über Ansprüche, deren Gegenstand an Geld oder Geldeswert 750 EUR
  nicht übersteigt (gilt nur noch für Baden-Württemberg; in den
  anderen Bundesländern wurde die Regelung herausgenommen,
  weil sich gezeigt hat, dass diese Vorgabe kaum zur Entlastung der
  Gerichte beigetragen hat)

- bestimmte private nachbarrechtliche Streitigkeiten (Überhang von Sträuchern und Bäumen, Hinüberfall von Früchten, Grenzbäume und Immissionen); anders, wenn es sich um Einwirkungen von einem gewerblichen Betrieb handelt
- Streitigkeiten über Ansprüche wegen Verletzung der persönlichen Ehre, die nicht in Presse oder Rundfunk begangen worden sind.

Der Anwendungsbereich für Schlichtungsverfahren wird nochmals dadurch eingeschränkt, dass es auf bestimmte Rechtsstreitigkeiten von vornherein nicht anwendbar ist, u. a.:
- wenn die Parteien ihren Wohn-/Geschäftssitz (oder eine Niederlassung) in verschiedenen Bundesländern haben
- wenn die Forderung vorab im Mahnverfahren geltend gemacht wurde
- wenn Ansprüche im Urkunden- oder Wechselprozess geltend gemacht werden
- bei Klagen, mit welchen beantragt wird, ein Urteil, einen Vergleich oder eine Urkunde abzuändern
- bei sog. Widerklagen des Beklagten im laufenden Prozess
- bei Klagen, die innerhalb einer gesetzlichen oder gerichtlich angeordneten Frist erhoben werden müssen
- bei Klagen wegen vollstreckungsrechtlicher Maßnahmen.

Eine Klage vor den allgemeinen Zivilgerichten ist auch dann unzulässig – was von dem Beklagten gerügt werden kann – wenn zwischen den Parteien eine Schiedsvereinbarung getroffen (Abmachung, alle oder einzelne Streitigkeiten der abschließenden Entscheidung durch ein Schiedsgericht zu unterwerfen) wurde oder es sich um einen erbrechtlichen Streit handelt, und der Erblasser durch eine letztwillige Verfügung die Zuständigkeit des Schiedsgerichts vorgesehen hat.

II. Prozessführung mit oder ohne Rechtsanwaltskanzlei

§ 3 Abs. 3 der Bundesrechtsanwaltsordnung (BRAO) lautet:
Jedermann hat im Rahmen der gesetzlichen Vorschriften das Recht, sich in Rechtsangelegenheiten aller Art durch einen Rechtsanwalt seiner Wahl beraten und vor Gerichten, Schiedsgerichten oder Behörden vertreten zu lassen.

Statthaft ist, bestimmte Maßnahmen auch ohne anwaltliche Hilfe zu ergreifen, wie etwa den Antrag auf Erlass eines Mahnbescheides zu stellen oder Forderungen vor dem Amtsgericht (mithin grundsätzlich Streitwerte von bis zu 5.000 EUR), selbst einzuklagen.

1. Entscheidungskriterien

Ob wirklich auf eine anwaltliche Unterstützung verzichtet werden kann, hängt von diversen Faktoren ab, u. a. ob eine Rechtsschutzversicherung besteht oder ob die persönlichen und wirtschaftlichen Voraussetzungen für die Bewilligung von Prozesskostenhilfe vorliegen, ob die Angelegenheit rechtlich schwierig sein könnte oder ob der Gegner anwaltlich vertreten wird usw. Allgemein lässt sich sagen, dass die Prozessführung durch einen Rechtsanwalt/eine Rechtsanwältin sicherer ist, anstatt als juristischer Laie selbst zu klagen (oder verklagt zu werden). Dies ist vor allem auf das komplexe Prozessrecht zurückzuführen, welches beispielsweise mit seinen Vorschriften zur Verfahrensförderung teilweise die materielle Gerechtigkeit zurückdrängt. Wichtig ist daher, z. B. alle relevanten Tatsachen und Beweismittel rechtzeitig vorzubringen, anderenfalls kann schon deshalb ein Prozess verloren gehen. Das, was prozesserheblich ist, lässt sich von einem Laien möglicherweise aber nicht abschätzen und ist dann auch in einer zweiten Instanz nicht mehr zu korrigieren. Letztendlich wird daher empfohlen, im Zweifel eine Rechtsanwaltskanzlei zu beauftragen.

Schließlich darf in diesem Zusammenhang auch nicht verkannt werden, dass nach einem gewonnenen Prozess Kostenerstattungsansprüche gegen den Prozessgegner bestehen und – soweit diese realisiert werden können – die Prozessführung letztendlich auch bei anwaltlicher Vertretung kostenfrei sein kann.

Für und Wider der Beauftragung einer Rechtsanwaltskanzlei:

Pro	Contra
Erteilt eine Rechtsschutzversicherung Deckungsschutz und besteht daher kein Kostenrisiko (oder ist nur die Selbstbeteiligung zu zahlen), sollte immer anwaltliche Hilfe in Anspruch genommen werden.	

Pro	Contra
Die persönlichen und wirtschaftlichen Voraussetzungen für die Bewilligung von Prozesskostenhilfe liegen vor. Außerdem prüft das Gericht im Bewilligungsverfahren, ob Erfolgsaussichten für die Klage bestehen.	Das Gericht ordnet Ratenzahlung an, so dass die Prozesskosten nicht voll übernommen werden. Beim Unterliegen werden die Kosten des Gegners nicht umfasst.
Wird der Prozess gewonnen, bestehen Kostenerstattungsansprüche gegen den Prozessgegner, so dass dieser letztendlich auch die Gebühren der beauftragten Kanzlei zu tragen hat.	Bei einer unsicheren wirtschaftlichen Lage ist nicht sicher, dass nach Prozessende die Kosten beim Gegner realisiert werden können.
Der Auftraggeber kann von den Rechtskenntnissen des Rechtsanwalts/der Rechtsanwältin entscheidend profitieren: Bisweilen ist es erforderlich, zur Durchsetzung der eigenen Rechte noch bestimmte Voraussetzungen zu schaffen, z. B. Fristen zu setzen.	
Das Recht ist komplex. Ein Laie wird oft nicht abschätzen können, welche Fehlerquellen insbesondere im Prozess lauern.	
Unterläuft einem Rechtsanwalt/einer Rechtsanwältin ein Fehler, hat der Auftraggeber gegen ihn/sie einen Schadensersatzanspruch, den die Berufshaftpflichtversicherung bis zu 250.000 EUR übernimmt.	

2. Gefahr: Fristablauf

Mit der Entscheidung, eine Rechtsanwaltskanzlei zu beauftragen, sollte nicht lange zugewartet werden. Im Rechtsverkehr ist eine Vielzahl von Fristen zu beachten, deren Nichtbeachtung unmittelbar wirtschaftliche Nachteile hat. Das gilt sowohl für den Gläubiger/Kläger als auch für den Schuldner/Beklagten. Nach dem Ablauf solcher Fristen ist es auch für einen Rechtsanwalt/eine Rechtsanwältin schwer, die „Sache noch zu retten".

Beispiel:

Die Eheleute Kobert hatten vor sieben Wochen eine zweiwöchige Reise angetreten. Vor Ort hatten sie von der Hotelleitung Abhilfe vorhandener Mängel verlangt, jedoch ohne Erfolg. Als sie zuhause waren, wartete das Ehepaar Kobert zunächst ab, ob sich der Reiseveranstalter melden würde. Nunmehr soll Rechtsanwalt Dr. Linn Schadensersatzansprüche gegen den Reiseveranstalter geltend machen. Rechtsanwalt Dr. Linn kann den Eheleuten Kobert jedoch nicht mehr zur Durchsetzung von Ansprüchen verhelfen, weil Schadensersatzansprüche aus dem Reisevertrag wie die anderen reiserechtlichen Gewährleistungsansprüche innerhalb von einem Monat geltend gemacht werden müssen. Diese Ausschlussfrist ist verstrichen. Den Eheleuten hilft auch nicht weiter, wenn ihnen diese Frist nicht bekannt war.

Es gibt sog. materiell-rechtliche Fristen, z. B. bei Verträgen oder bei Schadensersatzforderungen und verfahrensrechtliche Fristen. Zu den ersten gehören die allgemeinen Fristen (z. B. Ausschlussfristen), Anfechtungsfristen, Kündigungsfristen sowie die Verjährungsfristen.

Fristen				
materiell-rechtliche Fristen				Fristen bei Verfahren oder Prozessen
allgemeine Fristen	Anfechtungsfristen	Kündigungsfristen	Verjährungsfristen	
Beispiel:	Beispiel:	Beispiel:	Beispiel:	Beispiel:
Widerruf einer Bestellung per Fernabsatz	Anfechtung einer Erklärung bei arglistiger Täuschung oder Drohung	Frist für die Kündigung des Darlehensgebers wegen der Rückforderung	Frist für die Verjährung eines Anspruches auf Zahlung des Kaufpreises	Einlegen einer Berufung

Kündigungsfristen sind vor allem bei Dienst- und Arbeitsverträgen, bei Miete und Pacht sowie bei Rentenschulden, Versicherungsverträgen und Darlehen einzuhalten.

Das Geltendmachen von Ansprüchen unterliegt der Verjährung. Tritt Verjährung ein, bestehen keine Erfolgsaussichten mehr, eine Forderung weiterzuverfolgen; der Schuldner braucht sich nur auf die Einrede der Verjährung zu berufen. Einen Prozess würde ein Kläger dann allein schon aus diesem Grund verlieren. Zu beachten ist, dass die Verjährungsfristen zu laufen beginnen, wenn der Anspruch entsteht. **Ausnahmen:**

- Das Gesetz sieht einen anderen Verjährungsbeginn ausdrücklich vor.
- Die Forderung unterliegt der regelmäßigen Verjährungsfrist von drei Jahren.

Verjährungsfristen können ausnahmsweise gehemmt werden, z. B. durch Verhandlungen der Parteien oder durch eine Rechtsverfolgung, also mit der Geltendmachung vor Gericht. Außerdem kann die Verjährung erneut beginnen, was der Fall ist, wenn der Schuldner dem Gläubiger gegenüber den Anspruch durch Abschlagszahlung, Zinszahlung, Sicherheitsleistung oder in anderer Weise anerkennt oder wenn eine gerichtliche oder behördliche Vollstreckungshandlung vorgenommen oder beantragt wird.

Beispiel:

Die Firma Haug GmbH hatte aufgrund eines Fehlers in der Buchhaltung übersehen, dass gegen Herrn Hansknecht eine fünf Jahre alte Kaufpreisforderung über 1.300 EUR offen ist. Auf die ursprüngliche Forderung hatte Herr Hansknecht aber vor zweieinhalb Jahren eine erste Rate von 100 EUR gezahlt. Die Firma Haug GmbH kann ihre Forderung nun weiterverfolgen, zumal durch die Ratenzahlung ihres Kunden die Verjährung vor zweieinhalb Jahren erneut begonnen hat und somit die dreijährige Verjährungsfrist für Kaufpreisforderungen noch nicht abgelaufen ist.

Folgende Fristen sind besonders wichtig (nicht abschließender Überblick):

a) Unverzüglich, d. h. ohne schuldhaftes Zögern
● Anfechtung wegen Inhalts- oder Erklärungsirrtums bei Abgabe einer Willenserklärung.

Anmerkung:

Es ist gestattet, sich umgehend von einem Rechtsanwalt/einer Rechtsanwältin beraten zu lassen; die dann sofort erfolgende Anfechtung ist noch unverzüglich.

b) Sechs Werktage
● Rückgabe der Stundenlohnzettel (falls VOB/B gilt).

c) Eine Woche
● Widerspruch gegen den Mahnbescheid des Arbeitsgerichts
● Einspruch gegen das Versäumnisurteil des Arbeitsgerichts
● Rechtsbeschwerde im Ordnungswidrigkeitenverfahren.

d) Zwei Wochen
● Widerruf bei Haustürgeschäften, Fernabsatzverträgen und Verbraucherverträgen, soweit ordnungsgemäß darüber belehrt wurde
● Ausübung einer außerordentlichen fristlosen Kündigung (seit Kenntnis der wichtigen Gründe)
● Einspruch gegen ein Versäumnisurteil nach der Zivilprozessordnung

- sofortige Beschwerde nach der Zivilprozessordnung
- Widerspruch gegen einen Mahnbescheid
- Einspruch gegen einen Bußgeldbescheid.

e) 18 Werktage
- Leistung von Abschlagszahlungen (falls VOB/B gilt).

f) Drei Wochen
- Kündigungsschutzklage des Arbeitnehmers.

g) 24 Werktage
- Erklärung wegen des Vorbehaltes gegenüber der Schlussrechnung (falls VOB/B gilt).

h) Ein Monat
- Abhilfe-, Kündigungs-, Schadensersatz- und Minderungsverlangen des Reisenden gegenüber dem Reiseveranstalter
- Berufung nach der Zivilprozessordnung
- sofortige Beschwerde gegen einen Prozesskostenhilfe versagenden Beschluss oder gegen die Anordnung von Ratenzahlungen
- Widerspruch gegen einen Verwaltungsakt
- Anfechtungs- oder Verpflichtungsklagen gegen einen Widerspruchsbescheid.

i) Sechs Wochen
- Erbschaftsausschlagung.

j) Zwei Monate
- Zustimmungsfrist des Mieters zur Mieterhöhung
- (vor der Beendigung des Mietverhältnisses:) Widerspruch des Mieters gegen die Kündigung zur Fortsetzung des Mietverhältnisses.

k) Drei Monate
- Klagefrist des Vermieters bei Weigerung des Mieters, dem Mieterhöhungsverlangen zuzustimmen
- Kündigungsfrist des Darlehensnehmers bei einem Darlehensvertrag mit veränderlichem Zinssatz
- Kündigungsfrist des Darlehensgebers, wenn für die Rückzahlung des Darlehens keine Zeit vereinbart wurde
- Strafantragsfrist.

l) Sechs Monate
- Ersatzansprüche des Vermieters wegen Veränderungen oder Verschlechterungen der Mietsache

- Ansprüche des Mieters auf Ersatz von Aufwendungen oder auf Gestattung der Wegnahme einer Einrichtung
- Ersatzansprüche des Verleihers wegen Veränderungen oder Verschlechterungen der verliehenen Sache
- Verwendungsersatzansprüche des Entleihers
- Verjährung der Rückgriffsansprüche des Scheckinhabers.

m) Ein Jahr
- Anfechtung von Erklärungen wegen arglistiger Täuschung oder Drohung
- Verjährung von Gewährleistungsansprüchen bei gebrauchten Sachen, falls Unternehmer und Verbraucher sich vertraglich auf diese Verkürzung der Gewährleistungsfrist geeinigt haben
- Verjährung bereicherungsrechtlicher Ansprüche des Scheckinhaber gegen den Aussteller.

n) Zwei Jahre
- Verjährung von Mängelansprüchen bei einem Werk, dessen Erfolg in der Herstellung, Wartung oder Veränderung einer Sache oder im Erbringen von Planungs- oder Überwachungsleistungen hierfür besteht
- regelmäßige Verjährungsfrist des Käufers einer beweglichen Sache bei Mängeln der Kaufsache
- Verjährung von Rückgriffsansprüchen des Unternehmers gegen seinen Lieferanten beim Kauf fehlerhafter Sachen
- Verjährung von Ansprüchen des Reisenden
- Verjährung von speziellen Gewährleistungsansprüchen: Teile von maschinellen und elektrotechnischen/elektronischen Anlagen, bei denen die Wartung Einfluss auf Sicherheit und Funktionsfähigkeit hat (falls VOB/B gilt).

o) Drei Jahre
- beträgt die regelmäßige Verjährungsfrist, sie ist somit die Frist, welche im Zweifel bei der Verjährung eingreift
- Verjährung von Mängelansprüchen bei einem Werk, wenn der Unternehmer den Mangel arglistig verschwiegen hat.

Hinweis:
Die regelmäßige Verjährungsfrist beginnt, soweit nichts anderes bestimmt ist, mit dem Schluss des Jahres, in welchem der Anspruch entstanden ist und der Gläubiger von den den Anspruch begründenden Umständen und der Person des Schuldners Kenntnis erlangt oder ohne grobe Fahrlässigkeit erlangen müsste.

p) Vier Jahre

- Verjährung von Mängelansprüchen für Bauwerke (falls VOB/B gilt), für die im Vertrag keine Verjährungsfrist vereirbart ist
- Vorlegungsfrist und Klagefrist bei Zins-, Renten- und Gewinnanteilscheinen.

q) Fünf Jahre

- Verjährung von Mängelansprüchen aus Werkvertrag bei einem Bauwerk und einem Werk, dessen Erfolg in dem Erbringen von Planungs- oder Überwachungsleistungen hierfür besteht
- Verjährung von Mängelansprüchen aus Kaufvertrag bei einem Bauwerk und bei einer Sache, die entsprechend ihrer üblichen Verwendungsweise für ein Bauwerk verwendet worden ist und dessen Mangelhaftigkeit verursacht hat.

r) Zehn Jahre

- Verjährung von Ansprüchen auf Übertragung des Eigentums an einem Grundstück
- Verjährung von Ansprüchen auf Begründung, Übertragung oder Aufhebung eines Rechts an einem Grundstück (auch auf Änderung des Inhalts eines solchen Rechts und auf die Gegenleistung).

s) 30 Jahre

- Verjährung von Herausgabeansprüchen aus Eigentum
- Verjährung von Herausgabeansprüchen aus anderen dinglichen Rechten
- Verjährung rechtskräftig festgestellter Ansprüche
- Verjährung von Ansprüchen aus vollstreckbaren Vergleichen
- Verjährung von Ansprüchen aus vollstreckbaren Urkunden,
- Verjährung von Ansprüchen, welche durch Feststellung im Insolvenzverfahren vollstreckbar geworden sind
- Verjährung von Ansprüchen auf Erstattung der Zwangsvollstreckungskosten.

3. Gestaltung der Rechtslage/Verbesserung der Prozesschancen

In bestimmten Fällen kann man durch juristisch richtiges Vorgehen erreichen, dass die Voraussetzungen für eine Forderung geschaffen werden oder die Erfolgsaussichten für ein Klageverfahren entscheidend verbessert werden. Zur Erläuterung und Verdeutlichung dienen die nachstehenden Ausführungen:

Forderungen können nach dem Rechtssystem des Bürgerlichen Gesetzbuches auf verschiedenen **Rechtsgrundlagen** basieren. Man unterscheidet:

- vertragliche Ansprüche; z. B. Kaufpreisforderungen aus einem Vertrag
- sog. quasivertragliche Ansprüche; z. B. Aufwendungsersatzansprüche bei einer sog. Geschäftsführung ohne Auftrag, wie bei erbrachten Rettungsmaßnahmen
- dingliche Ansprüche, z. B. Herausgabeansprüche aus Eigentum
- schadensrechtliche Ansprüche, z. B. wegen Verletzung der Verkehrssicherungspflicht
- bereicherungsrechtliche Ansprüche, z. B. auf Herausgabe von Nutzungen.

In jeder dieser fünf Gruppen gibt es eine große Anzahl verschiedener Vorschriften, die als sog. Anspruchsgrundlagen für das Geltendmachen von Forderungen herangezogen werden können. Welcher Paragraf einschlägig ist, kann im Einzelfall durchaus problematisch sein. Zu beachten ist jedenfalls, dass die Rechtsnormen stets unterschiedliche Voraussetzungen haben und damit verschiedene Anforderungen beim Einklagen von Forderungen stellen. Insbesondere für die Frage der Beweisbarkeit kann dies von entscheidender Bedeutung sein:

Beispiel:

Frau Spät geht mit ihrem Hund spazieren. Sie trifft auf Frau Howe, welche ihren etwa 35 Kilo schweren Mischlingshund Rudi unangeleint laufen lässt. Unvermittelt stürmt dieser auf Frau Spät zu und rempelt diese heftig an, so dass sie stürzt und sich dabei einen Bänderriss zuzieht. Frau Howe meint später, Frau Spät und ihr Hund hätten durch ihr Verhalten Rudi gereizt. Außerdem sei Rudi in einer Hundeschule gewesen und ginge sonst immer „bei Fuß".

Frau Spät kann sich auf zwei schadensrechtliche Ansprüche stützen, um Schmerzensgeld und materiellen Schadensersatz zu verlangen: Zum einen hat sie einen Anspruch aus unerlaubter Handlung, § 823 Abs. 1 und 2 BGB, zum anderen aus Tierhalterhaftung, § 833 BGB. Während Frau Spät in einem Prozess für den Anspruch aus unerlaubter Handlung u. a. beweisen müsste, dass Frau Howe zumindest fahrlässig gehandelt hat, braucht sie dies für den Anspruch aus Tierhalterhaftung nicht. Hierfür braucht sie nur darzulegen und zu beweisen, dass Frau Howe Rudi als Tier hält und dass sie selbst durch das Anrempeln verletzt worden ist, was Frau Howe gar nicht bestreitet.

Die Kenntnis der maßgebenden Rechtsnormen ist also besonders wichtig, wenn ein Rechtsverhältnis zwischen Parteien/Kontrahenten streitig ist oder wird. Es kommt dann darauf an, die am meisten geeignete Rechtsnorm zu finden und anzuwenden. Darüber hinaus ist zu klären, ob die Voraussetzungen dieser einschlägigen Vorschrift vorliegen. Ggf. müssen zur Durchsetzung der eigenen Rechte noch fehlende Anforderungen erfüllt werden.

Beispiel:

Die Firma Gotex GmbH & CoKG hat mit notariellem Vertrag ein Teilstück ihres Firmengeländes an Herrn Welferding veräußert. Der Kaufpreis sollte bis zum Ablauf des übernächsten Monats gezahlt werden. Die Zahlung bleibt jedoch aus. Die Firma Gotex GmbH & CoKG zweifelt mittlerweile an der Liquidität des Käufers, außerdem hätte sie jetzt einen Interessenten, welcher bereit wäre, einen höheren Preis zu zahlen. Sie würde daher am liebsten vom Vertrag zurücktreten. Ein Rücktritt kommt nach § 323 Abs. 1 BGB in Betracht. Danach müsste die Firma Gotex GmbH & CoKG Herrn Welferding eine angemessene Frist zur Leistung oder Nacherfüllung setzen, die erfolglos verstreicht. Erst danach kann sie zurücktreten und das Teilgrundstück anderweitig veräußern. Sie braucht danach nicht mehr zu fürchten, in einem Prozess von Herrn Welferding auf Schadensersatz verklagt zu werden.

Die Verbesserung der Beweislage und das Bewirken/Herstellen von Tatsachen für einen erfolgreichen Prozess spielt u. a. eine Rolle in folgenden Fällen:

Abgabe bestimmter Erklärungen (sog. Willenserklärungen) und Einholen von Informationen:	
Arten	**Anwendungsbereich**
Anfechtungen	• bei widerrechtlicher Drohung oder • arglistiger Täuschung

(Nach-)Fristsetzungen	• soweit vertraglich vereinbart
	• gesetzlich vorausgesetzt insbesondere für
	   – Rücktritts- oder
	   – Schadensersatzverlangen

Kündigungen	• des Arbeitgebers und Arbeitnehmers • des Vermieters und des Mieters • bei Dauerschuldverhältnissen
Rücktrittserklärungen	• von geschlossenen Verträgen
Erstellen von Abrechnungen	• soweit diese Voraussetzung für das Geltend- machen der Forderung ist

Abgabe bestimmter Erklärungen (sog. Willenserklärungen) und Einholen von Informationen:	
Arten	**Anwendungsbereich**
Aufforderung des Schuldners zur Leistung	• ggf. um den Schuldner in Verzug zu setzen; Rechtsfolge ist u. a. ein Anspruch auf Zahlung von Verzugszinsen • um einer ungünstigen Kostenentscheidung durch das Gericht vorzubeugen: Der Schuldner hat dann die Klage veranlasst und trägt auch die Kosten (es ist kein „sofortiges" Anerkenntnis i. S. d. Gesetzes mehr möglich)
Abtretung von Ansprüchen	• zur Verbesserung der Beweislage: Der ursprüngliche Gläubiger kann dann im Prozess als Zeuge aussagen
Einholen von Informationen	• ebenfalls zur Verbesserung der Beweislage: Für die Erforschung des Sachverhaltes, die Ermittlung von Zeugen, das Beschaffen von Unterlagen und Urkunden kann es während des laufenden Prozesses zu spät sein, weil Gerichte meist kurze Fristen zur Beibringung fehlender Tatsachen oder Beweisantritte setzen
Strafanzeigen	• ausnahmsweise zur Verbesserung der Beweislage bei gleichfalls strafbarem Verhalten der anderen Partei: Die Staatsanwaltschaft hat umfangreiche Befugnisse zur Sachverhaltsaufklärung. Durch Akteneinsicht kann an ergänzende Informationen gelangt werden

4. Auswahl der Rechtsanwaltskanzlei/Anwaltsuche

Es besteht fast ausnahmslos freie Auswahlmöglichkeit in Bezug auf die zu beauftragende Rechtsanwaltskanzlei. Das gilt auch, wenn die Zahlung der Gebühren von einer Rechtsschutzversicherung übernommen wird. Grundsätzlich darf heute jeder zugelassene Rechtsanwalt/jede zugelassene Rechtsanwältin in allen zivilrechtlichen und sonstigen Verfahren vor jedem Gericht in der Bundesrepublik auftreten. Eine Ausnahme gilt lediglich für bürgerlich-rechtliche Streitigkeiten vor dem Bundesgerichtshof mit dem Sitz in Karlsruhe, dem höchsten deutschen Gericht in Zivilsachen. Zur Vertretung benötigt man einen gesondert an diesem Gericht zugelassenen Rechtsanwalt/ zugelassene Rechtsanwältin.

Wichtig ist, den/die passende/n Rechtsanwalt/Rechtsanwältin zu finden. Dabei spielen nachstehende Auswahlkriterien eine Rolle:

a) Frühere Beratung und/oder Vertretung. Als „erste Wahl" dürfte die Rechtsanwaltskanzlei in Betracht kommen, welche bereits in einer früheren Angelegenheit zuverlässig und kompetent beraten und/ oder vertreten hat.

Zufriedenheit mit Beratung/Vertretung durch eine Rechtsanwalts- kanzlei:

Die anschließenden Fragen sollten bejaht werden können:
1. Wurde der Fall gründlich bearbeitet?
2. Liegen keine Hinweise auf juristische Fehler vor?
3. Hat der Rechtsanwalt/die Rechtsanwältin zügig gearbeitet?
4. Wurden insbesondere Sachstandsanfragen usw. beantwortet?
5. Wurden Besprechungstermine eingehalten?
6. Bestand/besteht ein Vertrauensverhältnis?
7. Hat der Rechtsanwalt/die Rechtsanwältin nicht „zu viel versprochen"?
8. Wurde die juristische Problematik begreiflich dargestellt?
9. Gab es keinen Anlass zu Beanstandungen?
10. War der Eindruck von den Fachkräften positiv?
11. Wurde Auskunft über die voraussichtlichen Anwaltsgebühren erteilt?
12. War die Rechnung nachvollziehbar?

b) Empfehlungen. Ist kein Rechtsanwalt/keine Rechtsanwältin aus einer früheren Angelegenheit bekannt, könnte eine Empfehlung durch Angehörige, Freunde, Arbeitskollegen usw. in Betracht kommen. Man sollte dabei durchaus genauer nach der Zufriedenheit mit der erbrachten Dienstleistung fragen.

c) Örtliche Rechtsanwaltskanzlei. Ist auch dies nicht der Fall, ist es meist ratsam, sich vor Ort eine Kanzlei zu suchen (auch möglich über den deutschen Anwaltverein, www. deutsche anwaltauskunft.de). Dies hat den Vorteil, dass die Angelegenheit ohne besonderen Aufwand in einem (oder mehreren) persönlichen Gespräch erörtert werden kann. Sollte es sich um einen Rechtsstreit handeln, welcher eventuell vor einem anderen, auswärtigen Gericht zu führen ist, steht dies der Beauftragung einer Anwaltskanzlei am eigenen Wohnsitz nicht entgegen. Zum einen besteht längst keine Zulassungsbeschränkung für Anwälte/Anwältinnen auf die örtlichen Gerichte mehr, so dass auch auswärtige Gerichtstermine wahrgenommen werden können. Alternativ ist es – gerade bei kleineren Streitwerten – üblich, dass die beauftragte Kanzlei durch Erteilung einer Untervollmacht für eine anwaltliche Vertretung vor dem auswärtigen Gericht sorgt. Der Terminsvertreter wird dann zur Vorbereitung auf die mündliche Verhandlung durch Überlassung der wesentlichen Informationen, Schriftsätze und sonstigen Unterlagen von der beauftragten Kanzlei informiert. Im Anschluss an den Termin erhält die Kanzlei einen sog. Terminsbericht, so dass sogleich eine Auskunft über den Verlauf der mündlichen Verhandlung sichergestellt ist.

Wird anwaltliche Unterstützung in einem speziellen Rechtsgebiet benötigt, könnte es förderlich sein, einen Spezialisten, insbesondere einen Fachanwalt/eine Fachanwältin mit der Bearbeitung der Angelegenheit zu betrauen. Fachanwaltschaften werden Rechtsanwälten und Rechtsanwältinnen verliehen, wenn sie nachgewiesen haben, dass sie über besondere theoretische Kenntnisse (durch die Teilnahme an anwaltsspezifischen Lehrgängen) und besondere praktische (erheblich über dem üblichen Maß) Erfahrungen verfügen. Ein Rechtsanwalt/eine Rechtsanwältin kann höchstens drei Fachanwaltstitel erwerben. Wer eine Fachanwaltsbezeichnung führt, muss sich jährlich fachlich fortbilden.

Fachanwaltschaften werden von den Rechtsanwaltskammern u. a. **in folgenden Rechtsgebieten** verliehen:
- Agrarrecht
- Arbeitsrecht
- Bank- und Kapitalmarktrecht
- Bau- und Architektenrecht
- Erbrecht
- Familienrecht
- gewerblichen Rechtsschutz
- Handels- und Gesellschaftsrecht
- Informationstechnologierecht
- Insolvenzrecht
- Medizinrecht
- Miet- und Wohnungseigentumsrecht
- Sozialrecht
- Steuerrecht
- Strafrecht
- Transport- und Speditionsrecht

- Urheber- und Medienrecht
- Verkehrsrecht
- Versicherungsrecht
- Verwaltungsrecht.

Die Fachanwaltschaften sind also zusätzlich erworbene Bezeichnungen. Die Verleihung bedeutet nicht, dass der betreffende Rechtsanwalt/die Rechtsanwältin nur dieses Rechtsgebiet bearbeitet. Ebenso wenig sagt eine fehlende Fachanwaltsbezeichnung aus, dass eine Kanzlei ohne entsprechende Bezeichnung einen Fall aus diesem Rechtsgebiet weniger sachkundig bearbeiten kann.

Will man sich nicht auf die örtliche Werbung, etwa in einem Telefonbuch verlassen, kann man auch bei den Rechtsanwaltskammern Informationen einholen. Die Rechtsanwaltskammern (RA-Kammer) sind örtliche Zusammenschlüsse der Rechtsanwälte in der Bundesrepublik Deutschland. Der Bezirk einer Kammer entspricht dem des jeweiligen Oberlandesgerichtsbezirks (OLG-Bezirk) oder eines Teils desselben. Viele Rechtsanwaltskammern haben auf ihrer Homepage eine Rechtsanwaltssuche eingerichtet.

RA-Kammer Berlin ☎ 030/306931-0	RA-Kammer Köln ☎ 0221/973010-0
Brandenburgische RA-Kammer ☎ 03381/25330	RA-Kammer Mecklenburg-Vorpommern ☎ 0385/5119600
RA-Kammer für den OLG-Bezirk Braunschweig ☎ 0531/123350	RA-Kammer für den OLG-Bezirk München ☎ 089/532944-0
Hanseatische RA-Kammer Bremen ☎ 0421/16897-0	RA-Kammer Nürnberg ☎ 0911/92633-0
RA-Kammer für den OLG-Bezirk Celle ☎ 05141/9282-0	RA-Kammer für den OLG-Bezirk Oldenburg ☎ 0441/925430
RA-Kammer Düsseldorf ☎ 0211/49502-0	RA-Kammer des Saarlandes ☎ 0681/588280
RA-Kammer Frankfurt ☎ 069/170098-01	RA-Kammer Sachsen ☎ 0351/318590
RA-Kammer Freiburg ☎ 0761/39173	RA-Kammer des Landes Sachsen-Anhalt ☎ 0391/2527210
Hanseatische RA-Kammer Hamburg ☎ 040/357441-0	Schleswig-Holsteinische RA-Kammer ☎ 04621/9391-0

RA-Kammer für den OLG-Bezirk Hamm ☎ 02381/985000	RA-Kammer Stuttgart ☎ 0711/222155-0
RA-Kammer Karlsruhe ☎ 0721/25340	RA-Kammer Thüringen ☎ 0361/654880
RA-Kammer Kassel ☎ 0561/7880980	RA-Kammer Tübingen ☎ 07071/79369-10
RA-Kammer Koblenz ☎ 0261/30335-0	Pfälzische RA-Kammer Zweibrücken ☎ 06332/8003-0

Hinweis:
Die Rechtsanwaltskammer übt auch eine Aufsichtsfunktion über die Rechtsanwälte aus.

d) Internet/Anwaltsuchmaschinen. Im Internet befinden sich Anwaltsverzeichnisse und Anwaltsuchmaschinen, die über Rechtsanwälte und Rechtsanwältinnen und deren Daten zu ihrer Erreichbarkeit informieren. Darüber hinaus ist es möglich, sich unter Suchbegriffen, z. B. zu bestimmten Themen um die Auswahl einer geeigneten Kanzlei zu bemühen. Weil sehr viele Kanzleien über einen Internetauftritt verfügen, kann auf diese Weise schon ein erster Eindruck erreicht werden.

Wenn man feststellen will, ob jemand tatsächlich als Rechtsanwalt/Rechtsanwältin zugelassen ist, hilft das bundesweite amtliche Anwaltsregister (zu finden über: www.brak.de) weiter. Dort steht eine Datenbank zur Verfügung, die nach allen in der Bundesrepublik Deutschland zugelassenen Rechtsanwälten/Rechtsanwältinnen durchsucht werden kann. Auch die in der Bundesrepublik zugelassenen europäischen Rechtsanwälte sowie sonstige ausländische Rechtsanwälte, die nach der Bundesrechtsanwaltsordnung berechtigt sind, sich in der Bundesrepublik niederzulassen, sind im Anwaltsregister verzeichnet.

5. Vorbereitung auf das Anwaltsgespräch

Ist mit der Rechtsanwaltskanzlei ein Besprechungstermin vereinbart worden, sollten zur Vorbereitung alle relevanten Unterlagen mitgebracht werden oder, wenn diese sehr umfangreich sind, ggf. schon vorher eingereicht werden. Im ersten Gespräch mit dem Rechtsanwalt/der Rechtsanwältin wird anhand der Informationen und Unterlagen zunächst das Ziel des weiteren Vorgehens besprochen werden, etwa, ob möglichst schnell eine gütliche Einigung erreicht werden soll oder ob eventuell eine Prozessführung ansteht.

Wichtige mitzubringende Unterlagen zur Vorbereitung eines Termins in der Rechtsanwaltskanzlei könnten sein:

- Adressen der Beteiligten, auch von Zeugen
- Aktenzeichen von Behörden
- Arztberichte
- außergerichtliche Korrespondenz einschließlich der Vermerke zum Absenden oder des Erhaltens
- Bankverbindungen (die eigene und auch die des Gegners wegen etwaiger später Zwangsvollstreckung)
- Beratungshilfeschein des Amtsgerichts
- Bestellformulare
- Briefumschläge, insbesondere von gerichtlichen und behördlichen Schreiben (weil sich daraus Zustellungshinweise ergeben)
- Daten (Wann ist etwas geschehen?)
- eigene Notizen: (Was ist geschehen? Wie ist es dazu gekommen?)
- E-Mail-Adresse/n
- Fragebogen für Anspruchssteller (bei Verkehrsunfällen)
- Gedächtnisprotokolle
- Gesprächsnotizen
- Gutachten
- Klage
- Mahnbescheid
- Mahnungen
- Name/n des/der Gegner/s und von Zeugen
- Name der Rechtsschutzversicherung und die Versicherungsnummer
- Quittungen
- Rechnungen
- schriftliche Auskünfte
- Tagebuchnummer der Polizei
- Telefonnummern
- Überweisungsbelege
- Urkunden
- Versicherungsnummern (z. B. einer Kfz-Haftpflichtversicherung)
- Verträge
- Vollmacht für den Rechtsanwalt/die Rechtsanwältin
- Vollmachten (mit)beauftragter Personen
- Vollstreckungsbescheid
- Zustellungsnachweise

6. Vollmachterteilung

Üblicherweise unterschreibt man beim ersten Termin in der Rechtsanwaltskanzlei ein Vollmachtsformular. Es ist aber auch möglich, die Vollmacht selbst vorzulegen.

Formulierungsbeispiel:
Außergerichtliche Vollmacht

Ich erteile

(Name und Anschrift des bevollmächtigten Rechtsanwalts/der Rechtsanwältin oder der Kanzlei)

die Vollmacht zur außergerichtlichen Vertretung in der Sache:

(eigener Name) ./. (Name des Gegners),

wegen: (Bezeichnung der Angelegenheit).

Die Vollmacht umfasst:
- das Geltendmachen von Ansprüchen
- die Abgabe und den Empfang einseitiger Willenserklärungen
- Verhandlungen zur Vermeidung eines Rechtsstreits
- den Abschluss eines Vergleichs
- das Stellen eines Insolvenzantrags
- Zustellungen
- die Einsichtnahme und Vervielfältigung von Akten und Dokumenten
- das Befragen von Zeugen, Amtsträgern, Sachbearbeitern usw. und
- das Entgegennehmen von Zahlungen, Wertsachen und Urkunden.

(Ort, Datum, Unterschrift)

Der Rechtsanwalt/die Rechtsanwältin benötigt die **außergerichtliche Vollmacht** insbesondere bei:
- einseitigen Willenserklärungen, z. B. bei Kündigungen, Anfechtungen, Rücktrittserklärungen, Zahlungsaufforderungen, mit denen der Schuldner in Zahlungsverzug gesetzt werden soll u. a.; anderenfalls kann der Erklärungsempfänger das Rechtsgeschäft unverzüglich zurückweisen, § 174 BGB
- Schreiben an Versicherungen, weil diese regelmäßig vor Auszahlungen den Nachweis der Geldempfangsvollmacht verlangen
- der Akteneinsicht in Ermittlungsverfahren, wie z. B. Ordnungswidrigkeitenverfahren.

Neben der Unterzeichnung der Vollmacht benötigt der Rechtsanwalt/die Rechtsanwältin eine unterzeichnete Erklärung darüber, dass eine Belehrung wegen der Abrechnung der Gebühren erfolgt ist.

Ist vor Gericht ein Rechtsstreit zu führen, wird eine gerichtliche Bevollmächtigung erforderlich:

Formulierungsbeispiel:

Gerichtliche Vollmacht

Ich erteile

(Name und Anschrift des bevollmächtigten Rechtsanwalts/der Rechtsanwältin oder der Kanzlei)

gemäß §§ 81, 82 ZPO die Vollmacht zur gerichtlichen Vertretung in der Sache: (eigener Name) ./. (Name des Gegners),

wegen: (Bezeichnung der Angelegenheit).

Die Vollmacht umfasst:
- die Prozessführung nach der Zivilprozessordnung
- einschließlich der Befugnis zur Erledigung des Rechtsstreits oder zu außergerichtlichen Verhandlungen durch Vertrag nach Nr. 1000 Abs. 1 RVG-VV
- das Führen von Neben- und Folgeverfahren, insbesondere von Hinterlegungsverfahren
- das Stellen von Insolvenzanträgen und die Vertretung in Insolvenzverfahren einschließlich der Befugnis, Forderungen anzumelden sowie eine Insolvenzquote in Empfang zu nehmen
- die Abgabe und den Empfang einseitiger Willenserklärungen
- den Abschluss eines Vergleichs
- Zustellungen und das Entgegennehmen von Zustellungen
- das Bestellen eines Unterbevollmächtigten
- die Einsichtnahme und Vervielfältigung von Akten und Dokumenten
- das Befragen von Zeugen, Amtsträgern, Sachbearbeitern usw. und
- das Entgegennehmen von Zahlungen, Wertsachen und Urkunden.

(Ort, Datum, Unterschrift)

Im Zivilprozess braucht der Rechtsanwalt/die Rechtsanwältin die Bevollmächtigung zwar erst nachzuweisen, wenn der Gegner einen – vermeintlichen – Mangel der Vollmacht rügt. Dann ist sie aber spätestens bis zum Schluss der mündlichen Verhandlung vorzulegen, ansonsten drohen dem Rechtsanwalt/die Rechtsanwältin Schadensersatzansprüche.

7. Wechsel der Rechtsanwaltskanzlei

Besteht Unzufriedenheit mit dem – zunächst – beauftragten Rechtsanwalt/der Rechtsanwältin, kann man ohne Weiteres den Rechtsanwaltsvertrag kündigen. Dieser umfasst nämlich eine Geschäftsbesorgung mit dem Inhalt einer Dienstleistung „höherer Art", welche aufgrund eines besonderen Vertrauens übertragen worden ist, so dass sich beide Seiten jederzeit und ohne Angabe von Gründen vom Vertrag lösen können. Es gelten aber auch Ausnahmen:

- Ein Rechtsanwalt/eine Rechtsanwältin darf nicht zur Unzeit, z. B. kurz vor einer mündlichen Verhandlung kündigen.
- Besonderheiten betreffen beigeordnete Rechtsanwälte/Rechtsanwältinnen. Hier muss beantragt werden, die Beiordnung aufzuheben, vorausgesetzt, es liegen dafür wichtige Gründe vor; so, wenn das Vertrauensverhältnis nicht mehr besteht.

Wesentlich bei der Kündigung und dem Wechsel der Anwaltskanzlei ist, ob wirtschaftliche Nachteile drohen, etwa dass Gebühren doppelt gezahlt werden müssen.

- Besteht ein wichtiger Grund, dem Anwalt/der Anwältin das Mandat zu entziehen, dann kann auch die Pflicht zur Zahlung der Gebühren entfallen. Voraus gezahlte Gebühren können eventuell zurückgefordert werden.
- Liegt kein wichtiger Grund zum Mandatsentzug vor, sind die Gebühren zu entrichten. das gilt insbesondere auch, wenn ein Zeithonorar vereinbart war. Der Gebührenanspruch des Rechtsanwalts/der Rechtsanwältin bleibt auch dann bestehen, wenn diese/r einen wichtigen Grund zur Kündigung hatte, z. B. wenn trotz Mahnung die Gebühren nicht gezahlt wurden.

Bei Prozessen vor höheren Gerichten bleibt trotz einer Kündigung die Rechtsanwaltskanzlei so lange zustellungsbevollmächtigt, bis die andere Partei und das Gericht unterrichtet sind und eine andere Beauftragung besteht.

III. Mahnverfahren

Mahnverfahren sind eine ganz überwiegend erfolgreiche prozessuale Maßnahme zur Beitreibung von Forderungen. Es ist zu empfehlen, wenn der Antragsteller für einen voraussichtlich unstreitig bleibenden Anspruch auf schnellem Weg einen Vollstreckungstitel gegen einen möglicherweise nur „zahlungsfaulen" Schuldner erwirken will, wenn mithin ein Widerspruch nicht zu erwarten ist. Nur in gut zehn Prozent der Fälle wird überhaupt innerhalb der Frist von zwei Wochen Widerspruch eingelegt und damit der Anspruch bestritten. Ist das nicht der Fall, kann formularmäßig ein Antrag auf Erlass eines Vollstreckungsbescheides gestellt werden, welcher ein Titel ist, aus dem die Zwangsvollstreckung betrieben werden kann (wie aus der Bezeichnung bereits hervorgeht). Zwar kann gegen den Vollstreckungsbescheid noch Einspruch eingelegt werden. Dennoch kann vorläufig weiter, und zwar ohne Sicherheitsleistung vollstreckt werden. Durch ein Urteil wird dann endgültig über die Sache entschieden.

1. Zulässigkeit

a) Voraussetzungen. Ein Mahnverfahren ist zulässig, wenn die Zahlung einer bestimmten Geldsumme in Euro verlangt wird, § 688 Abs. 1 ZPO. Diese Geldforderung darf nicht von einer Gegenleistung abhängig sein oder die Gegenleistung muss bereits erbracht worden sein.

Durch entsprechende Bezeichnungen können auch Urkunden-, Wechsel- und Scheckmahnverfahren eingeleitet werden, § 703 a ZPO. Diese haben den Vorteil, dass die Angelegenheiten bei einem Widerspruch des Anspruchsgegners und dem Übergang in das sog. streitige Verfahren als besondere Gerichtsverfahren geführt werden können und entsprechende prozessuale Vorteile haben. Dazu gehört speziell, dass nur bestimmte Beweismittel zugelassen werden und deshalb schnell ein Urteil ergeht.

Der Antrag auf Erlass eines Mahnbescheides ist auch in Angelegenheiten des Arbeitsrechts möglich, § 46 a ArbGG.

b) Grenzüberschreitender Rechtsverkehr. Im grenzüberschreitenden Rechtsverkehr (wenigstens eine der Parteien muss ihren Wohnsitz/gewöhnlichen Aufenthalt in einem anderen Mitgliedstaat der EU haben) kann bei fälligen Geldforderungen der Antrag auf Erlass eines Europäischen Mahnbescheides – mit Ausnahme Dänemarks – gestellt werden. Dieser ermöglicht Gläubigern europaweit mit einheitlichen Formularen (anwenderfreundlich durch Ankreuzfelder) eine Forderung titulieren zu lassen. Die maschinell lesbare Form ermöglicht die automatische Datenerfassung und vereinfacht die Übersetzung. Formulare sind über das Internet abrufbar (z. B. www.berlin.de/sen/justiz/gerichte); online können Anträge aber noch nicht gestellt werden. Es ist eine Zustellung in Papierform erforderlich.

Die Einspruchsfrist gegen den Europäischen Mahnbescheid beträgt 30 Tage ab seiner Zustellung. Legt der Schuldner Einspruch ein, findet ein gewöhnlicher Zivilprozess statt. Wird kein Einspruch eingelegt, wird der Europäische Zahlungsbefehl für vollstreckbar erklärt. Er entspricht dem deutschen Vollstreckungsbescheid und ist ohne weitere Formalitäten in den Mitgliedsstaaten vollstreckbar. Für die Zwangsvollstreckung in einem anderen Mitgliedstaat ist auch keine Umschreibung erforderlich.

Für die Bearbeitung der Anträge auf Erlass und Überprüfung eines Europäischen Mahnbescheides sowie für die Vollstreckbarerklärung eines Europäischen Zahlungsbefehls ist in der Bundesrepublik Deutschland das Amtsgericht Wedding in Berlin ausschließlich zuständig.

c) Europäisches Verfahren für geringfügige Forderungen. Daneben gibt es für grenzüberschreitende Fälle – wiederum mit Ausnahme Dänemarks – ein Europäisches Verfahren für geringfügige Forderungen bis 2.000 EUR. Das Verfahren wird ebenfalls über standardisierte Formulare eingeleitet. Zuständig für deutsche Gläubiger ist auch insoweit immer das Amtsgericht Wedding in Berlin (Ausnahme: arbeitsrechtliche Ansprüche). Eine anwaltliche Vertretung ist ebenfalls nicht erforderlich. Das Verfahren ist grundsätzlich schriftlich, eine mündliche Verhandlung findet nur statt, wenn das Gericht sie für notwendig hält.

2. Vorgehensweise

Mahnverfahren ohne Auslandsberührung sind bei den deutschen Mahngerichten mittels automatisiertem gerichtlichen Mahnverfahren zu betreiben. Die Mahngerichte sind immer bei den Amtsgerichten angesiedelt, so dass es für die Antragstellung per Mahnbescheid nicht auf die Höhe der Forderung ankommt.

a) Zuständigkeit. Ausschließlich zuständig ist das Amtsgericht, bei dem der Antragsteller seinen allgemeinen Gerichtsstand (Wohnsitz/Sitz der Gesellschaft) hat. Hat der Antragsteller im Inland keinen allgemeinen Gerichtsstand, ist das Amtsgericht Wedding in Berlin ausschließlich zuständig.

Die Mahnanträge werden in den Bundesländern vor. sog. zentralen Mahngerichten bearbeitet; einige Bundesländer haben länderübergreifende gemeinsame Mahngerichte.

Bundesland	zuständiges zentrales Mahngericht
Baden-Württemberg	Amtsgericht Stuttgart
Bayern	Amtsgericht Coburg
Berlin und Brandenburg	Amtsgericht Wedding
Bremen	Amtsgericht Bremen
Hamburg und Mecklenburg-Vorpommern	Amtsgericht Hamburg
Hessen	Amtsgericht Hünfeld
Niedersachsen	Amtsgericht Uelzen
Nordrhein-Westfalen	OLG-Bezirk Köln: Amtsgericht Euskirchen Im Übrigen: Amtsgericht Hagen
Rheinland-Pfalz und Saarland	Amtsgericht Mayen
Sachsen und Sachsen-Anhalt	Amtsgericht Aschersleben
Schleswig-Holstein	Amtsgericht Schleswig

b) Vordrucke/Online-Verfahren. Für das Mahnverfahren müssen die eingeführten Vordrucke benutzt werden. Diese lassen sich, z. B. bei „Mahngerichte.de", herunterladen. Auch ein etwaig erforderlich werdender Antrag auf Neuzustellung des Mahnbescheides und der Vollstreckungsbescheidsantrag können im Internet abgerufen werden. Ein Mahnantrag kann des Weiteren online gestellt werden.

Antrag auf Erlass eines Mahnbescheids   **- Deckblatt -**   **Seite 1 von 4**
Torsten Froh
gegen Autoglück Neuwagen und Reparaturen GmbH
- maschinell lesbarer Antrag für das automatisierte Verfahren -   001 BARC0001 823726 E458CC7

B

An das
Amtsgericht Uelzen
Zentrales Mahngericht
Postfach 13 63
29503 Uelzen

01.01.2012

Ich beantrage, aufgrund der im beigefügten Barcode verschlüsselten Daten einen Mahnbescheid zu erlassen und in diesen die Kosten des Verfahrens aufzunehmen. Die unten aufgeführten Hinweise des Gerichts habe ich beachtet.

Geschäftszeichen des Antragstellers/Prozessbevollmächtigten:
68/11 Froh ./. Autoglück

Absender (Antragsteller / ges. Vertreter / Prozessbevollmächtigter):

Herr
Torsten Froh
Auf dem Reiherpfahl 2
29339 Wathlingen

Ort   Datum   Unterschrift des Antragstellers/Vertreters/Prozessbevollm.

Hinweise des Gerichts:

1. Dieses Anschreiben muss unterschrieben und zusammen mit dem Kontrollausdruck (Seiten 2 bis 3) sowie dem anschließenden Barcode-Ausdruck (Seiten 4 bis 4) beim zuständigen Mahngericht eingereicht werden. Die Übermittlung des Antrags per Fax oder E-Mail ist unzulässig. Verwenden Sie zum Druck ausschließlich weißes Standardpapier der Größe DIN A 4 (80g/qm) und versenden Sie die Unterlagen, ohne sie zu knicken.
2. Die rechts oben angegebene Nummer (001 BARC0001 823726 E458CC7) muss auf allen Seiten identisch sein, der Antrag darf nur aus 4 Seiten bestehen. Nachträgliche Ergänzungen, Veränderungen oder Streichungen des Textes oder Barcodes sind unzulässig. Bei erforderlichen Änderungen geben Sie bitte die Daten neu ein und drucken den Antrag für das Gericht erneut aus.
3. Ist eine Druckseite fehlerhaft gedruckt, verschmutzt oder nicht lesbar, so drucken Sie bitte den gesamten Antrag erneut aus.
4. Beachten Sie auch die Hinweise in der Internetanwendung www.online-mahnantrag.de zu Papier, Druck und Versand.

Die Nichtbeachtung der Hinweise gefährdet die maschinelle Lesbarkeit (§ 690 Abs. 3 ZPO) und kann damit die Bearbeitung des Antrags verzögern, zu Beanstandungen oder zur Zurückweisung führen (§ 691 ZPO).

Antrag auf Erlass eines Mahnbescheids   Seite 2 von 4
Torsten Froh
gegen   Autoglück Neuwagen und Reparaturen GmbH
- maschinell lesbarer Antrag für das automatisierte Verfahren -   001 BARC0001 823726 E458CC7

Verfahrenswährung: **EUR**

Antragsteller
1. Antragsteller
Anrede: **Herr**
Vorname: **Torsten**
Nachname: **Froh**
Straße: **Auf dem Reiherpfahl 2**
PLZ/Ort/Nation: **29339 Wathlingen**

Antragsgegner
1. Antragsgegner
Rechtsform: **GmbH**
Name: **Autoglück Neuwagen und Reparaturen**
GmbH
Straße: **Weizenweg 1**
PLZ/Ort/Nation: **50933 Köln**
Prozessgericht
Anschrift: **Amtsgericht Köln**
50922 Köln

1. Gesetzlicher Vertreter
Funktion: **Geschäftsführender Gesellschafter**
Name: **Rainer Schrauber**
Straße: **Weizenweg 1a**
PLZ/Ort/Nation: **50933 Köln**

Ansprüche
Summe der Hauptforderungen: **3.967,33 EUR**
1. Katalogisierbarer Anspruch
Anspruch: **Schadenersatz aus ...-Vertrag**
(Katalog-Nr. 28)
Mitteilungsform: **Schreiben**
Rechnungsnummer: **3. 7. 2011**
ab/vom: **03.07.2011**
Betrag: **3.967,33 EUR**
Anspruchszusatz
Vertragsart: **KAUF**

1.1 Zinsangaben: Laufende Zinsen
Zinssatz: **5,000 %-Punkte jährlich über dem Basiszinssatz**
aus Betrag: **3.967,33 EUR**
ab/vom: **01.08.2011**

Antrag auf Erlass eines Mahnbescheids   **Seite 3 von 4**
    Torsten Froh
gegen Autoglück Neuwagen und Reparaturen GmbH
- maschinell lesbarer Antrag für das automatisierte Verfahren -   001 BARC0001 823726 E458CC7

Auslagen/Nebenforderungen
   Auslagen des Antragstellers
            Vordruck/Porto: **3,00 EUR**
          Sonstige Auslagen: **50,00 EUR**
   Sonstige Auslagen Bezeichnung: **vorgerichtliche Kosten**

Allgemeine Angaben
           Geschäftszeichen: **68/11 Froh ./. Autoglück**
Ich erkläre, dass der Anspruch von einer Gegenleistung nicht abhängt.
Im Falle eines Widerspruchs beantrage ich die Durchführung des streitigen Verfahrens.

Zuständiges Mahngericht
            Amtsgericht Uelzen
            Zentrales Mahngericht
            29525 Uelzen

Antrag auf Erlass eines Mahnbescheids   **Seite 4 von 4**
    Torsten Froh
gegen Autoglück Neuwagen und Reparaturen GmbH
- maschinell lesbarer Antrag für das automatisierte Verfahren -   001 BARC0001 823726 E458CC7

001BARC0001823726E458CC7001002002004

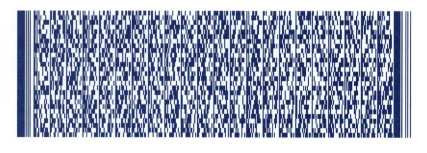

Abbildung: Antrag auf Erlass eines Mahnbescheides

3. Ausfüllhinweise

Der Anspruch ist unter Angabe der verlangten Leistung zu bezeichnen, Haupt- und Nebenforderungen sind gesondert und einzeln anzugeben. Der geltend gemachte Anspruch muss gegenüber anderen Forderungen abgrenzbar sein. Ggf. ist eine Anlage zum Mahnbescheidsformular zu verwenden, weil ein Mahnbescheid grundsätzlich nur dann verjährungshemmende Wirkung hat, wenn die Forderungen ausreichend bezeichnet worden sind und nicht verwechselt werden können. Auch wenn über die Anspruchsindividualisierung hinaus keine Begründung erforderlich ist, ist doch eine korrekte Formulierung empfehlenswert. Die Forderung selbst ist nicht näher zu begründen.

Formulierungsbeispiel:
Anspruch auf Werklohn aus Werkvertrag vom 31. 7. 2011 laut Rechnung und Lieferschein vom 25. 7. 2011, zahlbar zum 15. 8. 2011.

Bei den Zinsen ist zu erklären, ob sich diese nur auf die Hauptforderung beziehen oder auch auf die bis zum Mahnbescheidsantrag errechneten Altzinsen. Außerdem sind der Anfangszeitpunkt und die Laufzeit der Zinsen anzugeben.

Formulierungsbeispiel:
Fünf Prozentpunkte über dem Basiszinssatz vom 16. 8. 2011 bis 31. 10. 2011; 5 EUR vorgerichtliche Mahnkosten; zzgl. zehn Prozent Zinsen seit 1. 11. 2011 wegen Bankkredites auf 15.000 EUR.

Falls sich der Mahnbescheidsantrag gegen mehrere Antragsgegner richtet, ist dies im Formular entsprechend anzugeben.

Benannt werden muss das Gericht, das für ein etwaig anschließendes streitiges Klageverfahren örtlich und sachlich zuständig ist.

Widerspricht der Antragsgegner dem Mahnbescheid nicht oder zu spät, kann der Gläubiger nach Ablauf der Widerspruchsfrist beim Gericht den Vollstreckungsbescheid beantragen. Das Amtsgericht erlässt dann einen Vollstreckungsbescheid aufgrundlage des nicht angefochtenen Mahnbescheids.

Der Antrag auf Erlass des Vollstreckungsbescheids ist innerhalb von sechs Monaten nach Zustellung des Mahnbescheids zu stellen. Zu erklären ist, ob und welche Zahlungen inzwischen auf die per Mahnbescheid geltend gemachte Forderung geleistet worden sind.

4. Vorteile und Nachteile

Vor- und Nachteile des Mahnverfahrens im Vergleich zur Klageerhebung:

Kriterien	Vorteile des Mahnverfahrens	Nachteile des Mahnverfahrens
Schnelligkeit	Legt der Schuldner gegen den Mahnbescheid keinen Widerspruch ein, ergeht auf entsprechenden Antrag des Gläubigers ein Vollstreckungsbescheid. Der Vollstreckungsbescheid kann schon nach etwa drei Wochen vorliegen.	Legt der Schuldner Widerspruch ein, muss der Gläubiger in das Klageverfahren übergehen. Dazu muss er einen weiteren Gerichtskostenvorschuss einzahlen, erst danach wird das Verfahren an das zuständige Streitgericht abgegeben und erst jetzt erhält der Gläubiger die Aufforderung, seinen Anspruch wie mit einer Klage zu begründen. Durch dieses Verfahren geht – wichtige – Zeit verloren.
Vollstreckbarkeit	Aus dem Vollstreckungsbescheid kann ohne Sicherheitsleistung sofort vollstreckt werden.	Die Vollstreckung aus dem Vollstreckungsbescheid ohne Sicherheitsleistung wirkt nur solange, wie mit dem Einspruch und auf den Antrag des Schuldners das Gericht die Vollstreckung nicht einstellt.
Kosten	Der Kostenaufwand für das Mahnverfahren ist gering. Es fällt nur eine halbe Gerichtsgebühr an. Lässt man sich anwaltlich vertreten, entsteht eine – günstige – 1,0 Gebühr für den Rechtsanwalt/die Rechtsanwältin, Nr. 3305 VV zum RVG. Die Kosten sind erstattungsfähig.	Legt der Schuldner Widerspruch ein und muss in das Klageverfahren übergegangen werden, entstehen dieselben Kosten wie im Klageverfahren. Problematisch sind ferner zusätzlich durch das Mahnverfahren angefallene Inkassokosten; diese werden oftmals nicht gegen den Schuldner festgesetzt, so dass der Gläubiger sie nicht erstattet erhält.

Kriterien	Vorteile des Mahn-verfahrens	Nachteile des Mahn-verfahrens
anwaltliche Vertretung	Auch bei Streitwerten von über 5.000 EUR ist eine anwaltliche Vertretung für die Antragstellung nicht erforderlich.	Ohne anwaltliche Vertretung besteht die Gefahr, dass die Anforderungen an die verjährungshemmende Wirkung nicht erfüllt werden, etwa, dass die erforderliche Individualisierung nicht ordnungsgemäß erfolgt.
Verjährungs-hemmung	Das Mahnverfahren hemmt die Verjährung mit weniger Aufwand als eine Klage. Die Verjährungshemmung wird selbst dann erreicht, wenn der Antrag zurückgewiesen wird, etwa weil die Antragsvoraussetzungen nicht vorlagen. Der Antragsteller muss dann innerhalb eines Monats seit der Zustellung der Zurückweisung eine Klage einreichen und diese muss „demnächst" zugestellt werden.	Die Verjährungshemmung per Klage ist sicherer, weil der Anspruch durch die Klagebegründung hinreichend „individualisiert" wird. Der Anspruch muss im Mahnbescheid daher sehr sorgfältig, und zwar so genau wie möglich, bezeichnet werden.
Risiken bei der Verjährungshemmung		Die Verjährungshemmung ist gefährdet, wenn sich die Zustellung des Mahnbescheides verzögert. Ferner muss der Antragsteller unverzüglich nach der Kostenaufforderung durch das Gericht den weiteren Kostenvorschuss zahlen, damit die Zustellung „demnächst" erfolgt.

Kriterien	Vorteile des Mahn-verfahrens	Nachteile des Mahn-verfahrens
Arbeitsaufwand	Der Arbeitsaufwand für das Beantragen eines Mahn-bescheides ist gering. Das gilt insbesondere bei den online-Mahnbescheiden.	Muss nach einem Wider-spruch in das Klageverfah-ren übergegangen werden, entsteht derselbe Aufwand wie für eine Klage (Zeit, um den Sachverhalt darzustel-len sowie Beweismittel und Anlagen zusammenzustel-len, Stellungnahme auf die Klageerwiderung, Termins-wahrnehmung).
Erfolgsaussichten	Weil nur bisweilen Wider-spruch eingelegt wird, sind die Erfolgsaussichten hoch, einen Vollstreckungs-bescheid zu erwirken.	Nach einem Widerspruch hängen die Erfolgsaussich-ten davon ab, ob sich der Beklagte verteidigen wird und ob man seinen eigenen Sachvortrag, sollte der Be-klagte ihn bestreiten, be-weisen kann.
mehrere Schuldner mit unterschiedlichen Gerichtsständen		Haben mehrere Schuldner unterschiedliche Gerichts-stände, muss nach Wider-spruchseinlegung das Ver-fahren „geteilt" werden, praktikabler wäre es dann, von vornherein zu klagen.
unsicherer Aufenthalt des Schuldners		Der Aufenthalt des Schuld-ners muss unbedingt be-kannt sein: Ist dies nicht der Fall, so dass der Mahn-bescheid nicht zugestellt werden kann, muss dennoch geklagt werden, weil ein Mahnbescheid im Unter-schied zur Klage nicht öf-fentlich zugestellt werden kann. Auch die Aufwendun-gen für den Mahnbescheid sind vergeblich, weil noch nicht einmal eine Überlei-tung in das Klageverfahren stattfinden kann.

5. Verfahren nach Widerspruch

Der Antragsgegner kann gegen den Mahnbescheid oder gegen Teile davon schriftlich Widerspruch einlegen. Eine Begründung des Widerspruchs ist nicht erforderlich. Die zweiwöchige Widerspruchsfrist beginnt ab der Zustellung des Mahnbescheides zu laufen. Ein später eingehender Widerspruch hat dieselbe Wirkung, wenn das Amtsgericht noch keinen Vollstreckungsbescheid verfügt hat. Ansonsten wertet das Mahngericht dies als Einspruch gegen den bereits ergangenen Vollstreckungsbescheid.

Nach dem Widerspruch des Antragsgegners sollte der Antragsteller die vom Amtsgericht errechneten weiteren Gerichtskosten unverzüglich einzahlen. Vom zuständigen Gericht des streitigen Verfahrens erhält der Antragsteller dann die Aufforderung, den Anspruch innerhalb von zwei Wochen zu begründen. Damit befinden sich die Parteien im herkömmlichen Klageverfahren. Der Kläger sollte seinen Anspruch wie folgt begründen.

Muster:

An das

Amtsgericht XY

(Adresse)

(Datum)

Geschäftsnummer: (…)

In dem Rechtsstreit

(Name),

– Kläger –

gegen

(Name),

– Beklagter –

werde ich beantragen,

den Beklagten zu verurteilen, an den Kläger (…) EUR (Betrag) nebst Zinsen von fünf/acht Prozentpunkten über dem Basiszinssatz seit dem (Datum) zu zahlen.

Ferner beantrage ich,

den Beklagten durch Versäumnisurteil zu verurteilen, soweit die gesetzlichen Voraussetzungen vorliegen.

Begründung:

(Begründung der Klageforderung und des Zinsanspruchs)

(Unterschrift)

6. Verfahren nach Einspruch

Gegen den Vollstreckungsbescheid kann der Antragsgegner noch Einspruch einlegen und sogar beantragen, dass die Zwangsvollstreckung aus dem Vollstreckungsbescheid einstweilen eingestellt wird. Das Gericht kann die Zwangsvollstreckung grundsätzlich nur gegen Sicherheitsleistung einstellen. Ausnahmen gelten, wenn der Vollstreckungsbescheid nicht in gesetzlicher Weise ergangen ist oder der Antragsgegner glaubhaft macht, dass er das Versäumen der Widerspruchsfrist nicht verschuldet hat.

a) Maßnahmen des Antragstellers. Legt der Antragsgegner gegen den Vollstreckungsbescheid Einspruch ein, ist zunächst festzustellen, ob der Einspruch fristgerecht innerhalb von zwei Wochen erfolgt ist. Falls der Antragsgegner den Einspruch verspätet erhoben hat, ist mit einem Verwerfungsantrag zu erwidern. Ansonsten ist zu beantragen, dass der Vollstreckungsbescheid aufrechterhalten wird.

Muster:

An das

Amtsgericht XY

(Adresse)

(Datum)

Geschäftsnummer: (…)

In dem Rechtsstreit

(Name),

– Kläger –

gegen

(Name),

– Beklagter –

werde ich beantragen,

den Einspruch gegen den Vollstreckungsbescheid ohne mündliche Verhandlung als unzulässig zu verwerfen,

hilfsweise

den Vollstreckungsbescheid vom (Datum) aufrechtzuerhalten.

Begründung:

Der Einspruch des Beklagten ist verspätet. Der Vollstreckungsbescheid wurde dem Beklagten am (Datum) zugestellt. Die Zustellungsurkunde wird im Termin vorgelegt werden.

> Zur Begründung der Ansprüche trage ich vorsorglich wie folgt vor:
>
> (Begründung der Klageforderung und des Zinsanspruchs)
>
> (Unterschrift)

b) Wiedereinsetzungsantrag des Antragsgegners. Hat der Antragsgegner nicht innerhalb von zwei Wochen Einspruch eingelegt, die
Einspruchsfrist also versäumt, kommt für ihn nur noch ein Antrag
auf Wiedereinsetzung in den vorigen Stand in Betracht. Voraussetzung hierfür ist aber, dass er die Frist unverschuldet verpasst hat. Die
Wiedereinsetzungsfrist beträgt ebenfalls zwei Wochen. Die Frist beginnt mit der Beseitigung des Hindernisses.

Die Voraussetzungen für einen Wiedereinsetzungsantrag:

- Es müssen Tatsachen vorgetragen werden, aus denen sich ergibt, dass die Fristversäumung unverschuldet war.

- Ferner müssen Tatsachen dargelegt werden, aus denen folgt, cass der Wieder-einsetzungsantrag rechtzeitig gestellt wurde.

- Alle Tatsachen sind glaubhaft zu machen, also ggf. durch eine eidesstattliche Versicherung zu belegen. Die eidesstattliche Versicherung darf auch der Antragsgegner formulieren. Urkunden sind ebenfalls zur Glaubhaftmachung geeignet.

Muster:

An das

Amtsgericht XY

(Adresse)

(Datum)

Einspruch und Wiedereinsetzungsantrag

In dem Mahnverfahren

(Geschäftszeichen)

(Name des Antragstellers),

– Antragsteller –

gegen

(Name des Antragsgegners),

– Antragsgegner –

lege ich gegen den Vollstreckungsbescheid vom (Datum)
Einspruch
ein und beantrage,

den Vollstreckungsbescheid aufzuheben.

Gleichzeitig beantrage ich,

dem Antragsgegner gegen die Versäumung der Einspruchsfrist Wiedereinsetzung in den vorigen Stand zu gewähren und

die Zwangsvollstreckung aus dem Vollstreckungsbescheid vom (Datum) einzustellen.

Begründung:

Am (Datum) wurde mir der Mahnbescheid zugestellt. Einen Tag zuvor hatte ich meinen sechswöchigen Jahresurlaub angetreten. Ich hatte meine zuverlässige Nachbarin, wie in den vergangenen zehn Jahren auch, gebeten meine Post in Empfang zu nehmen und mich zu informieren, soweit es sich bei den Eingängen nicht um private Post handeln würde. Meine Nachbarin war jedoch plötzlich erkrankt und konnte sich nicht mehr um die Post kümmern, weil sie dann die gesamte Zeit im Krankenhaus verbringen musste. Die Post, den Mahn- und Vollstreckungsbescheid, habe ich erst gestern bei meiner Urlaubsrückkehr vorgefunden.

Zur Glaubhaftmachung versichere ich die Richtigkeit der Angaben gemäß der als Anlage

überreichten eidesstattlichen Versicherung.

(Unterschrift)

Hat der Antragsgegner die Frist verschuldet versäumt, ist eine weitere Verteidigung gegen den Vollstreckungsbescheid ausgeschlossen. Er kann den Einspruch dann nicht mehr nachholen.

Der Antragsteller erhält den Antrag auf Wiedereinsetzung in den vorigen Stand zur Kenntnis- und Stellungnahme übersandt. Er wird zu prüfen haben, ob der Tatsachenvortrag des Antragsgegners bestritten werden kann und ob die Glaubhaftmachung alle behaupteten Tatsachen umfasst. Der Antragsteller sollte beantragen, dass der Antrag auf Wiedereinsetzung zurückgewiesen wird.

IV. Prozesskostenhilfe/Verfahrenskostenhilfe

Besteht keine Rechtsschutzversicherung und liegen wirtschaftlich enge Voraussetzungen vor, sind mithin keine Barwerte von mehr als 2.600 EUR vorhanden, könnte Prozesskostenhilfe oder Verfahrenskostenhilfe (der jeweilige Begriff folgt der Bezeichnung der Hauptsache) für eine Klage in Betracht kommen.

1. Umfang des Kostenschutzes

Diese deckt die Gerichtskosten einschließlich etwaig erforderlicher Auslagen – wie für Zeugen und Sachverständige – ab, sowie die Gebühren des eigenen Rechtsanwalts/der eigenen Rechtsanwältin.

Nicht umfasst von der Prozess-/Verfahrenskostenhilfe werden die Gebühren des/der gegnerischen Rechtsanwalts/Rechtsanwältin. Dies kann bedeutsam werden, wenn der Rechtsstreit letztendlich überwiegend verloren wird. Die Gegenseite kann dann beim Gericht einen Antrag auf Kostenausgleichung oder -festsetzung stellen. Also besteht auch bei bewilligter Prozess-/Verfahrenskostenhilfe immer ein Rest-Kostenrisiko. Dieses ist aber als gering einzustufen, weil das Gericht vor der Bewilligung die Erfolgsaussichten für die Klage oder Verteidigung prüfen muss, also nicht leichtfertig die Bewilligung erteilt, schließlich aber den Prozess anders entscheidet.

Liegen die persönlichen und wirtschaftlichen Voraussetzungen für die Bewilligung von Prozess-/Verfahrenskostenhilfe vor, muss der beauftragte Rechtsanwalt/die Rechtsanwältin seinen Mandanten ungefragt auf diese Möglichkeit hinweisen. Es gilt insofern dasselbe wie bei der Beratungshilfe.

Der Rechtsuchende kann beim Gericht sogar selbst den Antrag auf Bewilligung von Prozess-/Verfahrenskostenhilfe stellen und sich erst nach Bewilligung einen Rechtsanwalt/eine Rechtsanwältin suchen. Das hat den Vorteil, dass, sollte der Antrag abgelehnt werden, keine anwaltlichen Gebühren für die Antragstellung in Rechnung gestellt werden können. Diese Vorgehensweise ist selbst dann möglich, wenn es sich um einen Prozess mit Anwaltszwang handelt, also z. B. in Landgerichtsprozessen.

2. Berechnung der wirtschaftlichen Voraussetzungen

In Bezug auf den Prozess-/Verfahrenskostenhilfeantrag ist ein Formular auszufüllen. Dort sind die persönlichen Daten anzugeben, des Weiteren die Einkommens- und Vermögensverhältnisse. Es ist zu erklären, dass die Angaben vollständig und richtig sind. Anlagen sind beizufügen.

Erklärung über die persönlichen und wirtschaftlichen Verhältnisse
- Anlage zum Antrag auf Bewilligung der Prozesskostenhilfe; **die notwendigen Belege sind beizufügen.** -

Geschäftsnummer des Gerichts

(A) Prozesskostenhilfe wird beantragt von (Name, Vorname, ggf. Geburtsname): | Beruf, Erwerbstätigkeit | Geburtsdatum | Familienstand

Anschrift (Straße, Hausnummer, Postleitzahl, Wohnort) | Tagsüber telefonisch erreichbar unter Nr.

Antragstellende Partei wird gesetzlich vertreten von (Name, Vorname, Anschrift, Telefon):

(B) Trägt eine **Rechtsschutzversicherung** oder andere **Stelle/Person** (z.B. Gewerkschaft, Arbeitgeber, Mieterverein) die Kosten Ihrer Prozessführung?

Nein | Ja, in voller Höhe | Ja, in Höhe von EUR

(C) Beziehen Sie **Unterhaltsleistungen** (z.B. Unterhaltszahlungen; Versorgung im elterlichen Haushalt; Leistungen des Partners einer eheähnlichen Lebensgemeinschaft?

Nein | Ja, von Eltern/Vater/Mutter (Bitte auf Zweitstück dieses Vordrucks Angaben über deren/dessen Verhältnisse - s. Hinweise) | Ja, vom getrennt-lebenden/geschiedenen Ehegatten | Ja, von anderer Person

(D) Angehörige, denen Sie Unterhalt gewähren

Name, Vorname (Anschrift nur, wenn von Ihrer Anschrift abweicht)	Geburtsdatum	Familienverhältnis (z. B. Ehegatte, Kind, Schwiegermutter)	Wenn Sie den Unterhalt ausschließlich durch Zahlung gewähren: Monatsbetrag in EUR	Haben die Angehörigen eigene Einnahmen? (z.B. Ausbildungsvergütung, Unterhaltszahlungen vom anderen Elternteil)
1				Nein / Ja, EUR mtl. netto
2				Nein / Ja, EUR mtl. netto
3				Nein / Ja, EUR mtl. netto
4				Nein / Ja, EUR mtl. netto
5				Nein / Ja, EUR mtl. netto

Wenn Sie laufende Leistungen zum Lebensunterhalt nach dem Zwölften Buch Sozialgesetzbuch oder Leistungen zur Sicherung des Lebensunterhalts nach dem Zweiten Buch Sozialgesetzbuch beziehen **und den letzten hierüber erhaltenen Bescheid beifügen,** sind Angaben zu (E) bis (J)entbehrlich, sofern das Gericht nicht etwas anderes anordnet.

(E) Brutto-einnahmen

Bitte unbedingt beachten:

Die notwendigen **Belege** (z. B. Lohnbescheinigung der Arbeitsstelle) **müssen beigefügt werden.**

Bitte Art und Bezugszeitraum angeben: z. B.:Unterhaltsrente mtl. Altersrente mtl. Weihnachts-/Urlaubsgeld jährl. Arbeitslosengeld mtl. Arbeitslosengeld II mtl., Sozialgeld mtl. Ausbildungsfördg. mtl. Krankengeld mtl.

	Haben **Sie** Einnahmen aus		Hat Ihr **Ehegatte** Einnahmen aus	
nichtselbständiger Arbeit?	Nein / Ja, EUR mtl. brutto		nichtselbständiger Arbeit?	Nein / Ja, EUR mtl. brutto
selbständiger Arbeit/Gewerbebetrieb/Land-, Forstwirtschaft?	Nein / Ja, EUR mtl. brutto		selbständiger Arbeit/Gewerbebetrieb/Land-, Forstwirtschaft?	Nein / Ja, EUR mtl. brutto
Vermietung und Verpachtung?	Nein / Ja, EUR mtl. brutto		Vermietung und Verpachtung?	Nein / Ja, EUR mtl. brutto
Kapitalvermögen?	Nein / Ja, EUR mtl. brutto		Kapitalvermögen?	Nein / Ja, EUR mtl. brutto
Kindergeld?	Nein / Ja, EUR mtl.		Kindergeld?	Nein / Ja, EUR mtl.
Wohngeld?	Nein / Ja, EUR mtl.		Wohngeld?	Nein / Ja, EUR mtl.
Andere Einnahmen (auch einmalige oder unregelmäßige)?	Nein / Ja, und zwar EUR brutto		Andere Einnahmen (auch einmalige oder unregelmäßige)?	Nein / Ja, und zwar EUR brutto
	EUR brutto			EUR brutto
	EUR brutto			EUR brutto

Falls zu den Einnahmen alle Fragen verneint werden: Auf welche Umstände ist dies zurückzuführen? Wie bestreiten Sie Ihren Lebensunterhalt?

(F) Abzüge

Bitte kurz bezeichnen: z.B.: 1 Lohnsteuer / 2 Pflichtbeiträge / 3 Lebensversicherung / 4 Fahrt zur Arbeit,... km einfache Entfernung

Die notwendigen **Belege müssen beigefügt werden.**

Welche Abzüge haben **Sie**?		Welche Abzüge hat ihr **Ehegatte**?	
1 Steuern	EUR mtl.	1 Steuern	EUR mtl.
2 Sozialversicherungsbeiträge	EUR mtl.	2 Sozialversicherungsbeiträge	EUR mtl.
3 Sonstige Versicherung	EUR mtl.	3 Sonstige Versicherung	EUR mtl.
4 Werbungskosten, Betriebsausgaben	EUR mtl.	4 Werbungskosten. Betriebsausgaben	EUR mtl.

Allgemeine Fassung

Ist **Vermögen** vorhanden?	A B oder C	◁ In dieser Spalte mit Großbuchstaben bitte jeweils angeben, wem der Gegenstand gehört: A = mir allein B = meinem Ehegatten allein C = meinem Ehegatten und mir gemeinsam	Verkehrswert, Guthabenhöhe, Betrag in EUR	Beleg-Nr.
Grundvermögen? (z. B. Grundstück, Familienheim, Wohnungs-eigentum, Erbbaurecht)		Nutzungsart, Lage, Größe, Grundbuchbezeichnung, Jahr der Bezugsfertigkeit, Einheits-, Brandversicherungswert:		
☐ Nein ☐ Ja				
Bausparkonten?		Bausparkasse, voraussichtlicher oder feststehender Auszahlungstermin, Verwendungszweck:		
☐ Nein ☐ Ja				
Bank-, Giro-, Spar-konten u. dgl.?		Kreditinstitut, Guthabenart:		
☐ Nein ☐ Ja				
Kraftfahrzeuge?		Fahrzeugart, Marke, Typ, Bau-, Anschaffungsjahr:		
☐ Nein ☐ Ja				
Sonstige Vermögenswerte, Lebensversicherung, Wert-papiere, Bargeld, Wert-gegenstände, Forderun-gen, Außenstände?		Bezeichnung der Gegenstände:		
☐ Nein ☐ Ja				

Wohnkosten Angaben sind zu belegen	Größe des Wohnraums, den Sie mit Ihren oben unter Ⓓ bezeichneten Angehörigen bewohnen		Größe in m²	Art der Heizung (z. B. „Zentrale Ölheizung")					Beleg-Nr.

Wenn Sie den Raum als Mieter oder in einem ähnlichen Nutzungsverhältnis bewohnen	Miete ohne Mietne-benkosten EUR mtl.	Heizungskosten EUR mtl.	Übrige Nebenkosten EUR mtl.	Gesamtbetrag EUR mtl.	Ich zahle darauf EUR mtl.	Ehegatte zahlt EUR mtl.
Wenn Sie den Raum als Eigentümer, Miteigentümer, Erbbauberechtigter o. dgl. bewohnen	Belastung aus Fremd-mitteln EUR mtl.	Heizungskosten EUR mtl.	Übrige Nebenkosten EUR mtl.	Gesamtbetrag EUR mtl.	Ich zahle darauf EUR mtl.	Ehegatte zahlt EUR mtl.

Genaue Einzelangaben zu der Belastung aus Fremdmitteln (z. B. "... % Zinsen,...% Tilgung aus Darlehen der Sparkasse ... für Kauf des Eigenheims; Zahlungen laufen bis...")	Restschuld EUR:	Ich zahle darauf EUR mtl..	Ehegatte zahlt EUR mtl.

Sonstige Zahlungsverpflichtungen Bitte angeben, an wen, wofür, seit wann die Zahlungen geleistet werden und bis wann sie laufen (z. B. "Ratenkredit der... Bank vom ... für Kauf eines Pkw, Raten laufen bis...")	Restschuld EUR	Ich zahle darauf EUR mtl.	Ehegatte zahlt EUR mtl.	Beleg-Nr.

Als besondere Belastung mache ich geltend: Besondere Belastung (z. B. Mehrausgaben für körperbehinderte Angehörigen) bitte begründen. Die Angaben sind zu belegen.	Ich bringe dafür auf EUR mtl.	Ehegatte bringt dafür au EUR mtl.	Beleg-Nr.

Ich versichere hiermit, dass meine Angaben vollständig und wahr sind. Das Hinweisblatt zu diesem Vordruck habe ich erhalten.

Anzahl

.... **Belege** füge ich bei.

Aufgenommen:

Ort, Datum

Unterschrift der Partei oder Person, die sie gesetzlich vertritt

Unterschrift, Amtsbezeichnung

---

bbildung: Anlage zum Antrag auf Prozesskostenhilfe

Der beauftragte Rechtsanwalt/die Rechtsanwältin sollte für den Mandanten prüfen, ob die wirtschaftlichen Voraussetzungen gegeben sind. Zur – eigenen – Berechnung oder Überprüfung empfiehlt sich folgendes Grundschema:

Nettoarbeitseinkommen des Antragstellers	EUR
zuzüglich des Netto-Durchschnittseinkommen aus selbstständiger oder sonstiger Arbeit sowie geldwertes Einkommen	EUR
zuzüglich Rente / erhaltener Unterhalt / Arbeitslosengeld	EUR
zuzüglich Wohngeld	EUR
zuzüglich Kindergeld	EUR
zuzüglich sonstiges Einkommen; z. B. geldwerte Vorteile	EUR
abzüglich notweniger, berufsbedingter Aufwendungen aus unselbstständiger Tätigkeit	EUR
abzüglich angemessene Kosten für Unterkunft und Heizung	EUR
abzüglich gesetzlicher / angemessener Versicherungsbeiträge	EUR
abzüglich angemessener Zins- und Tilgungsraten	EUR
Tilgungsleistungen zur Eigenheimfinanzierung	EUR
abzüglich Freibetrag Erwerbstätige, z. Z.:	182 EUR
abzüglich Freibetrag für PKH beantragende Partei, z. Z.:	400 EUR
abzüglich Freibetrag für zusammenlebenden Ehegatten / Lebenspartner abzüglich eigenes Einkommen, z. Z.: 395 EUR	EUR
abzüglich Freibetrag für jede weitere naturalunterhaltsberechtigte Person abzüglich eigenes Einkommen, z. Z.: 185 EUR	EUR
abzüglich pauschaler Mehrbedarf für Personen mit Ausweis G, Schwangere ab der zwölften Woche, Kranke, Alleinerziehende	EUR
abzüglich zu berücksichtigender gezahlter Barunterhalt	EUR
= einzusetzendes Einkommen nach § 115 Abs. 1 ZPO	EUR

Das errechnete einzusetzende Einkommen ist in die nachfolgende Tabelle einzusetzen. Daraus ergibt sich dann, ob Prozess-/Verfahrenskostenhilfe ohne Ratenzahlung bewilligt wird, oder ob und in welcher Höhe monatliche Raten an die Landeskasse zu zahlen sind.

einzusetzendes Einkommen	zu zahlende monatliche Rate	einzusetzendes Einkommen	zu zahlende monatliche Rate
bis 15 EUR	0 EUR	550 EUR	200 EUR
50 EUR	15 EUR	600 EUR	225 EUR
100 EUR	30 EUR	650 EUR	250 EUR
150 EUR	45 EUR	700 EUR	275 EUR
200 EUR	60 EUR	750 EUR	300 EUR
250 EUR	75 EUR	über 750 EUR: 300 EUR zuzüglich des 750 EUR übersteigenden Teils des einzusetzenden Einkommens	
300 EUR	95 EUR		
350 EUR	115 EUR		
400 EUR	135 EUR		
450 EUR	155 EUR		
500 EUR	175 EUR		

Berechnungsbeispiel:

Nettoarbeitseinkommen	2.215,86 EUR

Brutto: 3.463,81 EUR

abzüglich Lohnsteuer: 561,59 EUR

abzüglich Solidaritätszuschlag: 23,42 EUR

abzüglich Krankenversicherung: 258,95 EUR

abzüglich Rentenversicherung: 326,14 EUR

abzüglich Arbeitslosenversicherung: 45,89 EUR

abzüglich Pflegeversicherung: 31,96 EUR

verbleiben: 2.215,86 EUR

zuzüglich Netto-Durchschnittseinkommen aus selbstständiger oder sonstiger Arbeit sowie geldwertes Einkommen	400,00 EUR

Kaltmiete von den Eltern

Zwischensumme Einkommen	2.615,86 EUR

zuzüglich sonstiges Einkommen; z. B. geldwerte Vorteile	0,00 EUR

abzüglich notweniger, berufsbedingter Aufwendungen aus unselbstständiger Tätigkeit Fahrtkosten: 208,00 EUR Gewerkschaftsbeitrag: 24,16 EUR insgesamt: 232,16 EUR	232,16 EUR
abzüglich angemessene Kosten für Unterkunft und Heizung (Nebenkosten und Heizung)	295,00 EUR
abzüglich gesetzlicher / angemessener Versicherungsbeiträge, monatlich Unfallversicherung: 14,67 EUR Haftpflichtversicherung: 25,00 EUR Hausratversicherung: 21,00 EUR Kfz-Versicherung: 42,50 EUR Sterbekasse: 3,00 EUR Kreditlebensversicherung zur Kontoabsicherung: 1,80 EUR insgesamt: 107,97 EUR	107,97 EUR
abzüglich angemessener Zins- und Tilgungsraten X-Bank: 797,00 EUR Versicherungsleistung X-Bank: 35,00 EUR abzüglich Beteiligung Ehefrau: 300,00 EUR verbleiben: 532,00 EUR Kosten für die monatliche Kontoüberziehung ….	532,00 EUR
Tilgungsleistungen zur Eigenheimfinanzierung Y-Bank: 1.263,00 EUR	1.263,00 EUR
abzüglich Freibetrag Erwerbstätige	182,00 EUR
abzüglich Freibetrag für PKH-beantragende Partei	400,00 EUR
= einzusetzendes Einkommen nach § 115 Abs. 1 ZPO	– 389,27 EUR

Ergebnis: Der Antragsteller würde die wirtschaftlichen Voraussetzungen für Prozess-/Verfahrenskostenhilfe ohne Ratenzahlung erfüllen.

Die antragstellende Partei hat bei Ratenzahlung höchstens 48 Monatsraten zu zahlen, unabhängig von der Zahl der Rechtszüge.

3. Erfolgsaussichten

Die Prozess-/Verfahrenskostenhilfe wird vom zuständigen Gericht freilich nur bewilligt, wenn die beabsichtigte Klage (oder Verteidigung gegen die Klage) Aussicht auf Erfolg hat. Ist das nicht der Fall, wird die Prozessführung von der Landeskasse nicht finanziert. Damit das Gericht die Erfolgsaussichten prüfen kann, ist das Streitverhältnis unter Angabe der Beweismittel darzustellen. Es empfiehlt sich, eine Klageschrift vorzubereiten und diese mit „Antrag auf Bewilligung von Prozess-/Verfahrenskostenhilfe und Klage" zu betiteln. Darin ist der beabsichtigte Klageantrag zeitlich nachzuordnen.

Muster:

An das (Gericht, Ort)

(Adresse)

(Datum)

Antrag auf Bewilligung von Prozess-/Verfahrenskostenhilfe und Klage

(Parteien nebst Adressen)

Ich beantrage,
der Antragstellerin Prozess-/Verfahrenskostenhilfe zu bewilligen.

Nach Bewilligung der Prozess-/Verfahrenskostenhilfe werde ich beantragen,
die Antragsgegnerin zu verurteilen, an die Antragstellerin 1.000 EUR nebst Zinsen von fünf Prozentpunkten über dem Basiszinssatz seit dem 1. 6. 2010 zu zahlen.

Begründung:
1. Ich überreiche anliegend die Erklärung über die persönlichen und wirtschaftlichen Verhältnisse – Prozess-/Verfahrenskostenhilfeantrag – nebst Anlagen.
2. Zum Sachverhalt trage ich wie folgt vor:
(Schilderung des Streitverhältnisses im Einzelnen mit Beweisantritten)

(…)

Gegen einen ablehnenden Gerichtsbeschluss oder eine zu hohe Ratenzahlungsanordnung ist die sofortige Beschwerde innerhalb eines Monats möglich, § 127 Abs. 2 ZPO. Lehnt das Gericht wegen angeblich fehlender Erfolgsaussichten ab, kann sich der Antragsteller nur beschweren, wenn der Gegenstandswert über 600 EUR liegt.

4. Nutzen

Weil das Gericht die Erfolgsaussichten der beabsichtigten Klage prüfen muss, wird das Prozess-/Verfahrenskostenhilfeverfahren vielfach dazu genutzt, die Rechtsauffassung des Gerichts abzufragen. Wird Prozess-/Verfahrenskostenhilfe bewilligt, lässt sich daraus ablesen, dass das Gericht Erfolgsaussichten für die avisierte Klage bejaht. Ist das nicht der Fall, kann eventuell auf das Einreichen einer Klage verzichtet werden, dann sind aber immerhin keine Gerichtskosten entstanden. Auch ein gegnerischer Rechtsanwalt kann keine Gebühren festsetzen lassen. Diese Vorgehensweise ist allerdings ungeeignet, wenn es entscheidend auf das Ergebnis einer Beweisaufnahme ankommen wird, da die erforderliche Erfolgsaussicht schon dann gegeben ist, wenn eine Beweisaufnahme überhaupt in Betracht kommt: Weil das Gericht im Prozess-/Verfahrenskostenhilfeverfahren die Beweise nicht vorweg würdigen darf, genügt grundsätzlich ein korrekter Beweisantritt, z. B. die Benennung eines Zeugen. Somit ist der Ausgang des Klageverfahrens in derartigen Fällen kaum vorhersehbar. Erfolgsaussichten lassen sich dann nicht aus der Tatsache ablesen, dass das Gericht Prozess-/Verfahrenskostenhilfe bewilligt hat.

Soweit Verjährungsfristen durch einen Prozesskostenhilfeantrag gewahrt werden können, muss der Rechtsanwalt/die Rechtsanwältin diesen prozessökonomischen Weg wählen und den Mandanten darüber beraten.

Auch für eine geplante Berufung oder Beschwerde gegen ein erstinstanzliches Urteil kann ein Antrag auf Bewilligung von Prozess-/Verfahrenskostenhilfe gestellt werden. Der Antrag muss während der laufenden Fristen gestellt werden. Es ist erneut ein Formular über die persönlichen und wirtschaftlichen Verhältnisse auszufüllen. Auf die frühere Vordruckerklärung kann nur Bezug genommen werden, wenn eindeutig mitgeteilt wird, dass sich nichts geändert hat. Über das weitere Procedere wird der Rechtsanwalt/die Rechtsanwältin beraten.

5. Vergünstigung

Der Antrag auf Prozesskostenhilfe kann dem Mandanten einen wirtschaftlichen Vorteil bei den Gerichtskosten und den Gebühren des eigenen Rechtsanwalts wie folgt bringen: Die antragstellende Partei hat, wie dargestellt, höchstens 48 Monatsraten zu zahlen. Gegenüberzustellen sind demnach das wahrscheinliche Prozesskostenrisiko (Gerichtskosten und Gebühren für den Prozessbevollmächtigten, für zwei Instanzen bei Streitwerten über 600 EUR) und die Summe von 48 Prozesskostenhilfe-Monatsraten. Also wirkt sich die Prozess-/Verfahrenskostenhilfe wirtschaftlich positiv bei Verfahren mit hohen Gegenstandswerten aus.

Allerdings kann die Bewilligung von Prozess-/Verfahrenskostenhilfeverfahren der Partei auch Nachteile bringen: Dieser liegt darin, dass die vom Gericht festgesetzten Monatsraten ab sofort zu zahlen sind. Die Partei zahlt also laufend ab, während er ohne Prozess-/Verfahrenskostenhilfe nur den Gerichtskostenvorschuss und lediglich auf Verlangen seines Rechtsanwalts/seiner Rechtsanwältin einen Vorschuss, § 9 RVG, zahlen muss. Außerdem hat der Rechtsuchende damit zu rechnen, dass die Landeskasse auch nach Abschluss des Verfahrens regelmäßig nachfragt, ob sich die persönlichen und wirtschaftlichen Verhältnisse geändert haben, so dass dann erneut ein Formular ausgefüllt werden muss. Bei wesentlichen Änderungen kann im Nachhinein die Bewilligung aufgehoben werden und die Partei muss der Landeskasse Kosten erstatten.

V. Klageverfahren

Ist nach einer vergeblichen außergerichtlichen Forderungsbeitreibung zu erwarten, dass gegen einen Mahnbescheid sogleich Widerspruch eingelegt werden würde, sollte unmittelbar Klage eingereicht werden, um Zeitverzögerungen zu vermeiden (zu beachten ist allerdings, dass in mehreren Bundesländern, vor allem bei nachbarrechtlichen Streitigkeiten, erst ein Schiedsverfahren durchgeführt werden muss, bevor Klage eingereicht werden kann). Muster für Klagen sind zum Teil online abrufbar, z. B. unter www.justiz.nrw.de./BS/formulare/ zivilsachen für einen Antrag auf Räumung einer Wohnung. Allerdings ist zu berücksichtigen, dass es in einem Klageverfahren meist nicht bei einem Schriftsatz bleiben wird, sondern dass auf die Erwiderung des/der Beklagten zu antworten sein wird. Dafür stehen dann keine Vordrucke zur Verfügung – jeder Rechtsstreit entwickelt sich schließlich anders. Die Formalitäten für eine Klageschrift ergeben sich aus den nachfolgenden Punkten.

1. Zuständiges Gericht

a) Rechtsweg. Bevor man Klage erhebt, muss die „Zulässigkeit des Rechtsweges" feststehen. Vor die Zivilgerichte, also vor die Amts-, Land- und Oberlandesgerichte, gehören grundsätzlich die bürgerlichen Rechtsstreitigkeiten. Es handelt sich dabei generell um Forderungen unter Zivilpersonen. Ausnahmsweise kann auch ein Hoheitsträger vor den Zivilgerichten verklagt werden, so z. B. in Amtshaftungsprozessen. Handelt es sich um eine arbeitsrechtliche Sache, ist das Arbeitsgericht – zweite Instanz: Landesarbeitsgericht – anzurufen, § 2 ArbGG.

b) Zuständiges Gericht. Ferner muss man prüfen, welches Gericht zuständig ist.

aa) Sachliche Zuständigkeit. In der ersten Instanz sind entweder das Amtsgericht oder das Landgericht anzurufen. Die sachliche Zuständigkeit des Amtsgerichts besteht für Ansprüche, deren Gegenstand bis 5.000 EUR einschließlich beträgt. Beim Berechnen des Zuständigkeitsstreitwertes ist nur die Hauptforderung maßgebend. Nebenforderungen wie Zinsen bleiben außer Betracht. Stellt man neben dem Hauptantrag noch einen Hilfsantrag, ist der höhere Antrag maßgebend (ein Hilfsantrag wird für den Fall gestellt, dass sich der Hauptantrag als unbegründet herausstellen sollte). Ferner ist das Amtsgericht streitwertunabhängig zuständig für Wohnraumangelegenheiten, und zwar für mietrechtliche Sachen, ferner in Familiensachen.

Vor das Landgericht gehören alle bürgerlichen Rechtsstreitigkeiten mit Streitwerten ab 5.000,01 EUR. Außerdem behandeln die Landgerichte darüber hinaus ohne Rücksicht auf den Streitwert Ansprüche aus Amtspflichtverletzungen des Staates.

Beispiel:
Herr Baumann ist im Dunkeln über eine hochstehende Gehwegplatte auf einem öffentlichen Bürgersteig seiner Heimatstadt gestürzt und hat sich verletzt. Seinen Schaden, nämlich die Behandlungskosten, will er von der Stadt ersetzt bekommen, weil diese die Amtspflicht verletzt hat, für eine ordnungsgemäße Benutzbarkeit zu sorgen. Er hat sich mit seiner Klage an das Landgericht zu wenden. Dort besteht Anwaltszwang. Er muss eine Anwaltskanzlei beauftragen.

bb) Örtliche Zuständigkeit. Bei der örtlichen Zuständigkeit des Amts- oder Landgerichts ist zunächst festzustellen, ob ein sog. ausschließlicher Gerichtsstand gegeben ist. Dazu gehören der dingliche Gerichtsstand für unbewegliche Sachen, der Gerichtsstand für Haustürgeschäfte und der Gerichtsstand in Miet- oder Pachtsachen über Räume. Unter mehreren ausschließlichen Gerichtsständen hat der Kläger ein Wahlrecht.

Ist kein ausschließlicher Gerichtsstand vorhanden, ist festzustellen, ob die Parteien wirksam einen Gerichtsstand vereinbart haben. Praxisrelevant sind Gerichtsstandsvereinbarungen vor allem in Allgemeinen Geschäftsbedingungen von Handelsgesellschaften/Kaufleuten.

Hinweis:
Eine Gerichtsstandsvereinbarung ist regelmäßig nur wirksam, wenn
- die Parteien Kaufleute sind
- die Gerichtsstandsklausel Vertragsbestandteil geworden ist, diese bei Verwendung von AGB also in den Vertrag einbezogen worden ist (dazu reicht allerdings aus, dass der Verwender erkennbar auf seine AGB verweist und der Vertragspartner ihrer Geltung nicht widerspricht)
- sich die Abmachung nur auf einen bestimmten Vertrag bezieht
- es sich um einen vermögensrechtlichen Streit handelt (bei nichtvermögensrechtlichen Streitigkeiten gelten Besonderheiten) und
- außerdem darf kein sog. ausschließlicher Gerichtsstand einschlägig sein; solche sind u. a. bei Verbraucherkredit- und Haustürgeschäften, Zwangsvollstreckungsverfahren, Miet- und Pachtangelegenheiten oder bei selbstständigen Beweisverfahren vorhanden.

Im Übrigen sind die sog. besonderen und allgemeinen Gerichtsstände maßgebend. Geldzahlungen sind am Wohnsitz des Schuldners einzuklagen. Es können bisweilen auch mehrere Gerichtsstände gegeben sein. Dann sollte man den geeignetsten auswählen.

Beispiel:
Der in Bochum lebende Karl Weigand wurde in seinem Urlaub in Konstanz am Bodensee durch Unachtsamkeit des Radfahrers Ralf Fortis aus Hamm verletzt. Die Polizei hat den Unfall nicht aufgenommen, jedoch können zwei namentlich bekannte Zeugen aus Konstanz den Sachhergang schildern. Nachdem sich Herr Fortis, der nicht haftpflichtversichert ist, weigert den Schadensersatz von € 550 zu zahlen und nunmehr sogar den Sachhergang bestreitet, will Herr Weigand klagen.

Er könnte am sog. besonderen Gerichtsstand der unerlaubten Handlung, § 32 ZPO, also in Konstanz klagen. Herr Weigand könnte gegen Herrn Fortis aber auch an dessen Wohnsitzgericht, § 13 ZPO, in Hamm eine Klage anhängig machen. Herr Weigand kann demgemäß den Gerichtsstand wählen.

Dabei sollte er berücksichtigen, dass eine Klage in Konstanz bei einer Terminierung des Gerichts für ihn schon wegen der langen Anreise sehr aufwändig wäre. Daher erscheint es naheliegend, das Wohnsitzgericht seines Schuldners in Hamm vorzuziehen. Zu bedenken ist aber noch, dass die Angelegenheit nicht unstreitig bleiben wird, weil Herr Fortis den Sachhergang in Abrede stellt. Somit ist mit einer Beweisaufnahme durch Vernehmung der beiden – vom Kläger zu benennenden – Zeugen zu rechnen. Diese müssten allerdings nicht nach Hamm reisen, sondern könnten im Wege der Amtshilfe vom Amtsgericht Konstanz vernommen werden, welches die protokollierten Aussagen im Anschluss daran dem Amtsgericht Hamm zuleiten würde.

Hinweis:
Der Gerichtsstand ist hingegen nicht mehr wählbar, wenn der Klage ein Mahnverfahren vorausgegangen ist und der Antragsteller im Mahnantrag bereits sein Wahlrecht ausgeübt hat.

Besteht eine Auswahlmöglichkeit, sollten als Kriterien berücksichtigt werden:

- Sind mehrere Personen als Gesamtschuldner zu verklagen, sollte der Gerichtsstand gewählt werden, an dem alle Gesamtschuldner gemeinsam verklagt werden können.

Beispiel:
Die durch einen Verkehrsunfall in Koblenz geschädigte Gundula Fast aus Hamburg hat Schadensersatzansprüche gegen den Fahrer des gegnerischen Fahrzeugs, gegen den Halter und gegen dessen Kfz-Haftpflichtversicherung, allesamt mit unterschiedlichen Wohn-/Geschäftssitzen. Die Kfz-Haftpflichtversicherung lehnt die Schadensregulierung ab, so dass Frau Fast zur Durchsetzung ihrer Ansprüche auf eine Klage angewiesen ist. Sinnvoll ist allein, vor dem Gericht zu klagen, in dessen Bezirk der Unfallort liegt, um keine getrennten Prozesse führen zu müssen.

- Sollte sich andeuten, dass für einen Rechtsstreit unter Kontrahenten eine bestimmte Rechtsfrage entscheidend ist, die bislang noch nicht höchstrichterlich durch den Bundesgerichtshof beurteilt worden ist, könnte ebenfalls eine taktische Wahl getroffen werden: Möglicherweise gibt es insoweit eine unterschiedliche Rechtsprechung bei den zur Wahl stehenden Gerichtsständen, so dass deshalb der Ausgang eines Prozesses maßgebend von der Auswahl des Gerichts abhängt. Hierzu wird es wahrscheinlich einer anwaltlichen Beratung bedürfen.
- Im Übrigen dürfte meist die Wahl des zum Wohnort oder zum Geschäftssitz des Klägers gehörenden Gerichtsstandes ausschlag-

gebend sein. Ausnahmen gelten vielleicht, wenn das Öffentlich-Werden der Angelegenheit vor Ort, z. B. durch lokale Gerichtsberichterstattung, befürchtet wird oder wenn es aus anderen Gründen angebracht erscheint, ein örtlich „neutrales" Gericht anzurufen.

cc) Spruchkörper. In der Klageschrift ist ferner der zuständige Spruchkörper zu bezeichnen. Bei Familiensachen ist die Klage oder der Antrag zumeist an das Amtsgericht – Familiengericht – zu richten. Ist die Zuständigkeit des Landgerichts (dort besteht Anwaltszwang) und eine Handelssache gegeben, sollte der Rechtsanwalt/die Rechtsanwältin vor dem Landgericht – Kammer für Handelssachen – klagen. Handelssachen und Verträge, die für beide Teile Handelsgeschäfte sind, gehören vor diese Kammer, des Weiteren Ansprüche aus Wechseln und Schecks, ohne dass eine Partei Kaufmann sein muss. War die Handelssache in erster Instanz vor dem Amtsgericht anhängig, so ist eine Berufung ebenfalls an die Kammer für Handelssachen zu richten.

Bei weiteren Schriftsätzen braucht unter der Postanschrift des Gerichts der zuständige Spruchkörper nicht mehr angegeben zu werden. Die Zuordnung beim Gericht erfolgt dann über die Geschäftsnummer.

2. Bezeichnung der Parteien

Zur Identifizierung der Parteien sind diese mit vollständigem Namen oder Stand oder Gewerbe anzugeben.

a) Natürliche Personen. Zur Angabe der Parteinamen gehören akademische Titel, die Vornamen, der vollständige Nachname und – bei Familiensachen – gegebenenfalls der Geburtsname. Bei Minderjährigen ist das Geburtsdatum anzugeben.

b) Parteien kraft Amtes. Besonderheiten gelten für sog Parteien kraft Amtes. Das sind:
- der Insolvenzverwalter
- der Testamentsvollstrecker und
- der Zwangsverwalter.

Diese handeln im eigenen Namen für Parteien, welche die Verfügungsbefugnis über ihre Vermögensmasse verloren haben. Die betreffende, z. B. insolvente, Person ist nicht mehr Partei des Prozesses. Dies ist vielmehr die Partei kraft (ihres besonderen) Amtes, welche im fremden Interesse für ein fremdes Vermögen handelt.

Formulierungsbeispiel:

(...)

Klage

des Grafikers Manfred Meyer, Bachstraße 1, 50733 Köln,

– Kläger –

gegen

Herrn Rechtsanwalt Timm Stumpf als Insolvenzverwalter über das Vermögen des Herrn Rainer Flachtet, Königswinter Allee 22, 53111 Bonn,

– Beklagter –

(...)

c) Firmen. Neben sog. juristischen Personen (u. a.: GmbH, AG) können ein Kaufmann, eine offene Handelsgesellschaft, eine Kommanditgesellschaft und eine Gesellschaft bürgerlichen Rechts unter ihrem Namen Partei des Rechtsstreits sein.

aa) Genaue Firmenbezeichnung. Ist ein Gewerbetreibender zu verklagen, ist besonders auf eine exakte Partei-Bezeichnung zu achten. Zu berücksichtigen ist zunächst, dass Kaufleute unter ihrer Firma verklagt werden (und selbst auch klagen) können. Die Firma eines Kaufmanns ist der Name, unter dem er seine Geschäfte betreibt und die Unterschrift abgibt, § 17 Abs. 1 HGB.

Firmenbezeichnungen	Angabe der Firma/der Vertretungsverhältnisse in der Klageschrift – Beispiele –
bei Einzelkaufleuten: die Bezeichnung „eingetragene/r Kaufmann/Kauffrau" oder eine allgemein verständliche Abkürzung, insbesondere „e. K./e.Kfm/e. Kfr."	eingetragener Kaufmann Tobias Gasser als Inhaber der Firma Ideal Steinhandel
bei einer Gesellschaft mit beschränkter Haftung ist die Bezeichnung „GmbH" allgemeinverständlich	Sandmeyer GmbH, vertreten durch die Geschäftsführerin Dipl.Kfr. Erika Sandmeyer

Firmenbezeichnungen	Angabe der Firma/der Vertretungs-verhältnisse in der Klageschrift – Beispiele –
bei einer offenen Handelsgesellschaft: die Bezeichnung „offene Handelsgesellschaft" oder eine allgemein verständliche Abkürzung („OHG")	Anno OHG, vertreten curch die Gesellschafter Björn Anno und Arne Anno (zur Vertretung der Gesellschaft ist jeder Gesellschafter ermächtigt, wenn er nicht durch den Gesellschaftsvertrag von der Vertretung ausgeschlossen ist)
bei einer Kommanditgesellschaft: die Bezeichnung „Kommanditgesellschaft" oder eine allgemein verständliche Abkürzung („KG")	Peterson KG, vertreten durch die Komplementäre Dagmar Peterson und Dirk Peterson (der Kommanditist ist zur Vertretung der Gesellschaft nicht ermächtigt)
haftet in einer OHG keine natürliche Person persönlich, enthält die Firma einen Hinweis auf die Haftungsbeschränkung („GmbH & Co OHG")	Buxtehude GmbH & Co OHG, vertreten durch die Gesellschafterin Buxtehude Verwaltungs-GmbH, diese vertreten durch den Geschäftsführer Dipl.Kfm. Ludger Brauns
haftet in einer KG keine natürliche Person persönlich, enthält die Firma einen Hinweis auf die Haftungsbeschränkung („GmbH & Co KG")	Schreiber GmbH & Co KG, vertreten durch die Schreiber-Beteiligungs-GmbH, diese vertreten durch den Geschäftsführer Jens Schreiber
Aktiengesellschaft („AG")	Bündnis-AG, vertreten durch den Vorstand, dieser vertreten durch den Vorstandsvorsitzenden Hans Huber
Gesellschaft bürgerlichen Rechts („GbR")	1. Henner und Ziemann GbR 2. Christian Henner 3. Niklas Ziemann (bei einer GbR sind diese und im Zweifel alle Gesellschafter verklagbar)

Das Handelsregister, das beim Amtsgericht geführt wird, gibt Auskunft über alle kaufmännisch geführten Unternehmen. Vor der Klageerhebung sollte unbedingt noch einmal die aktuelle und richtige Firmierung überprüft werden: Auf Geschäftspapieren werden oftmals nur abgekürzte Firmenbezeichnungen verwendet. Außerdem gibt es häufig Betriebe, die ähnliche Bezeichnungen wie Wettbewerber führen, so dass Verwechselungsgefahren drohen. Schließlich kommt es nicht selten vor, dass Firmen erlöschen oder auf einen Rechtsnachfolger übergehen oder auch verschmelzen. Wird aber ein nicht oder nicht mehr bestehendes Unternehmen verklagt, ist die

Klage unzulässig und wird schon deshalb abgewiesen. Meistens ist es auch nicht möglich, den Parteinamen zu berichtigen. Die Klage kann also auch nicht mehr gerettet werden. Außerdem wird gegenüber dem wahren Schuldner die Verjährung nicht gehemmt, was bei Klagen, die zur Fristwahrung eingelegt wurden, zum endgültigen Rechtsverlust führt. Schließlich trägt regelmäßig der Kläger die Kosten des Rechtsstreits.

Beispiel:

Der Vermieter Klaus Adam hatte mit der Rollands Engagement-GmbH, diese vertreten durch den Geschäftsführer Jasper Rollands, einen befristeten Mietvertrag über eine Gewerbehalle geschlossen. Während der Mietzeit firmierte die Mieterin in „Rollands Management-GmbH" um. Nach Ende der Mietzeit stand dem Vermieter, Herrn Adam, wegen Verschlechterung der Halle ein Ersatzanspruch gegen die Mieterin zu, es war zu einem von einem Kunden verursachten Wasserschaden gekommen. Dieser Ersatzanspruch verjährt in einem halben Jahr seit Rückgabe der Mietsache. Zur Fristwahrung hatte Herr Adam zwei Tage vor Fristablauf einen Antrag auf Erlass eines Mahnbescheides gestellt. Weil er jedoch verunsichert war, wie er die frühere Mieterin bezeichnen sollte, führte er – fälschlicherweise – den Geschäftsführer Jasper Rollands als Anspruchsgegner auf. Dieser ist aber (nur) Vertreter der von ihm betriebenen Firma, jedoch nicht selbst Schuldner. Vertragliche Ansprüche gegen ihn bestehen daher nicht. Ausnahmsweise, wenn der Geschäftsführer persönlich, z. B. wegen Sachbeschädigung, haftet, kann er direkt in Anspruch genommen werden, was hier jedoch nicht der Fall war. Weil auch die nachträgliche Berichtigung der Bezeichnung der Partei nicht möglich ist und die Ansprüche gegen die Firma, die jetzt „Rollands Management-GmbH" heißt, verjährt sind, bestehen für Herrn Adam keine Erfolgsaussichten mehr, die Ersatzansprüche weiterzuverfolgen.

bb) Blick auf spätere Zwangsvollstreckung. Des Weiteren ist bereits bei der Klageeinreichung an eine später eventuell erforderlich werdende Zwangsvollstreckung zu denken.

Tipp:

1. Um bei einem späteren Erlöschen oder einem Namenswechsel der Firma eines Kaufmanns etwaigen Vollstreckungsschwierigkeiten oder einer sonst erforderlich werdenden Titelumschreibung zuvorzukommen, ist vor dem Firmennamen der Inhaber aufzuführen.
2. Soweit dies in Betracht kommt, sollten auch persönlich haftende Gesellschafter zur Verbesserung der Zwangsvollstreckungsmöglichkeiten stets mit verklagt werden, auch bei einer Gesellschaft bürgerlichen Rechts.

d) Ladungsfähige Anschrift. Weil die Parteien den Prozess zu fördern haben, ist es grundsätzlich erforderlich, die volle ladungsfähige Anschrift aufzuführen. Die Angabe eines Postfaches ist unzureichend. Ausnahmsweise, bei einem genau zu erläuternden schutzwürdigen Geheimhaltungsinteresse des Klägers, braucht dieser seine ladungsfähige Anschrift nicht anzugeben.

e) Weitere Angaben. Bei Minderjährigen und unter Vormundschaft, Betreuung bzw. Pflegschaft stehenden Personen sowie bei juristischen Personen und Gesellschaften sind die gesetzlichen Vertreter sowie deren Beruf und ladungsfähige Anschrift zu vermerken.

> **Formulierungsbeispiel:**
>
> (…)
>
> **Klage**
>
> der Schülerin Tanja Müller, geboren am 4. 4. 2002, Hirtenweg 22, 30303 Berlin, vertreten durch ihre sorgeberechtigten Eltern, die Lehrerin Anna Müller und den Gastwirt Max Müller, Hirtenweg 22, 30303 Berlin
>
> – Klägerin –
>
> (…)

Bei Klagen gegen Versicherungen oder andere große Organisationen ist entgegenkommenderweise deren Bearbeitungsnummer zur internen Zuordnung anzugeben.

f) Parteirollen. Um die Rolle der Beteiligten klarzustellen, sind diese bei Klagen als Kläger/Beklagter, als Antragsteller/Antragsgegner bei Antragsverfahren oder als Gläubiger/Schuldner in der Zwangsvollstreckung zu bezeichnen. Zweckmäßig und üblich ist es, die Prozessbevollmächtigten im Rubrum aufzunehmen.

Der Kläger bestimmt also, wer die Parteien des Rechtsstreites werden. Er hat es dadurch sogar in der Hand, seine Prozesslage zu verbessern, insbesondere die Beweissituation, darüber hinaus kostenbewusst zu handeln und etwaigen Vollstreckungsschwierigkeiten zu entgegnen:

g) Taktische Erwägungen. Kritisch können Fälle sein, in welchen der Kläger im Prozess voraussichtlich in Beweisnot geraten wird, z. B. wenn es um einen mündlichen Vertragsabschluss geht, bei welchem ausschließlich die Parteien anwesend waren, oder um eine Verletzung von Rechtsgütern, z. B. eine Verletzung durch einen Hundebiss, ohne dass Zeugen zur Verfügung stehen. Als Beweismittel käme dann nur die sog. Parteivernehmung, §§ 445 ff. ZPO, in Betracht. Die eigene Partei wird aber nur vernommen, wenn der Gegner zustimmt, § 447 ZPO. Um diesem Dilemma zu entgehen, werden in der Praxis folgende Strategien angewendet:

Der Gläubiger tritt seine Forderung an einen Dritten (meist ein Familienmitglied) ab, um als Zeuge aussagen zu können oder er ermächtigt einen Dritten per Einziehungsermächtigung, seine Forderung im Wege einer sog. „Prozessstandschaft" einzuziehen.

Handelt es sich bei der Partei um eine GmbH, kann diese vor dem Prozess oder der entscheidenden Beweisaufnahme den Geschäftsführer abberufen, damit dieser als Zeuge zur Verfügung steht.

Tipp:
Vor dem Einreichen der Klageschrift sollte die Beweissituation geprüft werden. Stehen für den zu schildernden Sachverhalt keine Zeugen zur Verfügung, ist der Anspruch vorsorglich an einen anderen abzutreten. Der Dritte ist dann Kläger und der ursprüngliche Forderungsinhaber steht im Prozess als Zeuge zur Verfügung.

Nach höchstrichterlicher Rechtsprechung sind die aufgezeigten Vorgehensweisen zulässig. Allerdings muss man davon ausgehen, dass das Gericht solche Zeugenaussagen streng würdigen wird.

h) Kostenaspekte. Außerdem sind Kostenaspekte zu berücksichtigen. Besteht die Forderung gegen zwei oder mehr Gesamtschuldner, sollte immer geklärt werden, ob es erforderlich ist, jeden dieser Schuldner zu verklagen. Sind z. B. die Erfolgsaussichten der Klage wegen unsicherer Rechts- oder Beweislage ungewiss, wird das Prozesskostenrisiko durch eine Klage gegen alle Schuldner möglicherweise unnütz erhöht: Vertritt der gegnerische Rechtsanwalt die Gesamtschuldner zusammen, entstehen Erhöhungsgebühren, § 7 RVG. Lässt sich jeder der Gesamtschuldner von einem eigenen Rechtsanwalt vertreten, sind beim Verlieren des Rechtsstreits die Kosten aller Beteiligten zu erstatten.

Durch das Mitverklagen bestimmter Personen können schließlich diese als Zeugen ausgeschaltet werden.

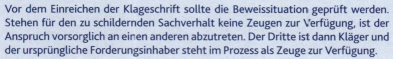

Tipp:
Vor dem Einreichen der Klageschrift sollte die Beweissituation geprüft werden. Stehen für den zu schildernden Sachverhalt keine Zeugen zur Verfügung, ist der Anspruch vorsorglich an einen anderen abzutreten. Der Dritte ist dann Kläger und der ursprüngliche Forderungsinhaber steht im Prozess als Zeuge zur Verfügung.

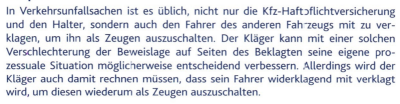

Beispiel:
In Verkehrsunfallsachen ist es üblich, nicht nur die Kfz-Haftpflichtversicherung und den Halter, sondern auch den Fahrer des anderen Fahrzeugs mit zu verklagen, um ihn als Zeugen auszuschalten. Der Kläger kann mit einer solchen Verschlechterung der Beweislage auf Seiten des Beklagten seine eigene prozessuale Situation möglicherweise entscheidend verbessern. Allerdings wird der Kläger auch damit rechnen müssen, dass sein Fahrer widerklagend mit verklagt wird, um diesen wiederum als Zeugen auszuschalten.

Wenn ein bestimmter Gesamtschuldner also nicht als Zeuge aussagen können soll, stehen die eben dargestellten Kostenerwägungen zurück: Diese Strategie ist aber nur ratsam, wenn der Zeuge wirklich haftet. Sollte das Mitverklagen nämlich nur dazu dienen, den Prozessgegner in Beweisschwierigkeiten zu bringen, ohne dass Ansprüche gegen diese Zeugen in Betracht kommen, ist damit zu rechnen, dass das Gericht ein Teilurteil erlässt. Dann steht diese Person prozessual wieder als Zeuge zur Verfügung.

3. Streitgegenstand und Streitwert

Nach dem Rubrum (welches die Prozessparteien bezeichnet) sollte möglichst genau angegeben werden, worum die Parteien streiten. Für das Bezeichnen des Streitgegenstandes genügt eine stichwortartige, jedoch möglichst genaue Umschreibung, z.B. „Werklohnforderung", „Darlehensrückzahlung", „Zahlung aus Kaufvertrag", „Mietzins" usw.

Die Klage oder der Antrag soll den sog. Streitwert angeben. Das ist erforderlich, damit das Gericht seine sachliche Zuständigkeit feststellen und den Gerichtskostenvorschuss berechnen kann. Der Gegenstandswert ergibt sich aus dem Wert der begehrten Forderung. Dies dient zugleich der Verfahrensbeschleunigung und ist insbesondere bei Klagen erforderlich, bei denen sich der Streitwert nicht aus dem Antrag ergibt, z.B. bei unbezifferten Zahlungsanträgen oder Feststellungsklagen. Bei mehreren Anträgen sind die Streitwerte für jeden Antrag im Einzelnen zu beziffern und zu addieren.

Formulierungsbeispiel:

(...)

wegen: Schadensersatzes aus Verkehrsunfall

vorläufiger Streitwert:	1. materieller Schadensersatz:	4.892,50 EUR
	2. Schmerzensgeld, Begehrens-vorstellung:	5.000,00 EUR
	insgesamt:	9.892,50 EUR

4. Anträge

Der Kläger muss einen Antrag stellen, also die gewünschte Entscheidung eindeutig bezeichnen, § 253 Abs. 2 Nr. 2 ZPO. Die Antragstellung muss sich von vornherein daran orientieren, was man ggf. später im Wege der Zwangsvollstreckung durchsetzen will. Der/die Beklagte und das Gericht müssen Art und Umfang der begehrten Leistung erkennen können. Der Beklagte muss nämlich für seine sachgerechte Verteidigung das Risiko der Klage abschätzen können.

a) Zahlungsanträge. Zu formulieren ist, in welcher Höhe Zahlung verlangt wird.

Formulierungsbeispiel:

(...)

Ich werde beantragen,

den Beklagten zu verurteilen, an den Kläger 5788,56 EUR zu zahlen.

Richtet sich der Zahlungsantrag gegen mehrere Personen, die als sog. Gesamtschuldner haften, kommt folgende Formulierung in Betracht.

Formulierungsbeispiel:

(...)

Ich werde beantragen,

die Beklagten als Gesamtschuldner zu verurteilen, an die Klägerin 7.400 EUR zu zahlen.

b) Nebenforderungen zur Klage. Neben der einzuklagenden Hauptforderung spielen auch die sog. Nebenforderungen eine Rolle. Zu den Nebenforderungen gehören vor allem zwei Dinge: zum einen die Zinsen der Hauptforderung, zum anderen die Kosten der außergerichtlichen Rechtsverfolgung. Für Ansprüche aus Wechseln im Sinne des Wechselgesetzes ist gesetzlich ausdrücklich geregelt, dass Zinsen, Kosten und Provision, die außer der Wechselsumme gefordert werden, als Nebenforderungen anzusehen sind. Für die prozessuale Wertberechnung bleiben die Nebenforderungen außer Betracht, sie erhöhen also den Streitwert einer Klage nicht. Also entstehen durch das Einklagen von Nebenforderungen auch keine höheren Kosten und Gebühren.

aa) Zinsen. Bei den Zinsen kommt es darauf an, in welcher Höhe und ab wann diese gefordert werden können.

(1) Zinssätze

Bei Rechtsgeschäften, an denen kein Verbraucher beteiligt ist, beträgt der Zinssatz für Entgeltforderungen acht Prozentpunkte über dem Basiszinssatz, im Übrigen fünf Prozentpunkte über dem Basiszinssatz. Dem Gläubiger bleibt aber unbenommen, aus einem anderen Rechtsgrund, etwa wegen einer besonderen vertraglichen Vereinbarung, höhere Zinsen zu verlangen.

Der Basiszinssatz verändert sich zum 1. Januar und 1. Juli eines jeden Jahres (die Bezugsgröße dafür wird von der Europäischen Zentralbank bestimmt; die Deutsche Bundesbank gibt den geltenden Basiszinssatz im Bundesanzeiger bekannt). Für die klageweise Geltendmachung reicht aber die einfache Formulierung, dass beantragt wird, dass der Beklagte verurteilt wird, „(den Betrag) nebst Zinsen von fünf (oder acht) Prozentpunkten über dem Basiszinssatz seit dem (Datum des Verzuges) zu zahlen". Die konkrete Zinshöhe muss nicht errechnet werden.

(2) Zeitpunkt des Verzuges

Der Zeitpunkt/das Datum, ab welchem Zahlung verlangt werden kann, richtet sich nach dem Verzugseintritt des Schuldners. Für diesen spielt stets die Fälligkeit der Forderung eine Rolle. Daher muss immer der Zeitpunkt der Fälligkeit festgestellt werden. Es gelten folgende Regeln:

Die Fälligkeit eines Anspruchs bestimmt sich primär aus einer etwaigen Vereinbarung der Parteien. Erforderlich ist dafür eine vertragliche Abrede, demzufolge die beiderseitig vereinbarte Leistungszeit. Eine einseitige Bestimmung – etwa durch die Rechnung – reicht an dieser Stelle nicht aus. Bei der Einräumung von Skonto wird die Forderung unter Umständen erst nach Ablauf der Skontofrist fällig. Wird die Leistungszeit durch unbestimmte Formulierungen wie „in Kürze" oder „möglichst bald" festgelegt, muss die Fälligkeit nach billigem Ermessen ausgefüllt werden. Typische Klauseln wie „Kasse gegen Faktura" oder „sofort Kasse netto" bedeuten hingegen die Fälligkeit des Zahlungsanspruchs schon gegen den Empfang der Rechnung vor der Übergabe der Ware.

Eine Vertragspartei – also der Gläubiger oder der Schuldner – darf dann einseitig die Leistungszeit und damit die Fälligkeit der Forderung bestimmen, wenn die Parteien sich auf diese Vorgehensweise geeinigt haben. Diese Vertragsseite muss im Zweifel nach billigem Ermessen die Fälligkeit festlegen.

Haben sich die Vertragsschließenden nicht über die Fälligkeit der Forderung geeinigt, kommt es darauf an, ob eine gesetzliche Regelung besteht. Diese ist u. a. in folgenden Fällen gegeben:

Fälligkeit von Forderungen – gesetzliche Regelungen:

Miete	Die Wohnraummiete ist zu Beginn, spätestens bis zum dritten Werktag der einzelnen Zeitabschnitte zu zahlen, nach denen sie bemessen ist. Miete für ein Grundstück, ein im Schiffsregister eingetragenes Schiff und für bewegliche Sachen ist am Ende der Mietzeit zu zahlen. Falls sie nach Zeitabschnitten bemessen ist, muss sie nach Ablauf der jeweiligen Abschnitte beglichen werden. Die Miete für ein Grundstück ist jeweils nach Ablauf eines Kalendervierteljahres am ersten Werktag des folgenden Monats zu bezahlen, außer sie ist nach kürzeren Zeitintervallen bemessen.
Pacht	Die Pacht ist am Ende der Pachtzeit zu entrichten; ist sie nach Zeiträumen bemessen, ist sie am ersten Werktag nach Ablauf der einzelnen Abschnitte zu zahlen.
Darlehen	Die Fälligkeit hängt von der Kündigung einer der Vertragsparteien ab, wenn für die Rückerstattung keine Zeit bestimmt ist.
Dienstvertrag	Die Vergütung ist nach der Leistung der Dienste zu zahlen. Ist das Entgelt nach Zeitabschnitten bemessen, ist es nach Ablauf der jeweiligen Zeitabschnitte zu entrichten.

Werkvertrag	Der Besteller muss bei Abnahme des Werkes zahlen. Entsprechendes gilt, wenn es in Teilen abzunehmen ist und die Vergütung für die einzelnen Teile bestimmt ist: Dann ist sie für jeden Teil bei deren Abnahme zu entrichten. Bei etwaigen Mängeln gilt: Kann der Besteller Mangelbeseitigung fordern, darf er die Zahlung eines angemessenen Teils der Vergütung – regelmäßig das Doppelte der für die Mangelbeseitigung erforderlichen Kosten – verweigern. Hat der Besteller einem Dritten die Herstellung des Werkes versprochen, gilt: Das Entgelt des Unternehmers ist fällig, soweit • der Besteller vom Dritten seine Vergütung (oder Teile davon) erhalten hat oder das Werk vom Dritten abgenommen wurde (oder als abgenommen gilt) oder wenn • der Unternehmer dem Besteller erfolglos eine angemessene Frist zur Auskunft darüber bestimmt hat, ob er Geld erhalten hat oder das Werk abgenommen wurde. (Hat der Besteller dem Dritten wegen möglicher Mängel des Werks Sicherheit geleistet, gilt das aber nur, wenn der Unternehmer dem Besteller entsprechende Sicherheit leistet.)
Verwahrung	Verwendet der Verwahrer hinterlegtes Geld für sich, muss er es vom Zeitpunkt der Verwendung an verzinsen. Der Hinterleger hat die vereinbarte Vergütung bei der Beendigung der Aufbewahrung abzugelten. Ist die Vergütung nach Zeitabschnitten bemessen, ist sie nach dem Ablauf der jeweiligen Abschnitte zu bezahlen.
Gesellschaft	Ein Gesellschafter kann den Rechnungsabschluss und die Verteilung des Gewinns und Verlustes erst nach Auflösung der Gesellschaft verlangen. Ist die Gesellschaft von längerer Dauer, haben Rechnungsabschluss und Gewinnverteilung im Zweifel am Schluss jedes Geschäftsjahrs zu erfolgen.
Unterhalt	Laufender Unterhalt ist monatlich im Voraus zu zahlen.
Leistungen des Versicherers	Geldleistungen des Versicherers sind fällig, wenn die notwendigen Erhebungen für den Versicherungsfall und den Umfang der Leistung des Versicherers beendet sind. Sind diese Feststellungen nicht bis zum Ablauf eines Monats seit Anzeige des Versicherungsfalles beendet, kann der Versicherungsnehmer Abschlagszahlungen auf den Betrag verlangen, den der Versicherer voraussichtlich mindestens zu zahlen hat.

Gibt es keine vertragliche Absprache und keine gesetzliche Regelung, können die Umstände bestimmen, wann ein Entgelt fällig ist. Dabei spielen die „Natur" des Schuldverhältnisses, die Verkehrssitte und die Beschaffenheit der Leistung eine Rolle.

Beispiel:
Der Anspruch auf Rückzahlung der Kaution wird fällig, sobald nach Beendigung des Mietverhältnisses die Ansprüche des Vermieters betragsmäßig feststehen.

Ist eine Zeit für die Leistung weder – vertraglich noch gesetzlich – bestimmt noch aus den Umständen zu entnehmen, kann der Gläubiger die Leistung sofort verlangen.

Steht somit die Fälligkeit einer Leistung fest, gilt nunmehr in Bezug auf den zinsauslösenden Zahlungsverzug Folgendes:

- Der gewerbliche Schuldner eines Geldbetrages kommt spätestens in Verzug, wenn er nicht innerhalb von 30 Tagen nach Fälligkeit und Zugang einer Rechnung oder nach Fälligkeit der Leistung und Empfang der Gegenleistung zahlt.
- Ein Verbraucher gerät per Rechnungserteilung nur in Verzug, wenn der Gläubiger ihn in der Liquidation besonders auf diese Folge hingewiesen hat und wenn der Verbraucher nicht innerhalb von 30 Tagen nach Fälligkeit und Zugang der Rechnung zahlt. Ein solcher Zahlungshinweis sollte daher stets erfolgen (s. o. bereits unter Forderungsmanagement, Rechnungen).
- Im Übrigen kommt jeder Schuldner durch eine Mahnung des Gläubigers – geschrieben nach Eintritt der Fälligkeit – in Verzug. Gleichgestellt sind die Zustellung eines Mahnbescheids oder einer Klage. Der Gläubiger braucht aber nicht zu mahnen, wenn einer der vier anschließenden Fälle vorliegt:
  - Der Schuldner verweigert die Leistung ernsthaft und endgültig. Hieran sind allerdings strenge Anforderungen zu stellen. Die Verweigerung muss als „das letzte Wort" des Schuldners aufzufassen sein. Nicht ausreichend ist, z. B. die Weigerung des Bestellers zu zahlen, weil das Werk angeblich nicht ordnungsgemäß ist.
  - Für die Leistung ist eine Zeit nach dem Kalender bestimmt. Diese kann sich aus dem Gesetz (es gilt die Aufstellung oben), einem Vertrag oder aus einem Urteil ergeben. Als Leistungszeit muss unmittelbar oder mittelbar ein bestimmter Kalendertag festgelegt sein.

Beispiele:
Es genügen Bestimmungen wie „im Januar", „Mitte des Monats", „erste Dekade des Monats", 13. Kalenderwoche" oder „bis Ende 2012".

- Auch die Berechenbarkeit nach dem Kalender genügt, wenn eine angemessene Zeit für die Leistungserbringung bestimmt ist. Die Leistungszeit kann damit auch von einem bestimmten Ereignis abhängig gemacht werden.

Beispiele:

„Zahlbar zwei Wochen nach Abruf/nach Bestellung/nach Lieferung" oder „die Zahlung wird fällig einen Monat nach der Beurkundung/nach dem Beginn der Bauarbeiten/nach der Beendigung des Vertragsverhältnisses".

- Aus besonderen Gründen ist unter Abwägung der beiderseitigen Interessen der sofortige Eintritt des Verzuges gerechtfertigt. Das ist insbesondere der Fall, wenn eine sog. Selbstmahnung vorliegt, der Schuldner also mitteilt, dass er alsbald leisten wird, tatsächlich aber nicht zahlt, etwa weil der Lastschrifteneinzug scheitert. Besondere Gründe sind auch gegeben, wenn der Schuldner durch sein Verhalten den Zugang der Mahnung vereitelt.

Werden gestaffelte Zinsen verlangt, wie z. B. bei rückständigen Mieten, ist dies folgendermaßen darzustellen:

Formulierungsbeispiel:

(…)

Ich werde beantragen,

den Beklagten zu verurteilen, an die Klägerin 3.500 EUR zuzüglich Zinsen von fünf Prozentpunkten über dem Basiszinssatz auf je 500 EUR seit dem 3. 1. 2010, 3. 2. 2010, 3. 3. 2010, 3. 4. 2010, 3. 5. 2010, 3. 6. 2010 und 3. 7. 2010 zu zahlen.

(3) Rechtshängigkeitszinsen

Eine fällige Geldschuld hat der Schuldner in jedem Fall von dem Zeitpunkt an zu verzinsen, in welchem ihm die Klage zugestellt wird, sog. Rechtshängigkeitszinsen.

Formulierungsbeispiel:

Ich werde beantragen,

den Beklagten zu verurteilen, an die Klägerin 3.000 EUR nebst Zinsen von fünf Prozentpunkten über dem Basiszinssatz seit Rechtshängigkeit zu zahlen.

bb) Rechtsverfolgungskosten. Mit einer Klage können auch Kosten der bisherigen außergerichtlichen Rechtsverfolgung geltend gemacht werden. Diese sind nämlich regelmäßig ebenfalls Verzugsschäden: Hätte der Schuldner rechtzeitig geleistet, wären die Rechtsverfolgungskosten, explizit Rechtsanwaltsgebühren, nicht entstanden. Wichtig ist dabei aber, dass der Gläubiger erst nach dem Eintritt des

Verzuges (z. B. nachdem der Schuldner die Mahnung erhalten hat), die Rechtsanwaltskanzlei beauftragt. Selbst wenn die vom Schuldner zu erbringende Leistung bereits fällig ist (vgl. die Auflistung oben), sind die Kosten einer Erstmahnung nicht erstattungsfähig.

Tipp:
Vor der Beauftragung eines Rechtsanwalts/einer Rechtsanwältin sollte zunächst eine Mahnung selbst verfasst und beweisbar – z. B. per Boten – dem Schuldner zugestellt werden.

Erstattungsfähige Rechtsverfolgungskosten, hauptsächlich also die vorprozessual angefallenen Anwaltsgebühren, werden von dem Rechtsanwalt/der Rechtsanwältin eigenständig mit der Klage geltend gemacht. Man braucht darauf also nicht gesondert hinzuweisen, dass man die Erstattung verlangen will.

Zu unterscheiden ist, ob diese Gebühren vor der Klageerhebung bereits bezahlt worden sind oder nicht. Falls die Gebühren bereits ausgeglichen worden sind, lautet der zusätzlich zu stellende Antrag:

Formulierungsbeispiel:
(…)
Des Weiteren wird beantragt,

den Beklagten zu verurteilen, an den Kläger weitere … EUR nebst Zinsen von fünf Prozentpunkten über dem Basiszinssatz seit dem … (Datum der Zahlung an den Bevollmächtigten) an nicht anrechenbaren vorgerichtlichen Kosten zu zahlen.

Soweit noch nicht bezahlt worden ist, muss von dem Rechtsanwalt/der Rechtsanwältin ein sog. Freistellungsantrag gestellt werden:

Formulierungsbeispiel:
(…)
Ferner beantrage ich,

den Beklagten zu verurteilen, die Klägerin hinsichtlich der Forderung ihrer Prozessbevollmächtigten von … EUR an nicht anrechenbaren vorgerichtlichen Kosten freizustellen.

Damit wird erreicht, dass nach der Verurteilung des beklagten Schuldners auch diese Kosten ggf. zwangsweise beigetrieben werden können.

Hingegen kann der vermeintliche Schuldner, der unberechtigt in Anspruch genommen worden ist und dem Rechtsverfolgungskosten/Anwaltsgebühren entstanden sind, regelmäßig keine Erstattung vom scheinbaren Gläubiger verlangen. Bestehen keine vertraglichen und auch keine vorvertraglichen Beziehungen zwischen den Parteien und ist die unberechtigte Inanspruchnahme auch keine deliktische, sog. unerlaubte Handlung, können die Gebühren dem Forderungssteller nicht aufgelastet werden. Die Rechtsprechung begründet dies damit, dass eine unberechtigte Inanspruchnahme zum allgemeinen Lebensrisiko gehört.

Nur ausnahmsweise gilt in folgenden Sachlagen etwas anderes:
- Bei Vertragsabschluss handelte die andere Partei bereits schuldhaft oder
- sie hat schuldhaft Pflichten aus einem Vertrag verletzt.
- Es liegt strafbares Verhalten vor, z. B. Betrug.
- Der Gegner hat vorsätzlich und sittenwidrig geschädigt.

Dies bedeutet: Derjenige, der aus einer angeblichen Forderung in Anspruch genommen wird, kann grundsätzlich vom Anspruchsteller nicht verlangen, dass dieser ihm aufgewendete Anwaltsgebühren erstattet.

Weil die Nebenforderungen – Verzugszinsen und Erstattung der außergerichtlichen Rechtsverfolgungskosten – nach dem Abschluss des Verfahrens nicht mehr berücksichtigt werden, sind sie in jedem Fall schon mit der Klage einzufordern.

Im Folgenden werden weitere wichtige Anträge mit Zinsforderungen dargestellt. Dabei sind die nachstehenden Besonderheiten bei einzelnen Sachanträgen zu berücksichtigen:

c) Unbezifferter Klageantrag. Der Kläger braucht seinen Klageantrag nicht zu beziffern, wenn ihm dies unmöglich oder nicht zuzumuten ist oder wenn die Klagesumme erst durch eine Beweisaufnahme oder durch richterliche Schätzung festgestellt werden kann.

Fälle unbezifferter Klageanträge:
- Schmerzensgeldklagen
- Entschädigungsklagen wegen nutzlos aufgewendeter Urlaubszeit
- Schadensersatzklagen wegen des merkantilen Minderwertes eines Kfz

- Zahlungsklagen, denen eine Forderung zugrunde liegt, für welche die andere Partei ein Leistungsbestimmungsrecht hat, z. B. wenn sich Vertragsparteien darüber einig waren, dass der andere Teil den Preis bestimmen soll.

Bei einem unbezifferten Klageantrag muss der Kläger den Sachverhalt, auf dessen Grundlage das Gericht sein Ermessen ausüben und den Betrag festsetzen wird, genau schildern. Der Kläger soll als „Begehrensvorstellung" einen Mindestbetrag oder eine Größenordnung angeben. Letzteres bietet taktische Vorteile: Gibt der Kläger bei der Begehrensvorstellung einen Zirka-Betrag an, trägt er kein Kostenrisiko, wenn das Gericht 20 % weniger ausurteilt.

Beispiel:
Der Kläger äußert, dass das ihm zustehende Schmerzensgeld zirka 5.000 EUR betragen sollte. Wenn das Gericht nur 4.000 EUR für angemessen hält, werden dem Kläger dennoch keine Kosten auferlegt. Bei Angabe eines solchen Zirka-Betrages kann dem Kläger innerhalb eines Spielraums von etwa 20 % auch mehr zugesprochen werden. Das Gericht könnte also sogar 6.000 EUR ausurteilen.

Formulierungsbeispiel:
(…)
Ich werde beantragen,
den Beklagten zu verurteilen, an den Kläger ein angemessenes Schmerzensgeld nebst Zinsen von … seit dem … zu zahlen.
Begründung:
(…) Der Kläger hat eine Begehrensvorstellung von 5.000 EUR. Er erlitt bei dem Unfall vom … in … folgende Verletzungen und wurde wie folgt behandelt: …

d) Stufenklage. Manchmal ist es dem Kläger unmöglich, einen Zahlungsanspruch bei Klageerhebung zu beziffern, weil er erst nach einer Auskunftserteilung weiß, was ihm zustehen kann. Das kann u. a. bei Unterhaltsansprüchen oder in erbrechtlichen Angelegenheiten der Fall sein. Dann muss eine sog. Stufenklage eingereicht werden. Bei dieser Klageform wird als erste Stufe Auskunftserteilung, ggf. unter Vorlage einer Aufstellung oder prüfbarer Belege, verlangt. Damit für den Kläger eine gewisse Sicherheit erreicht werden kann, dass diese Rechnungslegung zutreffend und verlässlich ist, wird in der zweiten Stufe die Abgabe einer eidesstattlichen Versicherung verlangt. Der Beklagte muss zutreffend Auskunft erteilen, weil eine falsche Versicherung an Eides statt strafbar ist. In der dritten Stufe kann der Kläger dann seine Forderung berechnen und kündigt insoweit seinen Antrag an, den Beklagten zu verurteilen, den sich ergebenden Betrag an den Kläger zu zahlen

---

Formulierungsbeispiel:

(…)

Ich werde beantragen, den Beklagten zu verurteilen,

1. Auskunft über den Nachlass der am 31. 1. 2010 verstorbenen Inge Schmidt, zuletzt wohnhaft …, zu erteilen,

   a) wegen des Wertes des im Grundbuch von …, Blatt …, eingetragenen Grundstücks durch Vorlage eines Sachverständigengutachtens sowie

   b) im Übrigen durch Vorlage eines von einem Notar aufgenommenen Verzeichnisses;

2. an Eides statt zu Protokoll zu versichern, dass er den Nachlass nach bestem Wissen vollständig angegeben hat, als er dazu imstande ist und

3. nach Auskunftserteilung den sich daraus ergebenden Pflichtteil von einem Sechstel des Nachlasswertes an den Kläger zu zahlen.

---

e) Anträge Zug-um-Zug. Vertraglich oder durch Gesetz kann geregelt sein, dass Leistung und Gegenleistung Zug-um-Zug zu gewähren sind, so z. B. bei einem Kaufvertrag. Ist der andere Teil nicht bereit, seine Verpflichtung zu erfüllen, muss der Gläubiger in einem Klageantrag Zahlung/Herausgabe Zug-um-Zug gegen Erbringung der Gegenleistung verlangen. Dabei ist die zu erbringende Gegenleistung im Klageantrag so genau zu bezeichnen, als wenn es sich um die Hauptforderung handeln würde.

Formulierungsbeispiel:

(…)

Ich werde beantragen,

die Beklagte zu verurteilen, an die Klägerin 10.000 EUR Zug-um-Zug gegen Übergabe und Übertragung des Eigentums an dem Pkw, VW Golf mit der Fahrzeugidentifikationsnummer WVWZZZ1HZWBO2266, zu zahlen.

Aus einem solchen Zug-um-Zug-Urteil kann der Kläger erst vollstrecken, wenn sich der Beklagte im sog. Annahmeverzug befindet. Wird ein Gerichtsvollzieher mit der Vollstreckung des Urteils beauftragt, muss dieser zur Vollstreckung dem Beklagten die Gegenleistung anbieten. Das ist unpraktisch, wenn es sich um größere Gegenstände handelt. Diese Folge und andere Nachteile kann der Kläger umgehen, wenn er durch das Urteil – berechtigterweise – feststellen lässt, dass sich der Beklagte im Annahmeverzug befindet.

> **Formulierungsbeispiel:**
> (…)
> Ich werde beantragen,
> 1. an die Klägerin 10.000 EUR Zug-um-Zug gegen Übergabe von … zu zahlen,
> 2. festzustellen, dass sich der Beklagte im Annahmeverzug befindet.

f) Feststellungsantrag. Der Antrag darauf, einen Anspruch durch ein Urteil feststellen zu lassen, ist meist problematisch, weil derartige Anträge grundsätzlich subsidiär (also nachrangig) gegenüber Leistungsklagen sind. Die Feststellungsklage ist aber dann nicht subsidiär, wenn die aufgetretenen Streitpunkte sinnvoll und sachgemäß erledigt werden können, mithin der Beklagte vor weiteren Prozessen geschützt wird, so beispielsweise wenn zu erwarten ist, dass sich der Beklagte dem Feststellungsurteil beugen wird. Davon ist auszugehen, wenn öffentlich-rechtliche Körperschaften und Anstalten oder Versicherungsunternehmen verklagt werden.

Eine weitere Ausnahme besteht, wenn der Kläger künftigen Schadensersatz aus einer zuvor eingetretenen Rechtsgutverletzung, z. B. einer Körperverletzung, geltend machen will. Dann genügt, dass möglicherweise noch ein Schaden eintreten wird. Bei etwaig künftig noch entstehenden Schmerzensgeldansprüchen gilt dies selbst dann, wenn der Anspruch dem Grunde nach bereits für gerechtfertigt erklärt worden ist.

> **Beispiel:**
> Der Kläger will nicht nur Schmerzensgeld und sonstigen Schadensersatz aus einem Verkehrsunfall gegen eine Kfz-Haftpflichtversicherung einfordern, sondern zugleich klären lassen, dass diese ihm auch künftig alle Schäden materieller und immaterieller Art ersetzen muss, die eventuell noch auf den Verkehrsunfall zurückzuführen sein werden.

g) Antrag auf Herausgabe. Besteht ein Anspruch darauf, dass der Schuldner dem Gläubiger eine bestimmte Sache herausgeben muss, etwa aus einer vertraglichen Absprache, kommt diesem der Schuldner aber nicht nach, kann der Gläubiger auf Herausgabe klagen. Der

Klageantrag ist dann dementsprechend zu formulieren. Sinnvoll ist, dem Beklagten durch das Urteil eine Frist zur Herausgabe setzten zu lassen: In einem Verfahren vor dem Amtsgericht kann der Kläger nämlich zusätzlich beantragen, dass der Beklagte zur Zahlung einer Entschädigung verurteilt wird, wenn er die Handlung nicht innerhalb einer im Urteil festgesetzten Frist vornimmt, §§ 510 b, 888 a ZPO.

> **Formulierungsbeispiel:**
> (...)
> Ich werde beantragen,
> 1. den Beklagten zu verurteilen, an den Kläger den Kühlschrank des Fabrikats ..., Herstellnummer: ... herauszugeben,
> 2. dem Beklagten eine Frist zur Herausgabe des Kühlschrankes von einem Monat nach Rechtskraft des Urteils zu setzen,
> 3. den Beklagten zu verurteilen, nach ergebnislosem Ablauf der Frist nach Nr. 2 an den Kläger 600 EUR Schadensersatz zu zahlen.

Diese Vorgehensweise erleichtert die spätere Zwangsvollstreckung aus dem Urteil. Wenn dem Antrag entsprechend ein Urteil ergeht und der Beklagte die von Gericht gesetzte Frist verstreichen lässt, kann der Kläger sogleich den Schadensersatzbetrag wie jede andere titulierte Zahlungsforderung vollstrecken.

Bei Beträgen über 5.000 EUR, die vor dem Landgericht einzuklagen sind, ist es hingegen nicht möglich, die Herausgabeforderung mit einem Schadensersatzanspruch zu verknüpfen. Dann kann nach einem Urteil auf Herausgabe, wenn sich der Beklagte dem Richterspruch nicht beugt, der Gerichtsvollzieher mit der Wegnahme beauftragt werden. Ist die Herausgabe und eine Fristsetzung beantragt worden und wird die Sache nicht fristgerecht herausgegeben, muss in einem weiteren Prozess auf Schadensersatz geklagt werden.

h) Antrag auf Erlass eines Versäumnisurteils. Mit der Klage kann auch ein Antrag auf Erlass eines Versäumnisurteils gestellt werden, wenn möglich erscheint, dass sich der Beklagte nicht verteidigen wird, weder schriftlich, noch zu einem Gerichtstermin erscheinen wird. Der Antrag ist also zu stellen, wenn absehbar ist, dass der Beklagte, etwa aus Nachlässigkeit ein Urteil gegen sich ergehen lassen wird oder wenn zu vermuten ist, dass dieser darauf vertraut hat, dass der Anspruchsinhaber keine Klage erhebt, sich gegen eine Klage jedoch nicht verteidigen wird.

> **Formulierungsbeispiel:**
>
> (...)
>
> Ferner beantrage ich,
>
> den Beklagten durch Versäumnisurteil zu verurteilen, soweit die gesetzlichen Voraussetzungen vorliegen.

Überflüssig ist der Antrag u. a., wenn die Sache außergerichtlich bereits zwischen Parteien heftig umstritten war, so dass nicht damit zu rechnen ist, dass der Beklagte ein sog. Versäumnisurteil gegen sich ergehen lässt oder wenn aus der Person des Beklagten zu schließen ist, dass dieser sich in jedem Falle verteidigen wird, wie dies z. B. bei Versicherungen der Fall ist.

i) Antrag auf Zustellung ohne Gerichtskostenvorschuss. Grundsätzlich wird eine Klage erst dann an den Beklagten zugestellt, wenn der Kläger den vom Gericht errechneten Gerichtskostenvorschuss bezahlt hat. Etwas anderes gilt bei Prozess-/Verfahrenskostenhilfe. Das Gericht stellt die Klage zu, nachdem es die Prozess-/Verfahrenskostenhilfe bewilligt hat. Auch bei Gebührenfreiheit, § 14 GKG, wird die Klage ohne Vorschusszahlung zugestellt. Der Kläger muss dann glaubhaft machen, dass ihm die alsbaldige Kostenzahlung mit Rücksicht auf seine Vermögenslage oder aus sonstigen Gründen Schwierigkeiten bereiten würde oder dass ihm eine Verzögerung einen nicht oder nur schwer zu ersetzenden Schaden bringen würde. Die Glaubhaftmachung kann durch eigene eidesstattliche Versicherung des Klägers erfolgen. Die Verzögerungsgefahr ist z. B. bei drohender Verjährung gegeben.

> **Formulierungsbeispiel:**
>
> (...)
>
> Ich beantrage,
>
> die Klage ohne Zahlung des Gerichtskostenvorschusses zuzustellen.
>
> **Begründung:**
>
> Die Zahlung des Vorschusses bereitet mir mit Rücksicht auf meine Vermögenslage Schwierigkeiten. (Dies ist näher darzustellen.)
>
> Zur Glaubhaftmachung beziehe ich mich auf meine
>
> anliegende
>
> eidesstattliche Versicherung.

5. Sachvortrag

Der eingeklagte Anspruch muss begründet werden. Dieser Sachvortrag muss schlüssig, substantiiert und wahrheitsgemäß sein.

a) Schlüssigkeit und Substantiierung. Schlüssigkeit setzt voraus, dass zu allen Bestandteilen der einschlägigen Vorschrift (Tatbestandsmerkmalen) vollständig vorgetragen wird.

> **Beispiel:**
> Der Kläger will Kaufpreisansprüche geltend machen. Diese könnten sich aus § 433 Abs. 2 BGB ergeben. Diese Norm lautet: „Der Käufer ist verpflichtet, dem Verkäufer den vereinbarten Kaufpreis zu zahlen und die gekaufte Sache abzunehmen." Diese Regelung bezieht sich auf § 433 Abs. 1 BGB: „Durch den Kaufvertrag wird der Verkäufer einer Sache verpflichtet, dem Käufer die Sache zu übergeben und das Eigentum an der Sache zu verschaffen."

Der klagende Verkäufer muss also zu Folgendem vortragen:
• Abschluss eines Kaufvertrages • Leistung • Gegenleistung • Käufer und Verkäufer (Vertragsparteien)

Dieser Sachvortrag muss substantiiert sein. Es muss mit „Kern und Gehalt" dargestellt werden, dass alle Tatbestandsmerkmale gegeben sind.

Der Kläger muss mithin Folgendes vortragen/behaupten:
• Abschluss des Kaufvertrages: Wann, wo und mit welchen Erklärungen im Einzelnen wurde er geschlossen? • Leistung und Gegenleistung: Worauf haben sich die Parteien genau geeinigt? Wie hoch ist insbesondere der Kaufpreis? • Vertragsparteien: Wer sollte Vertragspartei werden (eine, zwei oder mehrere Personen, eine Privatperson oder eine Firma)?

aa) Anforderungen. Die Anforderungen sind streng, z. B. sind bei einer Gesamtforderung, die aus mehreren Einzelforderungen besteht, die jeweiligen Zahlen so zusammenzustellen, dass das Gericht die behauptete Forderung rechtlich und rechnerisch prüfen kann. Rechtsbegriffe, wie z. B. „Werkvertrag", „Eigentum", „Stellvertretung" usw. sind im Zweifel tatsächlich auszufüllen. Je mehr der Beklagte in der Klageerwiderung vorträgt, desto weiter ist die Pflicht für den Kläger, den Sachverhalt noch zu konkretisieren. Dabei ist auch maßgebend, ob und inwieweit sich die Ereignisse im Wahrnehmungsbereich der Partei abgespielt haben: Steht die Partei außerhalb des Geschehensablaufs und kennt sie die Tatsachen nicht näher, während sie der anderen Partei bekannt und ihr ergänzende Angaben zuzumuten sind, dann ist die weitere Substantiierungslast begrenzt.

Tipp:
Ist es zu konkreten Punkten des Sachvortrags zweifelhaft, ob schon genug vorgetragen worden ist, kann um einen rechtlichen/richerlichen Hinweis gebeten werden.

Formulierungsbeispiel:
(…)
Falls das Gericht die Auffassung vertreten sollte, dass der Sachvortrag zu dem Abschluss des Darlehensvertrages noch nicht ausreichen sollte, wird um einen richterlichen Hinweis gebeten.

In umfangreichen Verfahren überspannen Gerichte hin und wieder die Pflicht zur Substantiierung, möglicherweise, um schneller entscheiden zu können. Gerade in solchen Prozessen muss daher sorgfältig vorgetragen werden. Hier wird eine anwaltliche Vertretung unumgänglich sein. Der Rechtsuchende sollte darauf achten, den Rechtsanwalt/die Rechtsanwältin gründlich zu jedem Punkt zu informieren.

bb) „Flucht in die Säumnis". Stellt sich in der mündlichen Verhandlung oder kurz zuvor heraus, dass der eigene Sachvortrag Lücken aufweist, dann droht der Rechtsstreit verloren zu gehen. Es ist nämlich grundsätzlich nicht möglich, Berufung oder Beschwerde einzulegen und den Sachverhalt dann in der zweiten Instanz zu ergänzen. Hier hilft dann nur der Ausweg, „in die Säumnis zu flüchten". Dies bedeutet, dass in der mündlichen Verhandlung nicht „verhandelt" wird, also der angekündigte Sachantrag nicht gestellt wird. Die derart agierende Partei wird verfahrensrechtlich so gestellt, als sei sie gar nicht anwesend, also säumig. Das Gericht erlässt dann wahrscheinlich ein sog. Versäumnisurteil gegen die nicht-verhandelnde Partei. Diese hat aber die Möglichkeit dagegen Einspruch einzulegen und ist damit prozessual in der Situation, wieder umfangreich vortragen zu können. So kann der Prozess gerettet werden.

Formulierungsbeispiel:

An das

Amtsgericht XY

(Ort, Adresse)

(Datum)

In dem Rechtsstreit

(Parteien, Geschäftszeichen)

lege ich gegen das am (Datum) verkündete Versäumnisurteil, zugestellt am (Datum)

Einspruch

ein und beantrage,

das Versäumnisurteil vom (Datum) aufzuheben und den Beklagten zu verurteilen an den Kläger ... EUR nebst Zinsen von fünf/acht Prozentpunkten über dem Basiszinssatz seit dem (Datum) zu zahlen.

Begründung:

Ich beziehe mich auf meinen bisherigen Sachvortrag nebst Beweisantritten. Ergänzend trage ich wie folgt vor: ...

(Unterschrift)

Dieses Vorgehen birgt aber auch **Nachteile:** Die Kosten, die durch den Erlass des Versäumnisurteils entstanden sind, welches der Kläger gegen sich ergehen lässt, sind von ihm zu tragen.

Lässt der Beklagte gegen sich ein Versäumnisurteil ergehen, kann der Kläger nicht nur die Kosten, die zusätzlich durch dieses Procedere entstanden sind, ersetzt verlangen, sondern darüber hinaus (zunächst, solange das Gericht die Zwangsvollstreckung nicht einstweilen einstellt,) aus dem Versäumnisurteil – ohne Sicherheitsleistung – vollstrecken. Der Einspruch des Beklagten wäre wie folgt zu formulieren:

Formulierungsbeispiel:

An das

Amtsgericht XY

(Ort, Adresse)

(Datum)

In dem Rechtsstreit

(Parteien, Geschäftszeichen)

lege ich gegen das am (Datum) verkündete Versäumnisurteil, zugestellt am (Datum)

Einspruch

ein und beantrage,
1. das Versäumnisurteil vom (Datum) aufzuheben und die Klage abzuweisen.
2. die Zwangsvollstreckung aus dem Versäumnisurteil gegen Sicherheitsleistung einzustellen.

Begründung:

Ich beziehe mich auf meinen bisherigen Sachvortrag nebst Beweisantritten. Ergänzend trage ich wie folgt vor: ...

(Unterschrift)

b) Wahrheitsgemäßer Sachvortrag. Die Prozessparteien müssen sich über tatsächliche Umstände vollständig und der Wahrheit gemäß erklären, § 138 ZPO. Die Wahrheitspflicht bezieht sich (nur) auf tatsächliche Umstände, also auf konkrete Zustände oder Vorgänge der Außenwelt oder des Seelenlebens, wie z. B. Kenntnisse oder Wahrnehmungen. Reine Werturteile und Rechtsauffassungen fallen nicht darunter. Genau besagt die Wahrheitspflicht Folgendes:

aa) Keine Lügen. Die Parteien dürfen im gesamten Prozess nicht bewusst unwahr oder wider besseres Wissen vortragen. Sie dürfen also nicht lügen. Rechtsanwälte dürfen die als unwahr erkannten Äußerungen ihrer Mandanten nicht weitergeben. Erkennt das Gericht, dass eine Partei falsch vorträgt, wird dieser Tatsachenvortrag nicht beachtet, ggf. im Rahmen einer Gesamtwürdigung nachteilig behandelt und schlimmstenfalls kann das Gericht die Akte der Staatsanwaltschaft zur Aufnahme von Ermittlungen wegen versuchten Betruges vorlegen.

bb) Vollständiger Vortrag. Es ist vollständig vorzutragen. Halbwahrheiten sind verboten. Jedoch ist keine Partei verpflichtet, dem Gegner Tatsachen für einen Gegenanspruch, für eine Einrede oder für eine Einwendung gegen den eigenen Anspruch zu offenbaren.

cc) Keine Behauptungen ins „Blaue". Unzulässig ist, willkürlich ins „Blaue hinein" Vermutungen als Behauptungen vorzutragen. Willkür liegt beim Fehlen jeglicher tatsächlicher Anhaltspunkte vor. Tatsachen, die nach Lage der Dinge wahrscheinlich sind, dürfen vorgetragen werden. Dasselbe gilt, wenn der Partei lediglich die besondere Fachkenntnis fehlt.

dd) Hilfsweises Vorbringen. Die Parteien können sich für den Fall, dass ihre Behauptungen nicht beweisbar sind, hilfsweise auf Behauptungen der anderen Seite stützen, auch wenn dies dem Hauptvorbringen widerspricht.

> **Beispiel:**
> Der Kläger behauptet einen Kaufpreis von 10.000 EUR, der Beklagte von 5.000 EUR. Dann kann der Kläger vortragen: „… Hilfsweise stütze ich mich auf die Behauptung des Beklagten, dass der Kaufpreis 5.000 EUR betragen hat." Damit kann der Kläger dann wenigstens einen Teil seiner Forderung durchsetzen, er geht also nicht „leer" aus.

ee) Grenzen der Wahrheitspflicht. Die Wahrheitspflicht ist begrenzt. Von keiner Partei wird Unzumutbares verlangt. Keine Partei braucht so vorzutragen, dass sie befürchten muss, sich damit der Gefahr strafrechtlicher Verfolgung auszusetzen. Und der Rechtsanwalt/die Rechtsanwältin darf nichts vortragen, womit er/sie den Mandanten/die Mandantin des Prozessbetruges bezichtigen würde.

6. Beweisangebote

Denkbar ist, dass die Prozessparteien den Sachverhalt übereinstimmend schildern. Dass überhaupt prozessiert wird, liegt dann vielleicht lediglich an der Zahlungsunfähigkeit oder -unwilligkeit des Beklagten. Möglicherweise streiten die Parteien aber auch nur mit unterschiedlichen Rechtsauffassungen, etwa um die Frage, ob ein Vertrag wirksam zustande gekommen ist oder nicht. In den meisten Fällen ist aber die Schilderung der Geschehnisse unterschiedlich. Der Kläger, der zu seinem Recht kommen will, muss dann für die ihn günstigen Tatsachen Beweise anbieten und der Beklagte seinerseits für den Sachvortrag, der für ihn vorteilhaft ist (Grundregel).

Beispiel:
Der Kläger beansprucht Werklohn. Er muss u. a. den Vertragsabschluss und das Erbringen seiner Leistungen beweisen. Der Beklagte muss hingegen beweisen, dass er bereits bezahlt hat oder dass der Anspruch infolge einer Aufrechnung erloschen ist.

Das Gericht prüft, ob es eine Beweiserhebung für erforderlich hält. Das ist nur dann der Fall, wenn die Parteien um beweiserhebliche Tatsachen streiten. Oft tragen die Parteien so umfangreich vor, dass nicht alles tatsächlich relevant ist. Die Aufgabe des Gerichts besteht darin, genau festzustellen, auf welche streitigen Punkte es aus rechtlicher Sicht überhaupt ankommt. Darüber wird dann ein Beweisbeschluss erlassen, wenn entsprechende Beweisangebote des jeweils Beweispflichtigen vorliegen. Die andere Partei darf dazu aber auch gegenbeweislich eigene Beweismittel nennen. Für die Parteien stellt sich also die Frage, wie Beweis angeboten werden kann.

Es gibt sechs verschiedene zulässige Beweismittel:

- Sachverständigenbeweis
- Beweis durch Augenschein
- Parteivernehmung
- Urkundenbeweis
- Zeugenbeweis
- Beweis durch amtliche Auskunft

a) Sachverständigengutachten. Diese spielen eine wichtige Rolle bei der Beweisführung, etwa als „unfallanalytisches Rekonstruktionsgutachten", zum Nachweis ursächlicher Personenschäden, zur Höhe geltend gemachter einzelner Positionen usw. Stets holt das Gericht das Gutachten ein, nicht eine der Parteien. Den Beweis tritt die Partei an, indem sie die zu begutachtenden Punkte bezeichnet, also den Sachverhalt substantiiert schildert, § 403 ZPO. Überflüssig ist mithin mitzuteilen, dass „Sachverständigenbeweis angeboten werde" oder einen bestimmten Sachverständigen zu benennen.

aa) Einholung von Amts wegen. Das Gericht darf ein Gutachten sogar von Amts wegen einholen. Dies kann für Parteien, die keine Rechtschutzversicherung oder Prozesskostenhilfe haben, welche infolgedessen das volle Prozesskostenrisiko tragen, unerwünscht sein, wenn das Gutachten im Verhältnis zum Streitwert unverhältnismäßig teuer werden würde. Üblicherweise wird die Frage kostspieliger Gutachten in der obligatorischen Güteverhandlung mit den Prozessparteien erörtert. Falls das ausnahmsweise nicht erfolgen sollte, bleibt der Partei, der die Zahlung des Kostenvorschusses aufgegeben wurde und die das Prozesskostenrisiko scheut, lediglich, nicht einzuzahlen und den Prozess zu verlieren.

bb) Auswahl des Gutachters. Das Prozessgericht wählt den Gutachter aus. Gibt es auf dem betreffenden Sachgebiet öffentlich bestellte Sachverständige, soll das Gericht andere Personen nur bei Vorliegen besonderer Umstände bestimmen, insbesondere wenn sie über hervorragende Sachkunde verfügen. Das Gericht kann die Parteien auch auffordern, Sachverständige zu bezeichnen. Einigen sich die Parteien auf einen bestimmten Gutachter, bestellt das Gericht diesen.

> **Tipp:**
> Sind sich die Parteien darüber einig, dass ein bestimmter Sachverständiger ein Gutachten erstatten soll, ist dies dem Gericht unverzüglich mitzuteilen, um einer gerichtlichen Auswahl zuvorzukommen. Ist der von den Parteien avisierte Gutachter nicht öffentlich bestellt, sind besondere Gründe für seine Auswahl vorzutragen.

Hält eine Partei das gerichtlich eingeholte Gutachten inhaltlich für unzutreffend, kann dies gerügt werden. Will das Gericht aber nichts weiter veranlassen, ist zu erwägen, eventuell selbst ein Gutachten in Auftrag zu geben.

> **Tipp:**
> Ein überzeugendes Privatgutachten, welches das gerichtliche eingeholte unrichtige Gutachten widerlegt, kann das Gericht veranlassen, die Beweislage weiter aufzuklären.

Die Kosten für den privaten Sachverständigen sind im späteren Kostenfestsetzungsverfahren sogar erstattungsfähig, wenn dieses Gutachten wegen des konkreten Falles in Auftrag gegeben wurde und zur zweckentsprechenden Rechtsverteidigung notwendig war; BGH MDR 2003, 413 f.

b) Augenschein. Dieses Beweismittel müsste eigentlich „Wahrnehmungsbeweis" heißen, denn es umfasst, dass das Gericht zu seiner

Überzeugung etwas durch seine unmittelbare Sinneswahrnehmung zur Kenntnis nehmen kann. Der Augenschein kann alle Sinne beanspruchen, also auch den Geruch, das Gehör, den Geschmack, das Gefühl und das Gesicht. Der zuständige Richter beurteilt die vorgefundenen Tatsachen. Diese unterliegt wiederum dessen freier Beweiswürdigung.

aa) Beweisantritt. Die Partei, welche sich diese Beweiserhebung wünscht, tritt den Beweis an, indem es die zu beweisende Tatsache und den Gegenstand des Augenscheins bezeichnet. Dies bedeutet, dass der Sachverhalt so genau zu schildern ist, dass das Gericht weiß, dass und über welche Tatsache eine Inaugenscheinnahme möglich ist.

> **Formulierungsbeispiel:**
> (...) Die Beklagte ist – unstreitig – mit ihrem Fahrrad in den Zaun auf dem Grundstück der Klägerin gefahren. Zu Unrecht bestreitet die Beklagte den Umfang des Schadens. Der neuwertige Zaun wurde auf einer Länge von drei Metern umgeworfen. Die ausgerissenen Zaunpfähle liegen unverändert auf dem Grundstück der Klägerin. (...)

Eine explizite Formulierung, dass der Augenscheinbeweis angetreten wird, ist hingegen nicht erforderlich. Auch dieses Beweismittel kann das Gericht im Übrigen von Amts wegen erheben. Ist Gegenstand des Beweises ein elektronisches Dokument, wird der Beweis durch Vorlegung oder Übermittlung der Daten angetreten.

bb) Zugriff auf den Gegenstand des Beweises. Problematisch ist die Beweisführung für die beweispflichtige Partei, wenn sich der maßgebende Gegenstand bei der anderen Partei oder bei einem Dritten befindet. Das Gesetz sieht hierfür aber Lösungsmöglichkeiten vor. Die beweispflichtige Partei kann dann beantragen, dass das Gericht der anderen Partei oder bei einem auch Dritten eine Frist setzt, innerhalb derer die Sache vorzulegen ist. Dies hat allerdings Grenzen. Weil Art. 13 GG die Unverletzlichkeit der Wohnung schützt, ist auch im Prozessrecht geregelt, dass ein Dritter die Inaugenscheinnahme seiner Wohnung verweigern darf. Ansonsten kann ein Dritter Unzumutbarkeit einwenden. Auch braucht er bei einer Inaugenscheinnahme nicht mitzuwirken, wenn er sich auf ein Zeugnisverweigerungsrecht berufen könnte.

Weigert sich die andere Prozesspartei bei einer ihr zumutbaren Einnahme des Augenscheins mitzuwirken, könnte sich dies für sie nachteilig auswirken: Geht es nämlich um die Beschaffenheit einer Sache, gilt bei einer solchen Beweisvereitelung der Sachvortrag der anderen Partei als bewiesen, § 371 Abs. 3 ZPO.

> **Tipp:**
> Streiten die Parteien um die Beschaffenheit einer beim Prozessgegner befindlichen Sache, ist immer zu beantragen, dass das Gericht diesem eine Frist setzt, innerhalb derer die Sache vorzulegen ist, zumal bei dessen Beweisvereitelung die eigenen Behauptungen bereits bewiesen sind.

c) Parteivernehmung. Die Parteivernehmung ist ein echtes Beweismittel der Zivilprozessordnung. Sie ist von der bloßen Anhörung der Parteien zu unterscheiden. Zu der sog. Güteverhandlung und der sich unmittelbar daran anschließenden mündlichen Verhandlung werden die Parteien regelmäßig persönlich geladen, und zwar für Vergleichsverhandlungen und/oder für eine Sachverhaltsaufklärung. Dort werden sie angehört, jedoch ohne dass es sich dabei um eine förmliche Beweisvernehmung handeln würde.

aa) Antrag auf Vernehmung. Jede beweispflichtige Prozesspartei kann beantragen, selbst als Partei vernommen zu werden, § 447 ZPO. Der Gegner muss aber einverstanden sein. Dann kann das Gericht (muss aber nicht) die Partei vernehmen. Vor dem Beweisantritt sollte man sich aber darüber im Klaren sein, dass man wirklich als Partei aussagen will: Wird der Beweisantritt später zurückgenommen, wird das Gericht dies möglicherweise negativ werten.

bb) Sinn und Zweck. Es mag Fälle geben, in denen man sich etwas davon verspricht, dass der Gegner als Partei vernommen wird. Das ist erst möglich, wenn die anderen vorgebrachten Beweismittel erschöpft sind, wenn also der Beweispflichtige keinen anderen Beweis antritt, oder wenn das zu Beweisende nicht bereits mit an Sicherheit grenzender Wahrscheinlichkeit bewiesen ist. Außerdem muss man vor diesem Beweisantritt die Beweislast unbedingt zutreffend feststellen: Wenn man nämlich irrtümlich annimmt, man sei beweispflichtig, und beantragt, den Gegner zu vernehmen, kann dieser sein Einverständnis dazu erklären. Dann eröffnet der Nicht-Beweispflichtige der Gegenseite die Beweismöglichkeit. Um ganz sicher zu gehen, nichts falsch zu machen, kann man zulässigerweise den Beweisantritt bedingen.

Formulierungsbeispiel:
(...) Beweis: Vernehmung des Beklagten, falls der Kläger beweispflichtig ist.

Der Antrag ist nur sinnvoll, wenn zu hoffen ist, dass der Gegner von seinem bisherigen Vortrag abrückt. Das dürfte in den seltensten Fällen zu erwarten sein. Der falsch aussagenden Partei drohen de facto nämlich keine Nachteile: Die uneidliche falsche Parteiaussage ist gemäß § 153 StGB nicht strafbar. Wenn keine anderen Beweismittel vorhanden sind, ist regelmäßig auch kein Prozessbetrug nachweisbar. Es ist damit zu rechnen, dass sich unredliche Parteien dessen bewusst sind und auch danach handeln. Den Antrag, die gegnerische Partei zu vernehmen, sollte man daher äußert vorsichtig einsetzen. Falls Hoffnung besteht, auf diese Weise den erforderlichen Beweis erbringen zu können, gilt Folgendes:

Tipp:
Das Beweisthema, zu dem die andere Partei vernommen werden soll, ist im Antrag exakt vorzutragen, um zu verhindern, dass die Gegenseite bei ihrer Vernehmung zu allen ihr nützlichen Punkten aussagt. Etwaig ungenaue Themen im Beweisbeschluss sind zu rügen.

d) Urkunden. Eine Urkunde im Sinne der Zivilprozessordnung ist die „schriftliche Verkörperung eines Gedankens". Nur eine echte und körperliche intakte Urkunde hat volle Beweiskraft dafür, dass der Unterzeichner („Aussteller") die Erklärung abgegeben hat, die in der Urkunde festgehalten ist. Dies muss allerdings nicht besagen, dass der Inhalt des Niedergeschriebenen tatsächlich zutreffen muss.

Beispiel:
Ein unterschriebenes ärztliches Attest beschreibt diverse Verletzungen des durch einen Verkehrsunfall geschädigten Klägers. Dieses ärztliche Zeugnis beweist aber nur, dass der Arzt die Verletzungen bescheinigt, hingegen nicht, dass diese tatsächlich vorgelegen haben. Das Gericht muss also diesen Beleg zusätzlich noch auf Glaubhaftigkeit würdigen.

aa) Förmlicher Beweisantritt. Soll förmlich Beweis angetreten werden und nicht lediglich zur Information des Gerichts und des Prozessgegners ein Schriftstück – Kopie – überreicht werden, ist die Urkunde rechtzeitig vor dem Termin im Original mit einem Schriftsatz an das Gericht vorzulegen, denn der Beweisantritt beim Urkundenbeweis erfolgt dadurch, dass die Urkunde vorgelegt wird.

Formulierungsbeispiel:

Mit schriftlichem Kaufvertrag vom 6. 7. 2011 hat der Kläger dem Beklagten die Pumpenanlage XYZ, Herstellungsnummer 154321 zum Preis von 5.500 EUR zuzüglich Mehrwertsteuer verkauft. Den Kaufvertrag überreiche ich

anliegend

im Original für das Gericht und in Kopie für den Beklagten.

---

bb) Zeitpunkt. Nach Möglichkeit sollte die Urschrift nicht erst in der mündlichen Verhandlung vorgelegt werden: Der Gegner könnte dann vielleicht geltend machen, dass erst durch die Einsichtnahme des Originals neuer erheblicher Sachvortrag möglich wird (z. B. dass die Unterschrift nicht echt sei), so dass darüber ggf. Beweis durch Gutachten eines Schriftsachverständigen zu erheben wäre und sich das Verfahren zu Lasten der Partei verzögern würde, schlimmstenfalls verloren ginge.

cc) Vorlage des Originals. Das Original ist immer dann vorzulegen, wenn die Partei die Urkunde besitzt oder sie ohne gerichtliche Hilfe beschaffen kann. Eine beglaubigte oder einfache Abschrift oder Kopie würdigt das Gericht lediglich frei, also nicht als Beweismittel.

dd) Beweiskraft elektronischer Dokumente. Die Beweiskraft elektronischer Dokumente ist gesetzlich geregelt, § 371 a Abs. 1 Satz 1 ZPO: Danach sind private elektronische Dokumente, die mit einer qualifizierten elektronischen Signatur versehen, wie andere private Urkunden beweiskräftig. (Der Anschein der Echtheit einer in elektronischer Form vorliegenden Erklärung, der sich aufgrund der Prüfung nach dem Signaturgesetz ergibt, kann nur durch Tatsachen erschüttert werden, die ernstliche Zweifel daran begründen, dass die Erklärung vom Signaturschlüssel-Inhaber abgegeben worden ist, 371 a Abs. 1 Satz 2 ZPO.

ee) Keine Erforschung durch das Gericht. Bei umfangreichen Dokumenten, z. B. einer Gewinnermittlung oder eines privat eingeholten Gutachtens, darf nicht pauschal auf das gesamte Schriftwerk verwiesen werden. Damit würde man dem Gericht quasi „befehlen", sich die maßgebenden Stellen selbst herauszusuchen, was ein unzulässiger „Ausforschungsbeweis" wäre. Es müssen also die Seiten oder Stellen bezeichnet werden, aus denen sich der Beweis ergeben soll.

ff) Zugriff auf die Urkunde. Für die Fälle, dass der Beweisführer die Urkunde nicht im Besitz hat, sondern sich beim Gegner, einem Dritten oder einer öffentlichen Behörde befindet, sieht das Gesetz Möglichkeiten vor, die Vorlage der Urkunde dennoch zu erreichen. Hat eine Behörde die Urkunde in Besitz, z. B. eine Ermittlungsakte, wird der Beweis durch den Antrag angetreten, die Behörde oder den Beamten um die Mitteilung der Urkunde zu ersuchen.

Formulierungsbeispiel:

(...)

Beweis: Vorlage der Verkehrsunfallanzeige in der amtlichen Ermittlungsakte der Staatsanwaltschaft München, Aktenzeichen 65 Js 78389/11, die beizuziehen ist.

Befindet sich die Urkunde in den Händen des Gegners, so wird der Beweis durch den Antrag an das Gericht angetreten, dem Gegner die Vorlegung der Urkunde aufzugeben.

Formulierungsbeispiel:

(...)

Der Beklagte ist im Besitz der von beiden Parteien unterzeichneten Inventarliste der ehemaligen Gaststätte „Zum grünen Jäger".

Ich beantrage, dem Beklagten die Vorlegung der Urkunde aufzugeben.

Wenn sich der Prozessgegner schon selbst auf die Urkunde bezogen hatte, ist es aber praktikabler, das Gericht schlicht zu bitten, die Urkundenvorlegung anzuordnen, §§ 142, 143, 273 ZPO.

Formulierungsbeispiel:

(...)

Der Beklagte hat sich bereits mit Schriftsatz vom 6. 9. 2011 auf seine Kontoauszüge zur Kontonummer 873567 bei der Stadtbank, BLZ 9845165 bezogen. Ich bitte anzuordnen, dass der Beklagte die Urkunde vorzulegen hat.

Gibt ein Dritter die Urkunde nicht freiwillig heraus, kann der Beweisführer ihn auf Herausgabe verklagen.

e) Zeugen. Der Zeugenbeweis gilt als das unzuverlässigste Beweismittel, weil die Zeugenaussage immer durch ihre Subjektivität beeinträchtigt sein kann. Dennoch halten erfahrungsgemäß Gerichte in deutlich weniger als zehn Prozent Zeugen für unglaubwürdig oder ihre Aussagen für unglaubhaft. Deshalb sollte, wenn ein Zeuge zur Verfügung steht, dieser auch benannt werden.

aa) Zeugenfähigkeit

> **Als Zeugen können aussagen:**
>
> - jede natürliche Person, also auch nahe Angehörige; Ausnahme: die Parteien selbst und deren gesetzliche Vertreter (z. B. Eltern bei minderjährigen Prozessbeteiligten) können keine Zeugen sein
> - Pflegepersonen der Parteien
> - Zeugen vom Hören-Sagen
> - sachverständige Zeugen
> - Rechtsanwälte, auch in laufenden Verfahren
> - „heimliche" Zeugen nur, wenn das allgemeine Persönlichkeitsrecht nicht verletzt worden ist (absolut geschützt ist der Kernbereich privater Lebensgestaltung)

bb) Taktische Fragen. Man darf einen Zeugen durchaus vor dem Prozess fragen, ob und was er aussagen würde. Dies ist keine unzulässige Zeugenbeeinflussung. Wenn der Zeuge im Prozess danach gefragt wird, ob er sich mit einer Partei unterhalten hat, muss er – selbstverständlich – auch in diesem Punkt wahrheitsgemäß aussagen. Das ist der Zeugenaussage nicht abträglich und kann sogar positiv als Beweis der Ehrlichkeit des Zeugen bewertet werden.

Bei unsicheren (alten, kranken, ladungsunfähigen) Zeugen können schriftliche Erklärungen im Prozess als Urkunde vorgelegt werden.

cc) Zeugenbenennung. Der Zeuge ist benannt, wenn seine Person hinreichend individualisiert ist. Der Prozessgegner soll nämlich schon vor der Vernehmung des Zeugen dessen Identität, Glaubwürdigkeit usw. prüfen können. Wegen der Beibringungspflicht der Parteien muss der Zeuge ladungsfähig sein. Ladungsfähig ist jede Anschrift, unter welcher das Gericht den Zeugen erreichen kann. Das kann auch bei einer Dienst- oder Geschäftsanschrift der Fall sein. Unzureichend ist die Wendung „zu laden über den Kläger/Beklagten", auch wenn diese Formulierung selbst von Rechtsanwälten häufig benutzt wird.

(1) Noch unbekannter Zeuge

In anwaltlichen Schriftsätzen findet sich manchmal die Bezeichnung „Zeugnis: NN" (lateinisch für „nullum nomen", gleichbedeutend mit „kein Name"). Dies soll meist zeigen, dass die Partei noch den Namen und die Adresse eines Zeugen ermitteln und nachreichen will. Tatsächlich hilft ein solcher Beweisantritt aber auch nicht weiter: Sobald die Daten vorliegen, sind sie dem Gericht mitzuteilen, um Verzögerungen zu vermeiden. Liegt ein Hindernis zur Bezeichnung vor, dann wird das Gericht eine Frist zur Beibringung setzen. Verstreicht diese Frist ergebnislos, ist der Beweisantritt ausgeschlossen.

(2) Aussage über innere Tatsachen

Soll der Zeuge eine innere Tatsache bekunden, ist im Schriftsatz anzugeben, wie er die Tatsache erfahren hat.

Formulierungsbeispiel:
Der Zeuge Hans Klein, Erlenkamp 15, 50933 Köln, kann bekunden, dass die Beklagte der Klägerin am 6. 5. 2011 gegen 10.00 Uhr im Geschäft der Beklagten mitgeteilt hat, dass sie wusste, dass das Fernglas schon bei der Übergabe fehlerhaft war. Der Zeuge war bei der Äußerung der Beklagten zugegen.

Abzuraten ist von dem Beweisangebot einer eidlichen Vernehmung, zumal Zeugen grundsätzlich uneidlich zu vernehmen sind.

dd) Schriftliche Zeugenaussage. Hat die andere Partei die schriftliche Aussage eines Zeugen erwirkt und fällt diese Äußerung nachteilig aus, sollte man sich im Zweifel nicht damit zufrieden geben. Die rein schriftliche Beantwortung von Beweisfragen des gegnerischen Zeugen ist durchaus angreifbar. Man kann das Erscheinen des Zeugen zum Termin erzwingen: Dazu muss man beantragen, dass der Zeuge schriftlich geladen wird und Fragen auflisten, die dem Zeugen – ergänzend – gestellt werden sollen.

Formulierungsbeispiel:
(…)
Ich beantrage,
die Zeugin Anna Buchmann zu dem Termin zur mündlichen Verhandlung zu laden.
Der Zeugin möchte ich folgende Fragen stellen:
1. (…)
2. (…)

Des Weiteren kann das Gericht darauf hingewiesen werden, dass die schriftliche Auskunft unzulänglich oder eine Gegenüberstellung mit anderen Zeugen angezeigt ist. Ganz ausnahmsweise kann auch vorgetragen werden, dass eine Beeidigung des Zeugen erforderlich ist, § 391 ZPO (ein Zeuge ist zu beeidigen, wenn das Gericht dies mit Rücksicht auf die Bedeutung der Aussage oder zur Herbeiführung einer wahrheitsgemäßen Aussage für geboten erachtet).

f) Amtliche Auskunft. Die amtliche Auskunft ist im Gesetz zwar erwähnt, aber nicht geregelt. Sie ist ein selbstständiges Beweismittel und stets zulässig. Die amtliche Auskunft ersetzt insbesondere das Zeugnis eines Behördenmitarbeiters oder eines Sachverständigen. Das Gericht fordert die amtliche Auskunft von Amts wegen an. Die Parteien können das Einholen der amtlichen Auskunft anregen.

g) Beweislast. Bevor man ein Beweismittel bezeichnet, sollte man klären, ob man für die entsprechende Behauptung überhaupt beweispflichtig ist. Als Grundregel gilt: Beweispflichtig ist man im Zweifel dann, wenn die betreffende Tatsache für einen selbst günstig ist. Die Beweislast folgt auch oft durch gesetzliche Regelungen, wie z.B. § 476 BGB, §§ 371 Abs. 3, 427, 444 ZPO oder mittels richterrechtlicher Fortbildung. Häufig gibt es auch eine sog. Beweislastumkehr.

Umkehr der Beweislast:

Die Ausnahme von dem Grundsatz, dass die Beweispflicht desjenigen besteht, welcher sich auf eine ihm günstige Tatsache stützen will, kommt nur in wirklichen Ausnahmefällen in Frage. Regelmäßig muss eine der nachfolgenden Fallgruppen erfüllt sein:

- Beim vertraglichen Schadensersatzanspruch muss nicht der Gläubiger, sondern der Schuldner beweisen, dass er nicht fahrlässig oder vorsätzlich gehandelt hat.
- Schadensersatzansprüche, welche auf die Verletzung vertraglicher Beratungs- oder Aufklärungspflichten gestützt werden, geben dem Schuldner die Beweislast dafür auf, dass der entstandene Schaden auch bei pflichtgemäßem Verhalten eingetreten wäre.
- Für den Fehler eines Produkts, den Schaden und den ursächlichen Zusammenhang zwischen Fehler und Schaden trägt der Geschädigte die Beweislast, § 1 Produkthaftungsgesetz.
- Bei Arzthaftungsansprüchen gilt: Ist dem Arzt nachweislich ein grober Behandlungsfehler unterlaufen, muss er beweisen, dass der beim Patienten entstandene Schaden auch ohne seinen Fehler eingetreten wäre. Beruht der Schaden auf dem Einsatz eines mangelhaft arbeitenden Gerätes, muss der

Arzt beweisen, dass er und seine Mitarbeiter daran nicht schuld sind. Trifft den Arzt ein Organisationsmangel, muss er beweisen, dass dieser für die Schädigung nicht ursächlich war. Dokumentationsmängel führen dazu, dass eine ärztliche Beweispflicht für entsprechende, von Arzt behauptete Tatsachen besteht.

- Auch bei anderen Berufsgruppen kann die Beweislast für die Behauptung umgekehrt werden, dass die Pflichtverletzung nicht zu einem Schaden geführt hat.

Gewiss ist die Frage der Beweislast nicht immer leicht abzuschätzen, im Zweifel sollte anwaltlicher Rat eingeholt werden.

aa) Eigene Beweispflicht. Ist man beweispflichtig und bestreitet die Gegenseite die Tatsachenbehauptung, muss man Beweis anbieten. Für jede sog. beweiserhebliche – und nicht offenkundige – Behauptung ist das am besten geeignete und verfügbare Beweismittel zu benennen. Gelingt bei Gericht dieser „Hauptbeweis", wird die Klage auch Erfolg haben.

Im Falle der Nichtbeweisbarkeit einer günstigen Behauptung geht der Rechtsstreit (insoweit) verloren, auch, wenn zu erwarten ist, dass die andere Partei (zumindest) die Überzeugung des Gerichts von dem Beweis erschüttern wird.

bb) Beweispflicht der anderen Partei. Ist man nicht beweispflichtig und bietet die andere Partei Beweis für eine streitige Behauptung an, sollte auf jeden Fall ein Gegenbeweis bezeichnet werden, um die Beweismittel des Prozessgegners entkräften zu können.

h) Beweiserleichterungen. Bestehen eventuell Schwierigkeiten, ein erforderliches Beweismittel anzuführen, kann möglicherweise noch eine sog. Beweiserleichterung helfen. Solche Erleichterungen für die beweisbelastete Partei sind wie folgt möglich:

Überblick Beweiserleichterungen:

Beweiserleichterungen durch	Grundgedanken der Erleichterung
vertragliche Vereinbarung	Die Vertragspartner einigen sich über: • die Beweisbedürftigkeit einer Sache • etwaige Beweismittel • die Beweislast bestimmter Tatsachen

Beweiserleichterungen durch	Grundgedanken der Erleichterung
„Beweis des ersten Anscheins"	Es wird auf Erfahrungssätze zurückgegriffen, insbesondere bei typischen Geschehensabläufen.
Indizienbeweis	Bestimmte Tatsachen lassen auf das (Nicht-) Vorliegen von gesetzlichen Vorgaben schließen.
Rechtsvermutungen	Aus dem Gesetz folgt eine Erleichterung zur Beweiserbringung.
Schadensermittlung	Das Gericht entscheidet unter Würdigung aller Umstände nach freier Überzeugung, • ob ein Schaden entstanden ist und • auf welche Höhe sich der Schaden oder • das zu ersetzende Interesse beläuft.
Schadensschätzung	Das Gericht schätzt den Schaden.

aa) Vertragliche Vereinbarung. Vertragliche Beweiserleichterungen sind grundsätzlich zulässig, z. B. durch AGB. Sie müssen aber rechtswirksam sein. Außerdem dürfen sie nicht in die freie richterliche Beweiswürdigung eingreifen. Vertragspartner können sich, u. a. über die Beweisbedürftigkeit einer Sache, über etwaige Beweismittel oder über die Beweislast bestimmter Tatsachen verständigen.

bb) Beweis des ersten Anscheins. Beim sog. Beweis des ersten Anscheins wird auf Erfahrungssätze zurückgegriffen, insbesondere bei typischen Geschehensabläufen (Beispiel: bei einem Verstoß gegen eine Verkehrssicherungspflicht spricht der erste Anschein dafür, dass etwaige Schäden darauf zurückzuführen sind). Liegt er vor, muss der Gegner die ernsthafte Möglichkeit eines anderen Geschehensablaufs darlegen und diese Tatsachen beweisen.

cc) Indizienbeweis. Für den Indizienbeweis benötigt man Tatsachen, die den Schluss auf das (Nicht-) Vorliegen von Tatbestandsmerkmalen zulassen. Dieser mittelbare Beweis glückt, wenn andere Schlüsse auf Indiztatsachen ernsthaft nicht in Betracht kommen. Dabei kann es sich um körperliche Indizien, Verhaltensweisen, naturwissenschaftliche Erkenntnisse oder Motive handeln. Auch der Zeugenbeweis ist ein Indizienbeweis, weil sich die Wahrheit nicht unmittelbar aus der Aussage ergibt, sondern bei ihrer Glaubhaftigkeit aus der Schlussfolgerung, dass sich der Lebenssachverhalt so abgespielt hat, wie von dem Zeugen bekundet.

dd) Rechtsvermutungen. Bei Beweiserleichterungen durch Rechtsvermutungen handelt es sich zunächst um Tatsachenvermutungen (etwa § 938 BGB, welcher die Vermutung des Eigenbesitzes regelt: „Hat jemand eine Sache am Anfang und am Ende eines Zeitraums im Eigenbesitz gehabt, so wird vermutet, dass sein Eigenbesitz auch in der Zwischenzeit bestanden habe."). Eine Rechtsvermutung enthält z. B. § 1006 Abs. 1 BGB: „Zugunsten des Besitzers einer beweglichen Sache wird vermutet, dass er Eigentümer der Sache sei. Dies gilt jedoch nicht einem früheren Besitzer gegenüber, dem die Sache gestohlen worden, verloren gegangen oder sonst abhanden gekommen ist, es sei denn, dass es sich um Geld oder Inhaberpapiere handelt". Der Beweis des Gegenteils ist auch durch einen Antrag auf Parteivernehmung zulässig, § 292 ZPO. Eine richterrechtliche Tatsachenvermutung ist beispielsweise, dass die über ein Rechtsgeschäft verfasste Urkunde vollständig und richtig ist. Daher hat auch die Partei, welche ein ihr günstiges Auslegungsergebnis auf Umstände außerhalb der Urkunde stützt, diese zu beweisen.

ee) Schadensermittlung. Die Schadensermittlung, § 287 ZPO, erleichtert ebenfalls den Beweis. Problematisch sind durch Vertragsverletzungen entstandene Schäden, weil diese häufig kaum nachweisbar sind. Dem Gericht ist dann die Schätzung anhand allgemeiner Erfahrung zu überlassen, alle in Betracht kommenden Anhaltspunkte für die Schadenshöhe sind vorzutragen.

ff) Schadensschätzung. Bei der Beweiserleichterung durch Schadensschätzung, § 252 Satz 2 BGB, kann man strategisch wählen: Zur Schadensermittlung kann man abstrakt vortragen. Man kann aber auch die besonderen Umstände vortragen, also die konkrete Schadensermittlung geltend machen.

i) Auswahl der Beweismittel und Beweisprognose. Stets ist bei der Auswahl der zur Verfügung stehenden Beweismittel festzustellen, welches Beweismittel am sichersten ist. Zeugenaussagen und Parteivernehmungen gelten als angreifbar. Soweit vorhanden, sollte vorrangig oder zusätzlich weiterer Beweis angeboten werden.

Tipp:
Stehen mehrere Zeugen zur Verfügung, müssen nicht unbedingt alle benannt werden, zumal die Gefahr sich widersprechender Aussagen besteht. Etwas anderes kann gelten, wenn die Gegenseite ebenfalls Beweis angeboten hat.

Unter Berücksichtigung der von beiden Parteien – voraussichtlich – benannten Beweismittel kann man vielleicht das wahrscheinliche Ergebnis der Beweisaufnahme prognostizieren. Fällt dieses eindeutig negativ aus, sollte gewissenhaft geprüft werden, ob es unter Kostengesichtspunkten sinnvoll ist, von einer Rechtsverfolgung abzusehen. Auch insoweit ist eine anwaltliche Beratung dringend zu empfehlen.

7. Prozessökonomie einer Teilklage

Zeichnet sich ab, dass eine Klage über einen hohen Betrag unumgänglich ist und droht keine Verjährung, könnte eine sog. Teilklage erwogen werden. Damit hat es folgende Bewandtnis: Besteht keine Rechtsschutzversicherung und kommt auch kein Antrag auf Bewilligung von Prozesskostenhilfe in Betracht, kann es bei hohen Streitwerten angezeigt sein, das Prozesskostenrisiko zu reduzieren. Das gilt insbesondere dann, wenn auch ein Antrag auf selbstständiges Beweisverfahren keine Alternative bietet, weil nämlich nicht zu erwarten wäre, dass sich der Antragsgegner dem Gutachten beugt. Mit der Teilklage wird nur ein Teil der Gesamtforderung eingeklagt. Verläuft der Prozess, ggf. nach einer Beweisaufnahme, Erfolg versprechend, ist die Klage zu erweitern oder die restliche Forderung in einem weiteren Verfahren geltend zu machen. Die Erweiterung ist spätestens eine Woche vor dem Termin anzukündigen, damit der Beklagte im Termin umfassend verhandeln muss und ihm nicht etwa durch eine Vertagung möglich wird, weiter vorzutragen. Ist der Prozessverlauf ungünstig, hat man durch den niedrigeren Streitwert zumindest Prozesskosten gespart.

a) Besonderheiten. Folgende Besonderheiten einer Teilklage sind zu beachten:
- Es darf keine Verjährung der Restforderung drohen (die regelmäßige Verjährungszeit beträgt drei Jahre).
- Es dürfte sich meist empfehlen, mehr als 5.000 EUR einzuklagen, um die Zuständigkeit des Landgerichts zu begründen: Wenn es um eine höhere Summe geht, über die gewissermaßen exemplarisch geurteilt werden soll, ist es sinnvoll, dass ein Gericht damit befasst wird, das sich auch entsprechend tief in die Angelegenheit einarbeiten kann. Bei den Amtsgerichten haben die Richter und Richterinnen sehr hohe Pensen zu erfüllen, bei den Landgerichten

ist die Anzahl der zu erledigenden Rechtsstreitigkeiten hingegen geringer angesetzt.

- Der Schriftsatz ist mit „Teilklage" zu betiteln.
- In der Begründung der Klage ist erkennbar zu machen, welcher Teil des Gesamtanspruchs Gegenstand der Klage ist. Bei mehreren selbstständigen Einzelforderungen reicht es aus, die Reihenfolge anzugeben. Ansonsten ist mitzuteilen, welcher Teil des gesamten Anspruches (z. B. die ersten 6.000 EUR) geltend gemacht wird.

b) Gewinn und Nutzen. Die Teilklage ist aber nur dann uneingeschränkt empfehlenswert, wenn man den Gegner außergerichtlich noch nicht zur Zahlung über die Gesamtforderung aufgefordert hat. Bei solch einem „Berühmen" über den Anspruch besteht die Gefahr, dass der Beklagte eine sog. negative Feststellungswiderklage erheben wird. Dieser beantragt damit, festzustellen, dass über den eingeklagten Teilbetrag hinaus auch keine weiteren Forderungen bestehen. Damit wird der Zweck der Teilklage, das Senken der Prozesskosten, unterlaufen, weil dann wieder der volle Streitwert für die Gerichtskosten und die Rechtsanwaltsgebühren anzusetzen ist. Falls also eine Teilklage in Betracht kommt, sollte im vorprozessualen Schriftverkehr tunlichst vermieden werden, Ansprüche in voller Höhe geltend zu machen. Allenfalls sollte man mitteilen, dass man „prüfen wird, ob weitergehende Ansprüche bestehen", um der Gefahr einer negativen Feststellungswiderklage vorzubeugen.

Tipp:
Hat man sich bereits der Gesamtforderung „berühmt", und treibt der Beklagte mit der negativen Feststellungswiderklage die Prozesskosten in die Höhe, kann man noch versuchen, mit dem Beklagten einen Prozessvertrag über die Geltung des Urteils für den Gesamtanspruch zu schließen. Das Interesse an alsbaldiger Feststellung kann im Nachhinein nämlich wieder entfallen, gerade wenn die Parteien während des Prozesses vereinbaren, dass das Urteil auch für die weitergehenden Ansprüche gelten soll.

Dem Kläger nutzt jedoch nicht, einseitig zu erklären, dass die Entscheidung auch für seine weitergehenden Ansprüche verbindlich ist oder wenn er auf diese Ansprüche verzichtet. Der Beklagte kann eine rechtskräftige Entscheidung und damit Rechtssicherheit – auch gegenüber jedem möglichen Rechtsnachfolger des Klägers – verlangen. Er ist auch nicht verpflichtet, das Angebot des Klägers auf Abschluss eines Erlassvertrages anzunehmen. Auch ein prozessualer Verzicht

würde nicht weiterhelfen, da der Kläger nicht auf von ihm eingeklagte Ansprüche verzichten würde.

8. Unterschrift und Ausfertigungen

Das Gericht erhält das Original des Schriftsatzes, der zu unterschreiben ist. Zwei weitere Abschriften sind pro Prozessbeteiligten beizufügen, eine davon ist zu unterschreiben.

9. Absendung

Üblicherweise wird man die Klageschrift mit ihren Abschriften und
Anlagen per Post versenden, vielleicht auch persönlich in den Brief-
kasten des Gerichts einwerfen oder dort in der Geschäftsstelle abgeben. Ist eine Frist zu wahren, muss bis zum Ablauf des betreffenden
Tages die Klage bei dem zuständigen Gericht eingehen.

Beispiel:
Herr Vossen hatte im Jahr 2009 während der Urlaubsabwesenheit seines
Nachbarn bemerkt, dass in dessen Haus eingebrochen worden war. Er beauftragte eine Firma mit der vorläufigen Absicherung der aufgebrochenen Haus-
tür und verauslagte 250 EUR. Trotz ständiger Mahnungen erstattete ihm der
Nachbar diese Auslagen nicht. Der Anspruch des Herrn Vossen besteht aus
sog. Geschäftsführung ohne Auftrag und verjährt nach drei Jahren zum Jahres-
ende. Herr Vossen will klagen und muss nunmehr bis spätestens 31. 12. 2012,
23.59 Uhr (und 59 Sekunden) beim Amtsgericht seine Klage eingereicht
haben.

Bei den Gerichten gibt es sog. Nachtbriefkästen. Diese sind so kon-
struiert, dass um Mitternacht ein Verschluss den hinteren Teil des
Briefkastens von dem vorderen Bereich abtrennt. Die Post, die pünkt-
lich eingeworfen worden ist, befindet sich demzufolge im hinteren
Bereich und erhält den Eingangsstempel vom Tag des Fristablaufs.
Damit ist die Frist gewahrt.

Möglich ist auch, Fristen durch das Versenden eines Telefaxes zu
wahren. Mit einem Telefax wird im Übrigen auch dem Schriftform-
erfordernis für Klageschriften Genüge getan.

Wichtig!
1. Bei einer Klageeinreichung per Telefax muss die Vorlage unbedingt eigenhändig unterzeichnet werden.

> 2. Die Unterschrift muss auf der bei Gericht eingegangenen Kopie wiedergegeben sein.
> 3. Eine zu wahrende Frist wird per Telefax nur eingehalten, wenn die gesendeten Signale noch vor dem Fristablauf vom Telefaxgerät des Gerichts vollständig empfangen/gespeichert worden sind.

Scheitert eine rechtzeitige Übertragung an einem technischen Defekt des Telefaxgerätes des Gerichts, kann eventuell im Nachhinein beantragt werden, dass wegen der Fristversäumung eine sog. Wiedereinsetzung in den vorigen Stand erfolgt.

Ist die Klage aber nur deshalb nicht rechtzeitig gewesen, weil der Kläger zur Übermittlung zu wenig Zeit einkalkuliert hat, hat er die Fristversäumung verschuldet. Eine Zeitreserve von nur einigen wenigen Minuten reicht jedenfalls nicht aus.

Wurde die Klage – oder ein anderer nachfolgender Schriftsatz – per Fax überreicht, ist es nicht mehr erforderlich, das Original an das Gericht auf dem Postweg nachzusenden.

Auch das elektronische Übertragen einer Textdatei mit eingescannter Unterschrift auf ein Faxgerät des Gerichts – sog. Computerfax – ist zulässig. Entscheidend ist, dass belegt wird, wer die Verantwortung für den Inhalt des Schriftsatzes übernimmt, und wer seine Übermittlung als bestimmenden Schriftsatz an das Gericht veranlasst hat.

10. Muster für Klageschriften

a) Kaufpreisklage

Muster:

Frank Holzapfel, Alte Dorfstraße 58, 29223 Celle

An das

Amtsgericht

– Zivilabteilung –

Mühlenstraße 8

29221 Celle

18. 4. 2012

Klage

des Unteroffiziers Frank Holzapfel, Alte Dorfstraße 58, 29223 Celle,

– Kläger –

gegen

die kaufmännische Angestellte Ulrike Unruh, Schillerstraße 72, 29229 Celle,

– Beklagte –

wegen Kaufpreisforderung;

vorläufiger Streitwert: 3.500 EUR.

Ich werde beantragen,

1. die Beklagte zu verurteilen, an den Kläger 3.500 EUR nebst Zinsen von fünf Prozentpunkten über dem Basiszinssatz seit dem 31. 1. 2012 Zug um Zug gegen Übergabe und Übertragung des Eigentums am Pkw VW Golf IV, Fahrgestell-Nr.: 96745923, Motor-Nr.: 8171561, zu zahlen.
2. festzustellen, dass sich die Beklagte seit dem 31. 1. 2012 in Annahmeverzug befindet.

Ferner beantrage ich,

die Beklagte durch Versäumnisurteil zu verurteilen, soweit die gesetzlichen Voraussetzungen vorliegen.

Begründung:

Der Kläger macht gegen die Beklagte einen Kaufpreisanspruch nach § 433 Abs. 2 BGB geltend. Dem liegt folgender Sachverhalt zugrunde:

Die Parteien schlossen am 15. 1. 2012 den als

Anlage K

in Kopie für das Gericht überreichten Kaufvertrag über das gebrauchte Fahrzeug des Klägers, den im Antrag bezeichneten VW Golf IV. Die Parteien einigten sich auf einen Kaufpreis von 3.500 EUR. Die Bezahlung sollte ausweislich des Kaufvertrages bei Übergabe des Autos erfolgen.

Der Kläger bot der Beklagten am 31. 1. 2012 an deren Wohnsitz den VW an. Die Beklagte, welche anscheinend den Abschluss des Kaufvertrages bereute, lehnte ab, den Pkw zu übernehmen. Sie weigerte sich gleichsam, den Kaufpreis zu zahlen.

Beweis: Zeugnis des Herrn Mike Steffens, Nelkenweg 15, 30186 Hannover

Der Zeuge, ein Arbeitskollege des Klägers hatte diesen zu der avisierten Übergabe begleitet und hat das Gespräch zwischen den Parteien verfolgt.

Weil sich die Beklagte im Annahmeverzug befindet, ist der Feststellungsantrag begründet.

Der Kläger hat gegen die Beklagte ferner einen Anspruch auf Verzinsung, § 286 Abs. 2 Nr. 3 BGB, weil sich die Beklagte am 31. 1. 2012 endgültig geweigert hat, ihre Pflichten aus dem Kaufvertrag zu erfüllen

(Unterschrift)

Anmerkung:
Der Feststellungsantrag ist zu stellen, um eine eventuell später erforderlich werdende Zwangsvollstreckung des Klägers zu erleichtern: Wenn das Amtsgericht den Feststellungsantrag ausurteilt, braucht der Gerichtsvollzieher den Pkw bei der Vollstreckung nicht mehr Zug-um-Zug anzubieten, sondern kann ohne weitere Voraussetzungen die Herausgabe des Urteilsbetrages durchsetzen.

b) Klage auf Zahlung des Werklohnes

Muster:

Adrian Schönstedt, Pirolweg 22, 07745 Jena

An das

Amtsgericht

– Zivilabteilung –

Rudolfstraße 46

99092 Erfurt

22. 5. 2012

Klage

des Tischlermeisters Adrian Schönstedt, Pirolweg 22, 07745 Jena,

– Kläger –

gegen

die Lehrerin Franziska Fehn, Einsteinstraße 44, 99092 Erfurt,

– Beklagte –

wegen Werklohnes;

vorläufiger Streitwert: 5.000 EUR.

Ich werde beantragen,

die Beklagte zu verurteilen, an den Kläger 5.000 EUR nebst Zinsen von fünf Prozentpunkten über dem Basiszinssatz seit dem 9. 2. 2012 zu zahlen.

Ferner beantrage ich,

die Beklagte durch Versäumnisurteil zu verurteilen, soweit die gesetzlichen Voraussetzungen vorliegen.

Begründung:

Der Kläger macht gegen die Beklagte Zahlungsansprüche aus einen am 17. 11. 2011 geschlossenen Werkvertrag über die Fertigung und den Einbau von Haus- und Zimmertüren geltend.

Der Kläger verpflichtete sich im Einzelnen zu folgenden Leistungen, die er vertragsgemäß erbracht und gemäß des Kostenvoranschlages berechnet hat:

Material		
eine Haustür, Eiche natur, 94 x 225 cm, grundiert mit Stichbogen	2.980,00 EUR	
zwei Zimmertüren, Kiefer natur mit Lichtöffnung, Einzelpreis 435,00 EUR	870,00 EUR	
eine Zimmertür, Kiefer furniert	260,00 EUR	
ein Glasausschnitt Madeira	61,00 EUR	
ein Glasausschnitt in Gussantik	52,00 EUR	
eine Messing – Drückergarnitur für die Haustür	145,00 EUR	
4,2 qm Kiefer, 5 cm dick, Quadratmeterpreis 65,00 EUR	273,00 EUR	
1 qm Eiche, 2,6 cm dick	70,00 EUR	
Material insgesamt		4.711,00 EUR
Arbeitsaufwand		
19 Helferstunden zu 22,00 EUR	418,00 EUR	
48 Gesellenstunden zu 38,00 EUR	1.824,00 EUR	
Arbeitsaufwand insgesamt		2.242,00 EUR
Nettopreis insgesamt		6.953,00 EUR
zuzüglich 19 % Mehrwertsteuer		1.321,07 EUR
Gesamtpreis		8.274,07 EUR

Auf die Rechnung vom 14. 12. 2011 reklamierte die Beklagte, dass ihr der Preis zu hoch erscheine. Sie bezweifle, dass die 19 Helferstunden tatsächlich angefallen seien.

Der Kläger zeigte sich im Rahmen seiner Kundenbetreuung kulant und erließ der Beklagten 274,07 EUR, so dass sich der Werklohn noch auf 8.000 EUR beläuft. Hierauf zahlte die Beklagte 3.000 EUR. Mit undatiertem Brief, welchen ich im Original als

Anlage K 1

für das Gericht überreiche, teilte die Beklagte dem Kläger mit, dass sie zunächst 3/8 des Rechnungspreises angewiesen habe. Gleichzeitig kündigte die Beklagte an, dass sie den Rest der Rechnung zahlen werde.

Als die Beklagte entgegen ihrer Ankündigung nicht zahlte, mahnte der Kläger die Beklagte mit Brief vom 8. 2. 2012, den ich in Abschrift als

Anlage K 2

überreiche.

Die Beklagte wird gegen die Klageforderung wahrscheinlich ihre außergerichtliche Einwendung wiederholen, dass die Anzahl der Helferstunden zu hoch
angesetzt sei. Diese Behauptung ist jedoch falsch und unerheblich. Zum einen
sind die 19 Helferstunden angefallen, und zwar für folgende Arbeiten:

- sechs Stunden Hobeln,
- drei Stunden Schleifen,
- vier Stunden Furnieren,
- fünf Stunden Lackieren und
- eine Stunde Beschläge montieren.

Zum Beweis der Tatsache, dass die Helferstunden angefallen sind, beziehe ich
mich vorsorglich auf

1. das Zeugnis des Gesellen Dieter Hebel, Buchenweg 4, 29225 Celle,
2. die als

Anlagen K 3 bis K 6

überreichten Originalstundenzettel.

Zum anderen ist der Vortrag der Beklagten unerheblich, zumal sie mit ihrem
undatierten Schreiben ihre Schuld anerkannt hat.

Weil der Beklagten die Mahnung des Klägers am 9. 2. 2012 zugegangen ist,
befindet sie sich seit diesem Tag in Verzug.

(Unterschrift)

c) Klage auf Zahlung rückständiger Miete

Muster:

Albert Knittel, Goethestraße 9, 89073 Ulm

An das

Amtsgericht

– Zivilabteilung –

Wilhelmstraße 2

74072 Heilbronn

7. 7. 2012

Klage

des Dipl.-Ing. Albert Knittel, Goethestraße 9, 89073 Ulm,

- Kläger -

gegen

1. die Studentin Anne Schramm, Mozartweg 54, 74072 Heilbronn,
2. den Studenten Bjarne Meister, Mozartweg 54, 74072 Heilbronn,

– Beklagte –

wegen rückständiger Miete;

vorläufiger Streitwert: 1.500 EUR.

Ich werde beantragen,

die Beklagten als Gesamtschuldner zu verurteilen, an den Kläger 1.500 EUR nebst Zinsen von fünf Prozentpunkten über dem Basiszinssatz auf je 300 EUR seit dem 3. 2. 2012, dem 3. 3. 2012, dem 3. 4. 2012, dem 3. 5. 2012 und auf weitere 300 EUR seit dem 3. 6. 2012 zu zahlen.

Ferner beantrage ich,

die Beklagten durch Versäumnisurteil zu verurteilen, soweit die gesetzlichen Voraussetzungen vorliegen.

Begründung:

Der Kläger macht gegen die Beklagten einen Anspruch auf Zahlung rückständiger Miete aus einem am 1. 9. 2011 geschlossenen Mietvertrag geltend.

Den Mietvertrag überreiche ich als

Anlage K 1

in Kopie für das Gericht.

Der Kläger hat den Beklagten eine zwei-Zimmer-Wohnung im Mozartweg 54 in Heilbronn vermietet.

Nach Nummer 2 des Mietvertrages sind die Beklagten verpflichtet, zum zweiten eines jeden Monats im Voraus eine Warmmiete von 300 EUR zu zahlen.

Mit Brief vom 27. 2. 2012, den ich als

Anlage K 2

in Kopie für das Gericht überreiche, haben die Beklagten mitgeteilt, dass sie die Miete komplett mindern werden, weil die Wohnung – angeblich – wegen Schimmelbefalls nicht mehr nutzbar sei. Diese Behauptung trifft jedoch nicht zu, wie eine Wohnungsbegehung ergeben hat. Dennoch haben die Beklagten die Miete für die Monate ab Februar 2012 nicht mehr gezahlt.

Mit der Zahlung befinden sich die Beklagten laut § 286 Abs. 2 Nr. 1 BGB in Verzug.

(Unterschrift)

d) Klage auf Schadensersatz aus einem Verkehrsunfall

Muster:

Bernd Lauterbach, Kleiststraße 55, 96047 Bamberg

An das

Amtsgericht Bamberg

Synagogenplatz 1

96047 Bamberg

28. 3. 2012

Klage

des Jugendpflegers Bernd Lauterbach, Kleiststraße 55, 96047 Bamberg,

– Kläger –

gegen

1. den Kraftfahrer Franz Schmidt, Blumenstraße 4, 89073 Ulm,
2. die Firma Hansmeyer GmbH, vertreten durch den Geschäftsführer Heinrich Hansmeyer, Tankweg 18, 89073 Ulm,
3. die ABC-Versicherungs AG, Bonner Allee 44, 50944 Köln, Schadensnummer: 445KH 761953991, vertreten durch den Vorstand, dieser vertreten durch Dr. Max Ahrend, ebenda,

– Beklagte –

wegen Schadensersatzes und Feststellung.

Vorläufiger Streitwert für den Antrag zu 1:

materieller Schaden: 3.575 EUR,

immaterieller Schaden: 500 EUR,

vorläufiger Streitwert für den Antrag zu 2: 500 EUR,

Streitwert insgesamt: 4.575 EUR.

Ich werde beantragen,

1. die Beklagten als Gesamtschuldner zu verurteilen , an den Kläger 3.575 EUR sowie ein angemessenes Schmerzensgeld, dessen Höhe in das Ermessen des Gerichts gestellt wird, jeweils nebst Zinsen von fünf Prozentpunkten über dem Basiszinssatz seit Rechtshängigkeit zu zahlen,
2. festzustellen, dass die Beklagten als Gesamtschuldner verpflichtet sind, dem Kläger sämtliche Schäden, die ihm in Zukunft aus dem Verkehrsunfall vom 22. 9. 2011 auf der Münchener Straße in Bamberg entstehen, zu ersetzen, soweit die Ansprüche nicht auf Sozialversicherungsträger oder sonstige Dritte übergehen.

Begründung:

Der Kläger macht gegen die Beklagten Schadensersatzansprüche und Feststellungsansprüche aus dem Verkehrsunfall vom 22. 9. 2011 in Bamberg geltend. Den Beklagten zu 1) nimmt der Kläger als Fahrer, die Beklagte zu 2) als Halterin und die Beklagte zu 3) als einstandspflichtige Kfz-Haftpflichtversicherung in Anspruch.

Der Verkehrsunfall ereignete sich wie folgt:

Der Kläger befuhr am Unfalltag gegen 16.30 Uhr mit seinem Pkw in Bamberg die Münchener Straße stadteinwärts. In Höhe der Einmündung Passauer Straße hielt er wegen einer roten Ampel. Wenige Sekunden bevor die Ampel wieder auf gelb umsprang, fuhr der Beklagte zu 1) mit dem von ihm geführten Lkw der Beklagten zu 2) auf das Auto des Klägers auf. Unmittelbar vor dem Zusammenprall war ein heftiges Bremsgeräusch zu hören.

Beweis: Zeugnis

1) der Frau Sonja Lauterbach, Kleiststraße 55, 96047 Bamberg
2) des Herrn Andreas Ziel, Am alten Wachturm 44, 96047 Bamberg.

Die Ehefrau des Klägers war Beifahrerin. Der Zeuge Ziel hat den Unfall zufällig als Fußgänger beobachtet.

Die Beklagten haben abgelehnt, den Schaden zu regulieren. D e Beklagte zu 3) beruft sich auf die Unfallschilderung des Beklagten zu 1), der in seiner schriftlichen Stellungnahme behauptet hat, der Kläger sei mit seinem Pkw „ein Stück zurückgerollt". Dass diese Behauptung jedoch unzutreffend ist, folgt schon daraus, dass der Beklagte nach dem Unfall dem unabhängigen

Zeugen Ziel, b. b.

erklärte, er „sei nur einen Augenblick unaufmerksam gewesen, er habe noch nie zuvor einen Unfall gebaut."

Durch den Aufprall wurde das Fahrzeugheck am Pkw des Klägers stark eingedrückt. Dem Kläger ist folgender Sachschaden entstanden:

Reparaturkosten gemäß des als

Anlage K 1

abschriftlich für das Gericht und die Beklagten überreichten

Gutachtens des Kfz-Sachverständigen Gerold Schön:

3.000 EUR.

Gutachterkosten:

300 EUR,

ausweislich der als

Anlage K 2

überreichten Rechnung des Sachverständigen Schön.

Mietwagenkosten: Der Kläger hat für die fünf Tage, an denen sein Auto repariert wurde, wegen seiner täglichen Fahrten zum Arbeitsplatz einen anderen Wagen gemietet. Die vom Sachverständigen in seinem Gutachten angesetzte Reparaturdauer von fünf Tagen ist angemessen. Die Mietwagenkosten betrugen:

250 EUR.

Die allgemeine Schadenpauschale beläuft sich auf:

25 EUR.

Der Sachschaden beträgt insgesamt:

3.575 EUR.

Durch den Unfall erlitt der Kläger unstreitig ein HWS-Trauma, das noch nicht vollständig ausgeheilt ist. Es ist nach Auskunft des behandelnden Orthopäden zu befürchten, dass sich der Genesungsprozess noch über ein paar Monate hinziehen wird. Der Kläger litt 14 Tage unter sehr starken Schmerzen, er musste Schmerztabletten einnehmen und insgesamt achtmal zur Physiotherapie. Der Kläger hat in Bezug auf seinen Schmerzensgeldanspruch eine Begehrensvorstellung von 500 EUR.

Der Feststellungsantrag ist zulässig, da die Beklagte zu 3) trotz Mahnung vom 21. 2. 2012 ihre Haftung nicht anerkannt hat.

(Unterschrift)

11. Gerichtskostenvorschuss

Nach dem Eingang der Klage bei Gericht erhält der Kläger eine Gerichtskostenvorschussrechnung (mit Überweisungsträger). Diese Rechnung ist zu bezahlen, denn erst nach dem Rechnungsausgleich wird die Klage dem Beklagten zugestellt und damit „rechtshängig". Sollen Fristen gewahrt, speziell die Verjährung hemmt werden, muss nach Erhalt der Rechnung der Vorschuss unverzüglich eingezahlt werden, damit die Klage „demnächst" zugestellt werden kann. Ist das nicht der Fall, wird die Verjährungsfrist nicht mehr eingehalten. Der Beklagte kann die Einrede der Verjährung erheben. Der Kläger verliert den Prozess.

Merke:
Fristen gelten nur dann als gewahrt, wenn eine Zustellung vom Fristablauf an gemessen „demnächst" erfolgt, also in einer den Umständen nach angemessenen Frist ohne jede besondere von der Partei oder ihrem Vertreter oder Prozessbevollmächtigten verschuldete Verzögerung. Eine Verzögerung von zwei Wochen gilt als unschädlich.

Die Höhe des Gerichtskostenvorschusses bemisst sich nach zwei Faktoren: Zum einen nach dem der Klage zugrundeliegenden Streitwert, zum anderen nach der Anzahl der zu entrichtenden Gerichtsgebühren.

a) Streitwert der Klage. Der Streitwert soll in der Klage angegeben werden (siehe Streitwert und Streitgegenstand). Der Gegenstandswert folgt regelmäßig aus dem Forderungswert, z. B. eines eingeklagten Kaufpreises, der Bürgschaftsforderung oder des begehrten Schadensersatzes. Werden mehrere Ansprüche mit einer Endsumme geltend gemacht, z. B. rückständige Monatsmieten und ein Schadensersatzanspruch wegen Beschädigung der Wohnung, ergibt sich der Streitwert aus diesen zusammenzurechnenden Werten. Bei mehreren Anträgen folgt der Streitwert desgleichen aus einer Addition der Werte der einzelnen Anträge.

Schwieriger sind die Fälle, in denen sich der Streitwert nicht unmittelbar aus der Klageforderung ergibt, z. B. bei Auskunfts- und Feststellungsanträgen, unbezifferten Klageanträgen, Herausgabeanträgen usw.

Streitwert:

Es gelten u. a. folgende **wichtige Einzelheiten:**

- Für die Wertberechnung und damit für die Kostenvorschusspflicht ist der Zeitpunkt der Einreichung der Klage/des Antrages maßgebend.
- Grundsätzlich setzt das Gericht den Wert nach freiem Ermessen fest.
- Bei unbezifferten Zahlungsanträgen sollte in der Klagebegründung eine Begehrensvorstellung geäußert werden („der Kläger begehrt ein Schmerzensgeld von 3.000 EUR). Diese Erklärung legt das Gericht dann – vorläufig – für die Wertberechnung zugrunde.
- Bei einem Antrag auf Rechnungslegung ist das Interesse des Klägers an der Erleichterung der Begründung seines Zahlungsanspruchs maßgebend. Regelmäßig ist nur ein Bruchteil von 25 Prozent des mutmaßlichen Zahlungsanspruchs ansetzbar.
- Der Wert eines Rechts auf wiederkehrende Nutzungen/Leistungen wird nach dem dreieinhalbfachen Wert des einjährigen Bezuges berechnet. Steht die Dauer des Bezugsrechts bereits fest, ist der Gesamtbetrag der künftigen Bezüge maßgebend, allerdings nur, wenn dieser Betrag geringer ist als der dreieinhalbfache Wert.
- Streiten die Parteien um den Bestand oder die Dauer eines Mietvertrages, ist die Miete auschlaggebend, welche auf die gesamte streitige Zeit entfällt. Ist das 25-fache des einjährigen Entgelts geringer, entscheidet dieser Betrag für die Wertberechnung. Dasselbe gilt für Pachtverhältnisse.
- Bei Herausgabeansprüchen bemisst sich der Streitwert nach dem Sachwert. Wenn es sich um ein Wertpapier handelt, ist der Wert des verbrieften Rechts ausschlaggebend, z. B. der Kurswert einer Aktie zur Zeit der Antragstellung.
- Bei einer Sicherstellung oder einem Pfandrecht ist der Sachwert bestimmend, soweit es auf den Besitz ankommt; im Übrigen der Forderungsbetrag, falls es auf die Sicherstellung/das Pfandrecht ankommt. Ist der Gegenstand des Pfandrechts geringwertiger, wird der Wert des Gegenstandes zugrunde gelegt.
- Bei einem Auskunftsanspruch hängt der Wert vom Interesse an der Auskunftserteilung ab. Regelmäßig beträgt er einen Bruchteil des Anspruchs, dessen Geltendmachung die Auskunft erleichtern soll, meist zwischen zehn und 25 Prozent der Forderung.
- Bei einem Feststellungsantrag sind meist 20 Prozent vom Wert der Forderung, auf welche sich die Feststellung bezieht, abzuziehen.
- Zinsen sind bei der Wertberechnung nicht zu berücksichtigen, außer sie werden kapitalisiert als Hauptforderung geltend gemacht.

Beispiele:

Herr Meyer klagt 3.400 EUR nebst Zinsen von fünf Prozentpunkten über dem Basiszinssatz seit dem 1. 3. 2012 wegen Rückzahlung eines Darlehens ein. Der Streitwert beträgt dann 3.400 EUR. Wenn Herr Meyer aber 3.400 EUR einklagt, und die jährliche Verzinsung des Darlehens nach seiner Forderungsaufstellung zu einem errechneten Zahlungsanspruch von 5.550 EUR geführt hat, dann beträgt der Streitwert diese Höhe, weil die Zinsen nicht mehr als Nebenforderung eingeklagt werden.

> Auch wenn Herr Meyer Zinsen aus einem nicht mit eingeklagten Kapital geltend macht, erhöht dies den Streitwert: Wenn er also neben der Darlehensrückzahlung von 3.400 EUR nebst Zinsen auf eine andere bereits zurückgezahlte Forderung nur noch deren Zinsen einklagt, wird der Streitwert dadurch erhöht.
>
> - Außergerichtlich entstandene Kosten, insbesondere also Anwaltskosten, die vom Rechtsanwalt/von der Rechtsanwältin als sog. nicht anrechenbare Anwaltskosten mit eingeklagt werden, erhöhen den Streitwert ebenfalls nicht (s. o., Anträge).
> - Auch Nutzungen und sog. Früchte sind bei der Wertberechnung irrelevant. Früchte sind Erzeugnisse einer Sache oder eine sonstige Ausbeute. Dazu gehören auch Erträge eines Rechts, z. B. eines Nießbrauchs oder eines Pachtrechts. Nutzungen umfassen daneben auch Gebrauchsvorteile, wie z. B. die eines Wohnungseigentümers.

Steht der Streitwert fest, lassen sich aus der nachstehenden Tabelle die **Gerichtskosten** ablesen.

Streitwert bis EUR	Gerichtsgebühr in EUR
300	25
600	35
900	45
1.200	55
1.500	65
2.000	73
2.500	81
3.000	89
3.500	97
4.000	105
4.500	113
5.000	121
6.000	136
7.000	151
8.000	166
9.000	181
10.000	196
13.000	219

Streitwert bis EUR	Gerichtsgebühr in EUR
16.000	242
19.000	265
22.000	288
25.000	311
30.000	340
35.000	369
40.000	398
45.000	427
50.000	456
65.000	556
80.000	656
95.000	756
110.000	856
125.000	956
140.000	1.056
155.000	1.156
170.000	1.256
185.000	1.356
200.000	1.456
230.000	1.606
260.000	1.756
290.000	1.906
320.000	2.056
350.000	2.206
380.000	2.356
410.000	2.506
440.000	2.656
470.000	2.806
500.000	2.956

b) Anzahl der zu entrichtenden Gerichtsgebühren. Je nachdem, um welches Verfahren es sich handelt, ist eine unterschiedliche Anzahl dieser Gerichtskosten einzuzahlen.

Übersicht Gebührentatbestände:

Verfahrensart	Anzahl der Gebühren
Klageverfahren	3,0
nachträgliche Herabsetzung auf: • durch Klagerücknahme (vor dem Schluss der mündlichen Verhandlung) • durch Anerkenntnis des Beklagten • durch einen Verzicht des Klägers • durch Abschluss eines gerichtlichen Vergleichs • durch Erledigungserklärungen der Parteien, vorausgesetzt, es ergeht keine Entscheidung über die Kosten oder das Gericht fasst lediglich einen Beschluss, welche die Parteien zuvor getroffen und dem Gericht mitgeteilt haben	1,0
Mahnverfahren	0,5
Übergang in das Klageverfahren nach dem Mahnverfahren, weitere	2,5
Selbstständiges Beweisverfahren	1,0
Verfahren über einen Arrest oder eine einstweilige Verfügung, grundsätzlich	1,5
Berufungs- oder Beschwerdeverfahren, grundsätzlich	4,0
nachträgliche Herabsetzung auf: bei der Beendigung des gesamten Verfahrens durch Rücknahme des Rechtsmittels, der Klage oder des Antrags, und zwar bevor die Schrift zur Begründung des Rechtsmittels bei Gericht eingegangen ist	1,0

Berechnungsbeispiel:
Der Kläger verlangt mit seiner Klage Auskunft und eine sich danach zu berechnende Zahlung, welche er vorläufig mit 10.000 EUR einschätzt. Der Auskunftsanspruch wird mit bis zu 25 Prozent davon angesetzt (s. o.), so dass sich der Streitwert auf insgesamt 12.500 EUR beläuft. Gemäß der Tabelle oben beträgt eine Gerichtsgebühr 219 EUR bei einem Gegenstandswert von bis zu 13.000 EUR. Für das Klageverfahren sind drei Gerichtsgebühren einzuzahlen. Also muss der Kläger 657 EUR vorschießen. Wird der Rechtsstreit letztendlich mit einem Vergleich beendet, erhält der Kläger zwei Gerichtsgebühren zurückerstattet, weil sich die Gerichtskosten nachträglich auf einen einfachen Wert reduzieren. Einigen sich die Parteien dann, z. B. noch darüber, dass die Kosten „gegen-

einander aufgehoben", also geteilt werden, und jede Seite die eigenen Rechtsanwaltsgebühren trägt, erhält der Kläger noch die Hälfte der verbleibenden
Gerichtsgebühr vom Beklagten erstattet. Letztendlich hätte e⁻ dann 109,50 EUR
Gerichtsgebühren gezahlt. (Bei anwaltlicher Vertretung ist indes zu berücksichtigen, dass bei einem Vergleich zusätzlich eine Einigungsgebühr anfällt).

12. Gebühren

Die Gebühren des Rechtsanwalts/der Rechtsanwältin bemessen sich
bei einem Prozess nach zwei Faktoren: Zum einen nach dem zugrundeliegenden Gegenstandswert der Klage, zum anderen nach der
Anzahl der zu entrichtenden Anwaltsgebühren.

a) Gegenstandswert. Die Klage hat, wie eben dargestellt, einen bestimmten Streitwert, nach welchem sich die Gerichtskosten berechnen. Die Rechtsanwaltsgebühren bestimmen sich dann ebenfalls nach
dieser Wertgröße (hier dem sog. Gegenstandswert). Die **Höhe der
Rechtsanwaltsgebühren** ist aus einer weiteren Tabelle (Anlage 2 zu
§ 13 Abs. 1 GKG) zu entnehmen, aus der sich ablesen lässt, wie hoch
eine einfache Gebühr ist:

Streitwert bis EUR	Gebühr in EUR
300	25
600	45
900	65
1.200	85
1.500	105
2.000	133
2.500	161
3.000	189
3.500	217
4.000	245
4.500	273
5.000	301
6.000	338
7.000	375
8.000	412

Streitwert bis EUR	Gebühr in EUR
9.000	449
10.000	486
13.000	526
16.000	566
19.000	606
22.000	646
25.000	686
30.000	758
35.000	830
40.000	902
45.000	974
50.000	1.046
65.000	1.123
80.000	1.200
95.000	1.277
110.000	1.354
125.000	1.431
140.000	1.508
155.000	1.585
170.000	1.662
185.000	1.739
200.000	1.816
230.000	1.934
260.000	2.052
290.000	2.170
320.000	2.288
350.000	2.406
380.000	2.524
410.000	2.642

Streitwert bis EUR	Gebühr in EUR
440.000	2.760
470.000	2.878
500.000	2.996

Hinweis:
Der Rechtsanwalt/die Rechtsanwältin hat vor dem Abschluss des Rechts-
anwaltsvertrages darauf hinzuweisen, dass er/sie die Gebühren nach dem Gegenstandswert abrechnen wird – geschieht dies nicht, steht dem Mandanten
möglicherweise ein Schadensersatzanspruch hinsichtlich der Gebühren wegen
unterbliebener Aufklärung zu.

b) Anzahl der zu entrichtenden Anwaltsgebühren. Die Anzahl, also
der Faktor der Vergütung des Rechtsanwalts/der Rechtsanwältin
bestimmt sich nach dem Vergütungsverzeichnis, Anlage 1 zum RVG.

Grundsätzlich kann der Anwalt/die Anwältin für die Vertretung im
Prozess drei Gebühren erstattet verlangen:

- Die Verfahrensgebühr für das Betreiben des gerichtlichen Verfah-
  rens ist zu entrichten, Faktor: 1,3.
- Außerdem entsteht die Terminsgebühr für das Wahrnehmen des
  Gerichtstermins, Faktor 1,2.
- Falls der Rechtsanwalt/die Rechtsanwältin am Abschluss eines
  Vergleiches mitgewirkt hat, durch den der Streit beigelegt worden
  ist, entsteht eine sog. Einigungsgebühr, Faktor 1,0.

Berechnungsbeispiel:

Der Gegenstandswert beträgt: 798 EUR.
Der Streitwert bemisst sich nach der Tabelle, also aus der Stufe „bis 900 EUR".
Eine einfache Gebühr beträgt danach 65 EUR.
Wenn der Rechtsanwalt/die Rechtsanwältin das Gerichtsverfahren betrieben
und den Termin wahrgenommen hat, ohne einen Vergleich abzuschließen, wird
sich die entsprechende Gebührenforderung dergestalt bemessen:

Verfahrensgebühr:	1,3 = 84,50 EUR	
Terminsgebühr:	1,2 = 78,00 EUR	
Kostenpauschale: (20 % der Gebühren – höchstens 20 EUR)	= 20,00 EUR	
Zwischensummen:	182,50 EUR	
Umsatzsteuer:	34,68 EUR	
Insgesamt:	217,18 EUR	

Der Rechtsanwalt/die Rechtsanwältin kann darauf einen angemessenen Vorschuss verlangen.

c) Prozesskostenrisiko. Von besonderem Interesse dürfte – soweit keine Rechtsschutzversicherung abgeschlossen worden ist – das Kostenrisiko eines Prozesses sein. Hierbei spielt Folgendes eine Rolle:

Grundsätzlich muss in Erwägung gezogen werden, dass das Gerichtsverfahren – bei einem berufungsfähigen Streitwert von über 600 EUR – zwei Instanzen durchläuft. Unterliegt eine Partei am Schluss ganz, werden gewöhnlich die Kosten des gesamten Rechtsstreits der unterliegenden Partei auferlegt. Das bedeutet, dass diese Partei sämtliche entstandenen Rechtsanwaltsgebühren, Gerichtskosten und sonstig angefallene Auslagen zu tragen hat. Also muss das Kostenrisiko für zwei Instanzen einkalkuliert werden.

Für den Kostenanfall der ersten Instanz sind neben den oben dargestellten Gerichtskosten und Gebühren des eigenen Rechtsanwalts/ der eigenen Rechtsanwältin für den Fall des Unterliegens auch die Gebühren des gegnerischen Anwalts/der Anwältin einzukalkulieren. Also wären im Beispielsfall zweimal 217,18 EUR zu veranschlagen. Hinzu kommen die dreifachen Gerichtsgebühren von 45 EUR, also 135 EUR. Somit errechnenden sich erstinstanzlich 569,36 EUR.

Hinzukommen können ferner Auslagen für Zeugen oder, wenn das Einholen eines (teuren) Sachverständigengutachtens erforderlich sein sollte, dessen Gebühren und Auslagen.

Obendrein ist es möglich, dass zwar die erste Instanz gewonnen wird, die Gegenseite aber ein Rechtsmittel einlegt und in zweiter Instanz gewinnt. Die Gerichtskosten in der zweiten Instanz werden mit einem Faktor von 4,0 errechnet. Sie würden also viermal 45 EUR, gesamt 180 EUR betragen.

Die Rechtsanwaltsgebühren in der zweiten Instanz machen für die Verfahrensführung das 1,6 fache und für die Terminswahrnehmung das 1,2 fache aus, so dass sich die Gebühren allein eines Rechtsanwalt/einer Rechtsanwältin auf einen Zahlenwert von 2,8 belaufen. Zuzüglich Auslagen und Mehrwertsteuer ergeben sich pro anwaltlicher Rechnung 240,38 EUR.

Die Gerichtskosten für die Berufung/Beschwerde und die zweifachen Anwaltsgebühren belaufen sich folglich auf wenigstens 660,76 EUR (ohne zusätzliche Auslagen für Zeugen usw.).

Beispiel:
Im vorhergehenden Beispielsfall würde sich also das Kostenrisiko eines Prozesses auf 569,36 EUR (erste Instanz) plus 660,76 EUR (zweite Instanz), total 1.230,12 EUR ermitteln.

Nach diesem dargestellten Schema lassen sich entsprechend Risiken von Zivilprozessen ermitteln. Im Übrigen kann man auch auf einen Prozesskostenrechner aus dem Internet zurückgreifen.

Bei kleineren Streitwerten kann demgemäß das Prozesskostenrisiko größer sein als das materielle Interesse am Verfahrensausgang. Bei höheren Streitwerten fallen die Kosten/Gebühren im Verhältnis zum Wert allerdings wesentlich ab. Die Kosten-/Gebührentabellen sind insoweit degressiv.

Tipp:
Besteht Unsicherheit, ob wegen des vorhandenen Prozesskostenrisikos überhaupt geklagt werden soll, bietet sich an, zunächst anwaltlichen Rat einzuholen, um die Erfolgsaussichten einer Klage zu klären. Die Erstberatung eines Verbrauchers kostet höchstens 190 EUR zuzüglich Umsatzsteuer. Gewerbetreibende sollten die Höhe der Beratungsgebühren vor dem anwaltlichen Beratungsgespräch vereinbaren. Im Übrigen ist rechtzeitig abzuwägen, ob sich der Abschluss einer Rechtsschutzversicherung empfehlen könnte.

VI. Einstweiliger Rechtsschutz

Unter bestimmten Voraussetzungen kann ein Gläubiger auch per Eilverfahren seine Ansprüche geltend machen oder zumindest sichern. Dafür stehen hauptsächlich der sog. Arrest und die einstweilige Verfügung als Verfahrensarten zur Verfügung. Insbesondere, weil es aber auch etliche vorrangige Spezialregelungen gibt, dürfte es regelmäßig ratsam sein, einen Rechtsanwalt/eine Rechtsanwältin zu beauftragen, wenn man im Wege des einstweiligen Rechtsschutzes vorgehen möchte.

1. Effektiver Rechtsschutz

Die Eilverfahren dienen einem effektiven Rechtsschutz. Maßgebend für die Auswahl der Verfahrensart ist das Begehren des Antragstellers. Zwischen dem Arrest und der einstweiligen Verfügung ist wie folgt zu unterscheiden:

Der Arrest besteht bei Ansprüchen zur Sicherung der Zwangsvollstreckung wegen:
- einer Geldforderung oder
- eines Anspruches, der in eine Geldforderung übergehen kann.

Im Gegensatz dazu steht die einstweilige Verfügung.

Anwendungsbereich der einstweiligen Verfügung:
- Sie richtet sich nicht auf die Sicherung von Geldforderungen, – sondern auf den Schutz von Individualleistungen (z. B. Ansprüche auf Herausgabe oder Leistung).

Bei der Abgrenzungsschwierigkeit zum Arrest ist des Weiteren entscheidend, ob es dem Gläubiger vorrangig auf die Sicherung der Forderung (dann: Arrest) oder auf eine vorläufige Befriedigung (dann: einstweilige Verfügung) ankommt.

2. Arrest

Beim Arrest wird zwischen dem dinglichen und dem persönlichen Arrest unterschieden. Der dingliche Arrest richtet sich auf das Vermögen des Schuldners und der persönliche Arrest gegen den Schuldner selbst. Neben der eigentlichen Forderung selbst muss ein sog. Arrestgrund vorhanden sein.

Beim dinglichen Arrest in das Vermögen des Schuldners besteht ein Arrestgrund, wenn:
- zu besorgen ist, dass anderenfalls die Vollstreckung eines Urteils vereitelt oder wesentlich erschwert werden würde, z. B. bei auffälligen Vermögensveräußerungen des Schuldners oder bevorstehenden Einwirkungen Dritter oder
- das Urteil im Ausland vollstreckt werden müsste, außer wenn besondere Vollstreckungsübereinkommen bestehen.

Beim persönlichen Arrest gegen den Schuldner ist ein Arrestgrund nur gegeben, wenn kein anderes Sicherungsmittel, insbesondere der dingliche Arrest, vorhanden ist.

Das ist der Fall, wenn:
- der Schuldner sein Vermögen versteckt
- der Schuldner die Abgabe der eidesstattlichen Versicherung verweigert.

Kein Arrestgrund ist gegeben, wenn:
- die spätere Vollstreckung nur an der schlechten Vermögenslage des Schuldners scheitern würde
- der Gläubiger der Konkurrenz durch andere Gläubiger zuvorkommen will oder
- der Schuldner gar kein Vermögen hat.

Beispiel:

Herr Blank hatte einem Bekannten, der aus Norwegen stammt vor etwa 13 Monaten mit schriftlichem Vertrag ein Darlehen über 10.000 EUR gegeben. Der Bekannte hatte sich verpflichtet, das Darlehen bis zum Ende des vergangenen Monats zurückzuzahlen, jedoch hat er nicht gezahlt. Der Mandant befürchtet nun den endgültigen Verlust des Geldes, falls nicht sofort etwas unternommen wird: Der Bekannte hatte unmittelbar nach der Überweisung des Geldes einen Jeep gekauft, jedoch Herrn Blank nicht, wie bei der Darlehenshingabe vereinbart, den Fahrzeugbrief zur Sicherheit übergeben. Jetzt hat der Bekannte – auch anderen Gläubigern gegenüber – angekündigt, nicht zahlen zu können und den Jeep weiterzuverkaufen.

Herr Blank könnte zwar klagen, aufgrund dessen offenkundigen Vermögensverfalls hätte Herr Blank bei einer späteren Zwangsvollstreckung aber kaum Aussicht darauf, die Forderung auch einzutreiben. Das Urteil in einem Hauptsacheverfahren käme also zu spät. Ein Arrest könnte sich daher anbieten, zumal Herr Blank die Zwangsvollstreckung wegen einer Geldforderung sichern will. Ein Arrestgrund muss gegeben sein. Dieser könnte darin liegen, dass das Urteil im Ausland vollstreckt werden müsste, ohne dass ein Vollstreckungsübereinkommen besteht. Mit Norwegen gibt es aber ein derartiges Abkommen. Ein dinglicher Arrest scheidet daher aus. Für einen persönlichen Arrest genügt die bloße Ausländereigenschaft nicht. Ebenso zweifelhaft ist, ob der Arrestgrund der Vollstreckungsvereitelung vorliegt. Herrn Blank sind die Zahlungsunfähigkeit seines Schuldners und die Konkurrenz anderer Schuldner bekannt. Beides reicht für einen persönlichen Arrestgrund nicht aus. Einen Arrest kann Herr Blank letzten Endes nicht beantragen.

3. Einstweilige Verfügung

In diesem Eilverfahren kommt es, wie dargestellt, auf die Sicherung von Individualleistungen an.

Es wird unterschieden zwischen:
- der Sicherungsverfügung
- der Regelungsverfügung
- der Leistungsverfügung.

Die Maßnahme darf (außer bei der Leistungsverfügung):
- nicht zur Gläubigerbefriedigung führen

- nicht über den Hauptanspruch hinausgehen
- keine endgültige Vollziehung enthalten
- außerdem muss die Verhältnismäßigkeit gewahrt sein.

a) Sicherungsverfügung. Die Sicherungsverfügung sichert einen Individualanspruch auf eine gegenständliche Leistung.

Ein Verfügungsanspruch ist z. B. vorhanden bei:
- einem Anspruch auf Herausgabe oder einem Leistungsanspruch
- der Änderung oder Übertragung von Rechten
- dem Anspruch auf Abgabe einer Willenserklärung oder
- dem Anspruch auf Unterlassung.

Der erforderliche Verfügungsgrund ist dann die objektive Besorgnis, dass die Anspruchsverwirklichung durch eine Zustandsänderung gefährdet ist.

Das ist der Fall, wenn eine der folgenden Situationen gegeben ist:
- das Veräußern oder Wegschaffen
- eine Belastung
- das Verarbeiten oder eine wesentliche Substanzveränderung
- einen bevorstehenden Eingriff in Rechte.

b) Regelungsverfügung. Die Regelungsverfügung klärt einstweilen ein streitiges Rechtsverhältnis.

Ein Verfügungsanspruch liegt vor; z. B. bei einem Streit über:
- das gemeinsame Nutzen von Miet- oder Pachtsachen
- gesellschaftsrechtliche Geschäftsführungsbefugnisse.

Der gesetzlich geforderte Verfügungsgrund liegt in der objektiven Notwendigkeit einer einstweiligen Regelung zur Wahrung des Rechtsfriedens, insbesondere zum Abwenden wesentlicher Nachteile oder zur Gewaltverhinderung.

c) Leistungsverfügung. Die Leistungsverfügung ermöglicht zur Existenzsicherung die – ausnahmsweise zulässige – vorläufige Anspruchsbefriedigung.

Der Verfügungsanspruch ist gegeben etwa bei:
- der Verletzung absolut geschützter Rechtsgüter
- verbotener Eigenmacht
- in Wettbewerbssachen.

Verfügungsgrund ist hier die objektive Notwendigkeit vorläufiger Befriedigung zum Abwenden einer existenziellen Notlage, die das Verweisen auf spätere Ansprüche unzumutbar macht.

Beispiel:
In dem oben geschilderten Fall könnte Herrn Blank eine einstweilige Verfügung helfen. Er müsste dann einen Anspruch auf eine Individualleistung haben, die nicht auf Zahlung gerichtet ist. Nach dem Vertrag hat er einen Anspruch auf Übergabe des Kfz-Briefes als Sicherheit. Denkbar ist eine Sicherungsverfügung auf Herausgabe des Jeeps oder des Kfz-Briefes oder auf Unterlassung des Weiterverkaufes des Jeeps. Die Herausgabe des Jeeps ist vertraglich nicht vereinbart und würde daher über den Hauptanspruch hinausgehen. Eine Herausgabe des Jeeps scheidet daher aus. Möglich wäre der Antrag auf Herausgabe des Kfz-Briefes. Diese Maßnahme würde jedoch die vertragliche Sicherungsabrede endgültig erfüllen. Als Vorwegnahme der Hauptsache ist sie unzulässig. Fraglich ist, ob Herr Blank die Herausgabe des Kfz-Briefes an einen Sequester (Verwalter) verlangen kann. Diese Sicherung könnte aber unverhältnismäßig sein. Um zu verhindern, dass der Schuldner den Jeep weiterveräußert, ist im Wege einstweiliger Verfügung zu beantragen, dem Schuldner zu untersagen, den Jeep zu veräußern.

4. Prozessuales Vorgehen

Die Auswahl der richtigen Verfahrensart im einstweiligen Rechtsschutz (Arrest oder die einstweilige Verfügung) ist wichtig, weil ein unzutreffend gewählter Antrag unzulässig ist (das Gericht kann ihn nur ausnahmsweise umdeuten). Für das Verfahren gelten, wie für jeden anderen Rechtsstreit auch, die allgemeinen Prozessvoraussetzungen; d. h., dass insbesondere das Rechtsschutzbedürfnis oder das sog. Regelungsbedürfnis vorliegen müssen. Beim Arrest oder bei der Sicherungsverfügung fehlt es, wenn der Gläubiger schon andere dingliche Sicherheiten hat, die ihn wirtschaftlich gleichartig schützen. Bei der Regelungsverfügung kann ein zu langes Abwarten die Dringlichkeit entfallen lassen.

Der Antrag im einstweiligen Verfahren ist, wie oben aufgezeigt, nur zulässig, wenn der Antragsteller einen zu sichernden Anspruch und einen Grund der Gefährdung hierfür behauptet. Diese muss er zur Begründung seines Antrages glaubhaft machen. Im Einzelnen ist für das Verfahren Folgendes zu berücksichtigen:

a) Auswahl des zuständigen Gerichts. Zuständig ist dasjenige Gericht, welches auch in der Hauptsache, also bei einer Klage zuständig wäre. Beim Arrest ist auch das Amtsgericht zuständig, in dessen Bezirk sich der mit dem Arrest zu belegende Gegenstand oder sich die in ihrer persönlichen Freiheit zu beschränkende Person befindet.

Dasselbe gilt bei der einstweiligen Verfügung, soweit Gegenstände betroffen sind.

b) Antragstellung. Bei dem zu stellenden Antrag ist zu beachten:

- Der Arrestantrag ist auf die Anordnung des dinglichen Arrestes über das Vermögen des Schuldners oder des persönlichen Arrestes gegen den Schuldner zu richten.
- Genau zu bezeichnen ist die Forderung des Antragstellers, ferner, in welcher Höhe und mit welchen Zinsen der Arrestbefehl ergehen soll.
- Die Verfahrenskosten kann der Antragsteller – auch pauschal – geltend machen. Die Verfahrenskosten berechnen sich folgendermaßen:

Berechnungsbeispiel (ohne anwaltliche Vertretung):

Gegenstandswert: 3.000 EUR
Gerichtsgebühr: 89 EUR

Die Höhe der Gerichtskosten lässt sich aus der Anlage 2 zum GKG entnehmen. Die Tabelle dort enthält Wertgrenzen mit jeweiligen Euro-Beträgen. Für den Arrest wird eine einfache Gebühr fällig; wenn keine mündliche Verhandlung stattfindet, Nr. 1310 der Anlage 1 zum GKG.

Tipp:

Kennt der Antragsteller die Vermögenswerte des Schuldners, kann er zusammen mit dem Arrestbefehl einen Pfändungsbeschluss beantragen.

Formulierungsbeispiel:

An das

Amtsgericht XY

(Datum)

Antrag auf dinglichen Arrest und Arrestpfändungsbeschluss

des (Name, Adresse),

– Antragsteller –

gegen

(Name, Adresse),

– Antragsgegner –

beantrage ich – wegen Dringlichkeit ohne mündliche Verhandlung – den Erlass folgenden Arrestbefehls und Arrestpfändungsbeschlusses:

1. Wegen einer Werklohnforderung von 3.000 EUR nebst Zinsen von fünf Prozentpunkten über dem Basiszinssatz seit dem 10. 3. 2011 und einer Kostenpauschale von ... EUR wird der dingliche Arrest in das gesamte Vermögen des Antragsgegners angeordnet.
2. Die Vollziehung des Arrestes wird durch Hinterlegung von 3.089 EUR durch den Antragsgegner gehemmt.
3. In Vollziehung des Arrestes wird die Kaufpreisforderung des Antragsgegners gegen Frau/Herrn/Firma ..., bis zu einem Höchstbetrag von 3.089 EUR gepfändet.

Begründung:

(...)

Der Schuldner kann durch das Hinterlegen des Betrages die Arrestvollziehung hemmen oder aufheben lassen. Das Gericht nimmt auch von Amts wegen die „Ablösesumme" in den Arrestbefehl auf.

Für einen Antrag auf Erlass einer einstweiligen Verfügung gilt: Der Antrag richtet sich nach dem Rechtsschutzziel, also danach, ob der Gläubiger etwa:

- eine Handlung oder Unterlassung (insbesondere die Veräußerung, Belastung oder Verpfändung eines Grundstücks oder eines eingetragenen Schiffes) untersagen will
- die Abgabe einer Willenserklärung vorläufig sichern oder regeln will
- eine Sequestration (Zwangsverwaltung) erreichen will.

Formulierungsbeispiel:

(...)

Ich beantrage im Wege einstweiliger Verfügung – wegen Dringlichkeit ohne mündliche Verhandlung – anzuordnen,

1. dem Antragsgegner zu untersagen, den Jeep der Marke ... mit dem amtlichen Kennzeichen ... weiter zu veräußern und
2. dem Antragsgegner für den Fall der Zuwiderhandlung ein Ordnungsgeld, ersatzweise Ordnungshaft, anzudrohen.

Begründung:

(...)

c) Glaubhaftmachung. Der Anspruch und der Grund des einstweiligen Verfahrens sind in der Antragsschrift darzustellen und zusätzlich glaubhaft zu machen (Ausnahme: der Antragsteller hat wegen der dem Gegner drohenden Nachteile Sicherheit geleistet). Abweichungen von der Glaubhaftmachung bestehen nach bestimmten Sondervorschriften (u. a.: in Bezug auf eine Vormerkung im Grundbuch, bei Verstößen gegen das UWG oder das UrhG).

Zur Glaubhaftmachung nach § 294 ZPO dienen:

- die eidesstattliche Versicherung des Antragstellers oder von Zeugen, diese beginnen mit der Einleitung: „Die strafrechtlichen Folgen einer falschen Versicherung an Eides statt sind mir bekannt. Ich erkläre Folgendes an Eides statt:"

- präsente Urkunden

- die sofort mögliche Augenscheinseinnahme, z. B. in Fotos.

Tipp:
Findet eine mündliche Verhandlung statt, sollte die Partei unbedingt persönlich erscheinen und wichtige Zeugen sistieren (mitbringen), weil das Gericht keine Zeugen lädt. In der Verhandlung können dann noch eventuelle Lücken in der Glaubhaftmachung geschlossen werden. Außerdem wird der Gefahr entgegengewirkt, dass nur der Antragsgegner Zeugen sistiert und auf diese Weise seinen Vortrag zur Überzeugung des Gerichts glaubhaft macht.

d) Zustellung und Vollziehung. Erlässt das Gericht die beantragte einstweilige Entscheidung, muss diese dem Gegner zugestellt werden (im Gegensatz zu anderen Richtersprüchen ist es nicht erforderlich, zuvor eine sog. Vollstreckungsklausel einzuholen).

aa) Zustellung im Parteibetrieb. Handelt es sich um einen Beschluss, muss der Gläubiger im sog. Parteibetrieb zustellen. Das bedeutet, dass keine Zustellung durch das Gericht erfolgt. Der Gläubiger muss diesen Beschluss dem Schuldner innerhalb eines Monats seit der Verkündung/seitdem er vom Gericht die Entscheidung erhalten hat, zustellen. Diese Zustellung darf der Gläubiger notfalls auch noch innerhalb einer Woche nach der Vollziehung der einstweiligen Entscheidung nachholen.

bb) Amtszustellung. Wurde die Entscheidung per Urteil gefällt, genügt die Amtszustellung durch das Gericht. Eine selbst zu veranlassende Zustellung entfällt in diesem Fall.

cc) Vollzug. Die richterliche Eilentscheidung wird beim Arrest mit der Pfändung oder in der Eintragung einer Hypothek oder auch mit der Durchführung einer Haft vollzogen. Bei der einstweiligen Verfügung kommt es auf die angeordnete Maßnahme an.

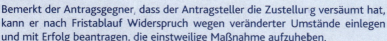

> **Tipp:**
> Bemerkt der Antragsgegner, dass der Antragsteller die Zustellung versäumt hat, kann er nach Fristablauf Widerspruch wegen veränderter Umstände einlegen und mit Erfolg beantragen, die einstweilige Maßnahme aufzuheben.

e) Schadensersatzansprüche. Der Antragsgegner hat gegen den Antragsteller einen Schadensersatzanspruch, wenn der Arrest oder die einstweilige Verfügung von Anfang an ungerechtfertigt war, oder eine angeordnete Maßregel aufgehoben wird. Dies bedeutet für den Gläubiger: Wenn zwar die Erfolgsaussichten für das einstweilige Verfahren günstig sind, weil der Antragsgegner eventuell nicht über präsente Beweismittel verfügt, wird jener möglicherweise keinen Widerspruch einlegen, stattdessen aber anschließend einen Antrag auf Fristsetzung zur Klageerhebung stellen. Ist diese Vorgehensweise abzusehen und ist die Beweisprognose für den Antragsteller im Hauptverfahren ungünstig, sollte er vom einstweiligen Rechtsschutz absehen.

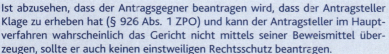

> **Tipp:**
> Ist abzusehen, dass der Antragsgegner beantragen wird, dass der Antragsteller Klage zu erheben hat (§ 926 Abs. 1 ZPO) und kann der Antragsteller im Hauptverfahren wahrscheinlich das Gericht nicht mittels seiner Beweismittel überzeugen, sollte er auch keinen einstweiligen Rechtsschutz beantragen.

f) Schutzschrift, Widerspruch und Berufung. Befürchtet der Schuldner, dass der Gläubiger einen Antrag im einstweiligen Verfahren stellt, kann er vorsorglich bei dem/den zuständigen Gericht/en eine sog. Schutzschrift einreichen. Der Schuldner kann damit erreichen, dass das Gericht nicht einseitig aufgrund des Gläubigervorbringens ohne mündliche Verhandlung entscheidet.

Hat das Gericht – ohne mündliche Verhandlung – durch einen Beschluss zu Lasten des Schuldners entschieden, kann dieser unbefristet Widerspruch einlegen. Zu beantragen ist, die einstweilige Anordnung oder Verfügung oder den Arrest aufzuheben und den Antrag darauf zurückzuweisen.

> **Formulierungsbeispiel:**
>
> (Datum)
>
> In dem Rechtsstreit
>
> (Parteibezeichnungen, Aktenzeichen)
>
> lege ich gegen die am (Datum) erlassene einstweilige Verfügung
>
> Widerspruch
>
> ein und beantrage,
>
> 1. die einstweilige Verfügung aufzuheben und
>
> 2. die Vollstreckung mit sofortiger Wirkung ohne – notfalls gegen – Sicherheitsleistung einzustellen. (…)

> **Tipp:**
> Verfügt der Antragsgegner nicht über die präsenten Beweismittel zur Glaubhaftmachung, kann sich ein Widerspruch erübrigen. Der Schuldner sollte prüfen, ob stattdessen ein Antrag auf Fristsetzung zur Klageerhebung zu stellen ist, §§ 926 Abs. 1, 936 ZPO.

Hat das Gericht – nach mündlicher Verhandlung – durch ein Urteil entschieden, kann die beschwerte Partei Berufung einlegen. Dafür besteht Anwaltszwang.

Erfolgsaussichten für einen Rechtsbehelf des Antragsgegners bestehen auch, wenn sich die maßgebenden Umstände verändert haben, speziell, wenn sich der Anspruch des Gläubigers erledigt hat oder wenn der Schuldner eine Sicherheitsleistung anbietet.

VII. Urkundenprozess

Der Urkundenprozess ist eine besondere und für den Kläger sehr vorteilhafte Klageform.

1. Eigenart

Der Urkundenprozess kommt in Betracht, wenn sich der eingeforderte Anspruch auf Original-Urkunden stützen lässt. Das Verfahren wird gestrafft geführt, so dass schnell ein Urteil gesprochen werden wird. Diese Beschleunigung wird durch eine beschränkte Sachprüfung des Gerichts erreicht.

2. Besonderheiten

Der Beklagte hat zwar die Möglichkeit, in das sog. Nachverfahren überzugehen. Dort sind wieder alle Beweismittel zugelassen. Das im Urkundenprozess ergangene Urteil ist für den Kläger zunächst aber vollstreckbar, ohne dass er eine Sicherheit (z. B. Bankbürgschaft, Geldhinterlegung) leisten muss.

3. Praktischer Nutzen

Eine **Klage im Urkundenprozess** ist also empfehlenswert:
● wenn man schnell ein Urteil erwirken möchte
● der Titel ohne Sicherheitsleistung vorläufig vollstreckbar sein soll
● der Beklagte wahrscheinlich nicht ins Nachverfahren übergehen wird oder
● zu erwarten ist, dass das (Vorbehalts)Urteil aufrechterhalten bleibt.

Ein weiterer Vorteil des Urkundenprozesses besteht darin, dass der Beklagte keine Widerklage erheben kann.

Der Kläger muss seinen Anspruchsgrund durch Urkunden beweisen. Als Urkunden kommen u. a. Schuldversprechen, Schuldanerkenntnisse, schriftlich niedergelegte Verträge, Wechsel oder Schecks in Betracht.

Für die **Klageschrift** ist Folgendes zu beachten:
● In Landgerichtsprozessen ist die Kammer für Handelssachen zuständig, wenn es sich um Ansprüche aus Scheck oder Wechsel handelt, bei sonstigen Klagen aus Urkunden nur, wenn beide Parteien Kaufleute sind.
● Zu erklären ist, dass im Urkundsprozess geklagt wird. Diese Erklärung kann nicht nachgeholt werden.
● Die Urkunden, aus welchen sich der Anspruch ergibt, sind im Original oder in beglaubigter Abschrift zu überreichen. Im Termin muss die Urkunde im Original vorgelegt werden, andernfalls ist der Urkundenprozess unstatthaft, selbst bei Säumnis des Beklagten. Praktikabel ist es, die Urkunde stets mit der Klageschrift im Original zu überreichen.

- Falls der Kläger mehr als die Prozesszinsen verlangt, muss er auch die Zinsen durch Urkunden beweisen, es sei denn, der Beklagte bestreitet den höheren Zinssatz nicht.
- Bei der Abschrift für den Beklagten sind die Urkunden in beglaubigter Abschrift beizufügen. Fehlen sie, braucht der Beklagte sich nicht einzulassen. Gegen ihn kann kein Versäumnisurteil ergehen.
- Der Kläger muss das Zustandekommen der Urkunde darstellen. Bestreitet der Beklagte die Echtheit der Urkunde, mithin seine Unterschrift, kommt für den Kläger noch der Antrag auf Parteivernehmung in Betracht. Ein Schriftsachverständigengutachten kann erst im Nachverfahren eingeholt werden.

Formulierungsbeispiel:

An das

Amtsgericht XY

(Adresse)

(Datum)

Klage im Urkundenprozess

des (Name, Adresse)

– Kläger –

gegen

(Name, Adresse)

– Beklagter –

vorläufiger Streitwert: 5.000 EUR.

Ich werde beantragen,

den Beklagten zu verurteilen, an den Kläger 5.000 EUR nebst zehn Prozent Zinsen hieraus seit dem 1. 9. 2010 zu zahlen.

Begründung:

Der Kläger hatte dem Beklagten für August 2010 seine in Travemünde liegende Motoryacht vermietet. Als Ausgleich des vom Beklagten verursachten Motorschadens unterschrieb und übergab der Beklagte dem Kläger am 1. 9. 2010 das Schuldanerkenntnis, mit welchem sich der Beklagte verpflichtete, bis spätestens 31. 12. 2010 5.000 EUR nebst zehn Prozent Zinsen seit dem 1. 9. 2010 zu zahlen. Das Schuldanerkenntnis überreiche ich als

Anlage

im Original für das Gericht und in beglaubigter Fotokopie für den Beklagten.

Rein vorsorglich beziehe ich mich zum Beweis der Echtheit der Unterschrift auf die

Parteivernehmung des Beklagten.

> Weil der Beklagte bislang nicht gezahlt hat, ist das Erheben der Klage erforderlich geworden.
>
> (Unterschrift)

Kann der Kläger den Urkundenbeweis letztendlich nicht erbringen, darf er jederzeit, auch noch bis zum Schluss der mündlichen Verhandlung – und sogar noch in der Berufung -, vom Urkundenprozess Abstand nehmen. Der Rechtsstreit bleibt dann im ordentlichen Verfahren anhängig.

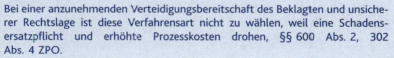

Tipp:
Bei einer anzunehmenden Verteidigungsbereitschaft des Beklagten und unsicherer Rechtslage ist diese Verfahrensart nicht zu wählen, weil eine Schadensersatzpflicht und erhöhte Prozesskosten drohen, §§ 600 Abs. 2, 302 Abs. 4 ZPO.

VIII. Selbstständiges Beweisverfahren

Das selbstständige Beweisverfahren ist eine eigene, prozesskostengünstige Verfahrensart, welche bei bestimmten Konstellationen geeignet ist, einen kostspieligen, lang dauernden Prozess zu vermeiden, indem über die Kernfrage der Auseinandersetzung der Parteien ein gerichtliches Gutachten eingeholt wird. Scheitert gleichwohl eine abschließende Regelung der Kontrahenten, kann anschließend immer noch geklagt werden.

1. Zweck und Vorteil des selbstständigen Beweisverfahrens

Steht der Aufwand für die Beseitigung eines Personen- oder Sachschadens oder eines Sachmangels nicht fest, kann der Antragsteller diesen im Rahmen des selbstständigen Beweisverfahrens feststellen lassen. Der Antragsteller kann mit dieser Verfahrensart die Verjährung hemmen.

Beispiel:

Herr Trapp hatte sich bei einem Tischlereibetrieb eine Holztreppe anfertigen lassen. Vor zwei Jahren hatte er die Treppe abgenommen, nachdem sie eingebaut worden war. In der Folgezeit stellte er fest, dass die Treppenstufen beim Betreten knarren und die Geländerstäbe klappern. Trotz mehrfacher Mahnungen und entgegen dem Versprechen des Tischlermeisters hat dieser bislang nicht nachgebessert. Jetzt hat Herr Trapp zu dem Tischlereibetrieb kein Vertrauen mehr. Ihm steht Schadensersatz zu. Weil außergerichtliche Schritte bislang erfolglos waren, ist ein gerichtliches Vorgehen zu empfehlen. Ein Mahnbescheid oder eine Klage sind problematisch, zumal die Höhe des Schadensersatzanspruches nicht feststeht. Zwar könnte Herr Trapp ein Parteigutachten einholen, jedoch würde nochmals Zeit verstreichen, ohne dass zu erwarten wäre, dass der Tischler ein etwaiges Privatgutachten akzeptiert. Überdies wäre das Parteigutachten in einer späteren Zahlungsklage nur als Parteivorbringen zu nutzen. Für Herrn Trapp könnte daher das selbstständige Beweisverfahren die zutreffende Vorgehensweise darstellen.

Im späteren Prozess steht dem Antragsteller das Ergebnis der selbstständigen Beweiserhebung zur Verfügung. Es steht einer Beweisaufnahme vor dem Prozessgericht gleich. Möglich ist, dass der Antragsteller oder der Antragsgegner sich nach Vorlage des Beweisergebnisses nicht mehr auf einen Rechtsstreit einlassen wollen. Das selbstständige Beweisverfahren ist kostengünstiger als ein Klageverfahren. Hinzu kommen jedoch die Kosten der Beweisaufnahme, z. B. Sachverständigenkosten.

Tipp:

Weil durch den Antrag auf selbstständiges Beweisverfahren nur die Verjährung wegen der Mängel gehemmt wird, die im Antrag aufgeführt sind, ist der Antrag so umfangreich wie erforderlich zu formulieren. Außerdem ist die Erheblichkeit für die geltend gemachte Forderung festzuhalten, weil die Verjährung nur gehemmt wird, wenn die Tatsachenbehauptung wenigstens ein Indiz für den Anspruch ist.

2. Antragsvoraussetzungen

Wenn noch kein Rechtsstreit anhängig ist, genügt für das selbstständige Beweisverfahren ein rechtliches Interesse an der Feststellung:

Das **rechtliche Interesse** kann vorliegen wegen

- des Zustandes einer Person oder des Zustandes oder Wertes einer Sache

- der Ursache eines Personenschadens, Sachschadens oder Sachmangels
- des Aufwandes für die Beseitigung des Schadens oder Mangels.

Das rechtliche Interesse wird weit ausgelegt. Es ist schon gegeben, wenn der Zustand der Sache die Grundlage einer beliebigen Forderung des Antragstellers oder eines anderen gegen ihn bilden kann. Das rechtliche Interesse ist anzunehmen, wenn die Feststellungen der Vermeidung eines Rechtsstreites dienen können.

In einem anhängigen Prozess ist das selbstständige Beweisverfahren von Bedeutung, wenn das Prozessgericht noch keine Beweisaufnahme beschlossen hat oder keine Beweisaufnahme durchführen kann, etwa wegen der Aussetzung des Hauptverfahrens. Das Beweisverfahren ist dann zulässig, wenn der Gegner zustimmt oder zu befürchten ist, dass das Beweismittel verloren geht oder seine Benutzung erschwert wird.

Letzteres ist der Fall bei:
- hohem Alter eines Zeugen
- einer gefährlichen Erkrankung eines Zeugen
- einer später erheblichen Verteuerung der Beweisaufnahme
- bei dem Verderb einer Sache oder ihrer Veränderung.

3. Antragsinhalt

Gemäß § 486 ZPO ist das zuständige Gericht zu ermitteln.

Der Antragsinhalt ergibt sich aus § 487 ZPO. Der Gegner ist zu bezeichnen, § 487 Nr. 1 ZPO. Ist der Gegner unbekannt, ist der Antrag nach § 494 Abs. 1 ZPO nur zulässig, wenn der Antragsteller glaubhaft macht, dass er ohne sein Verschulden außerstande ist, den Gegner zu bezeichnen.

a) Tatsachenvortrag. Die Tatsachen, über die Beweis erhoben werden soll, sind zu bezeichnen. In zumutbarem Umfang sind Behauptungen über den beweisbedürftigen Zustand der Sache oder Person aufzustellen. Die Angabe in groben Zügen genügt. Für die Verständlichkeit des Antrages ist es zweckmäßig, den Anspruchsgrund kurz darzustellen.

b) Bezeichnung der Beweismittel. Die Beweismittel sind zu nennen. Beim Sachverständigenbeweis muss das Gericht einen vom Antragsteller bezeichneten Sachverständigen benennen. Der Antragsteller kann die Auswahl des Sachverständigen auf einen bestimmten Kreis beschränken, etwa durch die Formulierung: „einen von der Handelskammer zu benennenden Sachverständigen". Der Antragsteller kann die Auswahl des Sachverständigen auch dem Gericht überlassen. Der Antragsteller muss die Tatsachen glaubhaft machen, welche die Zulässigkeit des selbstständigen Beweisverfahrens und die Zuständigkeit des Gerichts begründen sollen. Die Glaubhaftmachung erfolgt durch präsente Beweismittel, meist also durch Urkunden oder eidesstattliche Versicherungen.

Formulierungsbeispiel:

An das

Amtsgericht XY

(Datum)

Antrag auf selbstständiges Beweisverfahren

des (Name, Anschrift)

– Antragsteller –

gegen

(Name, Anschrift)

– Antragsgegner –

wegen: Beweissicherung,

vorläufiger Streitwert: … EUR

Ich beantrage,

im Wege des selbstständigen Beweisverfahrens ohne mündliche Verhandlung die schriftliche Begutachtung durch einen Sachverständigen über folgende Tatsachen anzuordnen:

1. Bei der im Haus des Antragstellers, Holzweg 15, Dessau, eingebauten gewendelten Holztreppe mit 15 Steigungen und Wangen aus Kiefernholz, Stufen aus Buchenholz und Geländer mit G3 (runden Stäben), Krümmlinge in den Wangen sowie Handlauf sitzen acht der Geländerstäbe lose im Handlauf, so dass sich diese beim Betreten der Treppe hin- und her bewegen und klappern. Das Klappern beruht auf einer nicht handwerksgerechten Verarbeitung.

2. Die untersten acht der Treppenstufen der unter Nr. 1. beschriebenen Treppe knarren, weil diese Stufen unfachmännisch hergestellt sind.

3. Es ist festzustellen, wie hoch die Mängelbeseitigungskosten sind.

Das Gericht wird gebeten, einen geeigneten, von der Handwerkskammer zu benennenden Sachverständigen, zu bestellen.

Begründung:

Zwischen den Parteien ist kein Rechtsstreit anhängig.

Der Antragsteller hat den Antragsgegner auf dessen schriftliches Angebot beauftragt, die im Antrag bezeichnete Treppe in seinem Haus zu erstellen. Der Antragsgegner hat die Treppe am 15. 1. 2009 eingebaut. Ich überreiche als

Anlagen K 1 und K 2

im Original für das Gericht das Angebot vom 2. 1. 2009 sowie die Rechnung vom 2. 2. 2009 über 2.500 EUR.

Nach dem Einbau der Treppe stellten sich die im Antrag bezeichneten Mängel ein. Trotz mehrfacher Aufforderung, die Mängel zu beseitigen, reparierten die Mitarbeiter des Antragsgegners die Treppe nicht. Dem Antragsteller steht damit gegen den Antragsgegner ein Anspruch auf Zahlung eines Schadensersatzanspruchs zu.

Aus dem Angebot und der Rechnung ergeben sich der Firmensitz des Antragsgegners und daraus die Zuständigkeit des angerufenen Gerichts. Da der Treppeneinbau 2.500 EUR gekostet hat, dürften die Renovierungskosten 5.000 EUR nicht übersteigen.

Der Antragsteller hat ein rechtliches Interesse am selbstständigen Beweisverfahren. Er geht davon aus, dass durch die Klärung der Beweisfragen ein Rechtsstreit vermieden werden kann, insbesondere, dass der Antragsgegner dem Antragsteller Schadensersatz zahlen wird, wenn der gerichtlich bestellte Sachverständige die Mängel und die Kosten der Beseitigung festgestellt hat.

(Unterschrift)

IX. Zusammenfassung

Wird eine Klage unumgänglich, ist zunächst zu entscheiden, ob ein Prozess mit oder ohne Einschaltung einer Rechtsanwaltskanzlei geführt werden soll: Für Verfahren vor den Amtsgerichten, also grundsätzlich bei Streitwerten bis einschließlich 5.000 EUR, ist eine anwaltliche Vertretung nicht vorgeschrieben. Erteilt eine Rechtsschutzversicherung Deckungsschutz oder liegen die Voraussetzungen für die Bewilligung von Prozesskostenhilfe vor, sollte in jedem Fall von anwaltlichen Rechtskenntnissen profitiert werden.

Zu entscheiden ist, ob zunächst per Mahnverfahren, Klage, im einstweiligen Rechtsschutz, Urkundenprozess oder selbstständigen Beweisverfahren vorgegangen werden soll.

Das Mahnverfahren ist zulässig, wenn die Zahlung einer bestimmten Geldsumme in Euro verlangt wird, und diese Forderung nicht von einer Gegenleistung abhängig ist, die noch nicht erbracht ist. Durch entsprechende Bezeichnungen können auch Urkunden-, Wechsel- und Scheckmahnverfahren eingeleitet werden. Mahnverfahren gibt es ferner im grenzüberschreitenden Rechtsverkehr. Die Vor- und Nachteile eines Mahnverfahrens sind gegeneinander abzuwägen: Erfolgt kein Widerspruch, kann schnell der Vollstreckungsbescheid beantragt werden, der ohne Sicherheitsleistung sofort vollstreckbar ist. Kosten- und der Arbeitsaufwand bleiben dann gering. Diese Vorteile entfallen aber, sobald sich der Schuldner wehrt, außerdem ist die Verjährungshemmung per Klage sicherer, weil der Anspruch durch eine Klagebegründung besser individualisiert werden kann.

Bei einer Klage müssen insbesondere die Gerichtszuständigkeiten und die Förmlichkeiten einer Klageschrift (korrekte Bezeichnung der Parteien, Angabe des Streitgegenstandes und des Streitwertes, die Anträge, der Sachvortrag, die Beweisangebote und die Unterschrift sowie die Ausfertigungen) beachtet werden. Eine Teilklage kann prozessökonomisch sein.

Auch das Vorgehen im einstweiligen Rechtsschutz bietet effektiven Rechtsschutz. Per Arrest können Ansprüche zur Sicherung der Zwangsvollstreckung wegen Geldforderungen oder wegen Ansprüchen geltend gemacht werden, die in Geldforderungen übergehen können. Mit einstweiligen Verfügungen können sonstige Ansprüche gesichert werden. Die Forderung des Gläubigers und der Grund des einstweiligen Verfahrens sind in der Antragsschrift darzustellen und zusätzlich glaubhaft zu machen.

Ein Urkundenprozess kommt in Betracht, wenn sich der eingeforderte Anspruch auf Originalurkunden stützen lässt. Diese Klageform ist empfehlenswert, wenn man schnell ein Urteil erwirken möchte, der Titel ohne Sicherheitsleistung vorläufig vollstreckbar sein soll und der Beklagte wahrscheinlich nicht ins Nachverfahren übergehen wird (oder zu erwarten ist, dass das Vorbehaltsurteil aufrechterhalten bleibt).

Das selbstständige Beweisverfahren ist eine eigene, prozesskostengünstige Verfahrensart. Steht beispielweise der Aufwand für die Beseitigung eines Personen- oder Sachschadens oder eines Sachmangels nicht fest, kann der Antragsteller diesen im Rahmen des selbstständigen Beweisverfahrens feststellen lassen. So können kostspielige, lang dauernde Prozesse vermieden werden, indem über die Beweisfrage ein gerichtliches Gutachten eingeholt wird.

4. Kapitel. Maßnahmen des Beklagten

Meistens wird die Verteidigung gegen einen Mahn- oder Vollstreckungsbescheid oder gegen eine Klage das vorrangige Ziel des Antragsgegners oder des Beklagten sein.

I. Möglichkeiten der Verteidigung

Gegen den Mahnbescheid kann schlicht Widerspruch innerhalb von zwei Wochen seit Zustellung eingelegt und abgewartet werden, ob der Antragsteller in das gerichtliche Verfahren übergehen wird. Wurde versäumt, gegen einen Mahnbescheid rechtzeitig Widerspruch einzulegen und ist daraufhin antragsgemäß ein Vollstreckungsbescheid ergangen, muss der Antragsgegner zur Verhinderung der Rechtskraft des Vollstreckungsbescheides innerhalb von zwei Wochen seit Zustellung Einspruch einlegen. Zwar kann der Antragsteller daraus bereits vollstrecken, mit dem Einspruch kann aber die Einstellung der Zwangsvollstreckung – regelmäßig gegen Sicherheitsleistung – beantragt werden. Außerdem gibt das Gericht, das den Vollstreckungsbescheid erlassen hat, die Sache von Amts wegen an das sog. Prozessgericht ab und der Antragsteller muss seinen Anspruch dort begründen. Danach wird wie bei einer Klage weiter prozessiert.

II. Prüfung der Verfahrensaussichten

Bei der Frage, ob es Sinn hat, sich gegen einen Mahn- oder Vollstreckungsbescheid oder gegen eine Klage (oder auch gegen ein Versäumnisurteil – Einspruchsfrist: zwei Wochen) zu wehren, kommt es entscheidend auf die weiteren Prozesschancen an. Maßgebend ist also, ob der Antragsgegner/Beklagte die – voraussichtlichen – Behauptungen des Klägers mit Erfolg wird bestreiten können oder ob er geltend machen kann, dass Forderungen jedenfalls erloschen sind, z. B. durch Erfüllung oder durch Aufrechnung mit einer Gegenforderung. Erfolgsaussichten kann eine Verteidigung auch haben, wenn der Antragsgegner/Beklagte eine Einwendung/Einrede, wie z. B. die Verjährungseinrede, entgegensetzen kann. Ist das alles nicht möglich, dann wird es darauf ankommen, Verfahrenskosten zu sparen. Bisweilen bietet sich – bei Gegenforderungen – sogar an, mit der Klageverteidigung zugleich gegen den Kläger vorzugehen.

Die verschiedenen **Verteidigungsstrategien** im Prozess lassen sich wie folgt zusammenfassen:
- Bestreiten des Tatsachenvortrages des Klägers
- Begründen, dass die klägerische Forderung erloschen ist
- Geltendmachen von Einwendungen/Einreden.

III. Anwaltliche Beratung

Ob eine Verteidigung gegen einen Mahn- oder Vollstreckungsbescheid oder gegen eine Klage Erfolg haben könnte, sollte im Zweifel anwaltlich geklärt werden. Bisweilen birgt die rechtliche Beurteilung für einen Laien doch Überraschungen, es sollte also nicht vorschnell „aufgegeben" werden. Gewinnt der Beklagte den Prozess, wird das Gericht auch eine Kostenentscheidung zugunsten des Beklagten treffen („Der Kläger trägt die Kosten des Verfahrens.").

1. Kostenaspekte

Steht fest, dass die Forderung des Klägers zu Recht besteht, eine Verteidigung also zwecklos ist, sind die Kosten nach Möglichkeit gering zu halten. Prozesskostengünstig ist eine Einigung der Parteien, dass der Kläger seine Klage nach Erfüllung des Klageanspruchs seitens des Beklagten zurücknimmt.

2. Anerkenntnis

Kann der Beklagte nicht umgehend erfüllen, ist anzuerkennen. Ein sog. sofortiges Anerkenntnis, § 93 ZPO, hat sogar zur Folge, dass der

Beklagte nicht mit den Kosten des Prozesses belastet wird. Das Anerkenntnis ist sofortig, wenn der Beklagte keinen Anlass zur Klage gegeben hat.

Beispiel:

Ein Vermieter klagt gegen seinen Mieter auf Räumung wegen Eigenbedarfs. Erst die Klage enthält eine (wirksame) Kündigung. Der beklagte Mieter erkennt an, hatte aber keinen Anlass zur Klage gegeben, weil ihm vor Klageerhebung noch gar nicht gekündigt worden war. Der Kläger trägt die Prozesskosten, also auch die Anwaltskosten des Beklagten.

Kommt ein sofortiges Anerkenntnis in Erwägung, sollte nicht erst eine Verteidigungsbereitschaft angezeigt werden, um dann in einem späteren Schriftsatz anzuerkennen. Manche Gerichte halten dieses Anerkenntnis nicht mehr für „sofortig", so dass der Beklagte dann nicht mehr von einer günstigen Kostenfolge profitiert.

Tipp:

Vor der Abgabe der Verteidigungsanzeige, sollte sorgfältig geprüft werden, ob der eingeklagte Anspruch zu Recht besteht und ob dargestellt werden kann, dass keine Veranlassung zur Klage gegeben wurde.

3. Absehen von einer Verteidigung

Liegen die Voraussetzungen für eine günstige Kostenentscheidung nicht vor, weil der Beklagte die Klage veranlasst hat, kann es für ihn billiger sein, ein Versäumnisurteil gegen sich ergehen zu lassen (also zur mündlichen Verhandlung nicht zu erscheinen), anstatt den berechtigten Klageantrag anzuerkennen, insbesondere, wenn es sich um einen Prozess vor dem Landgericht handelt und für ein Anerkenntnis eine anwaltliche Vertretung erforderlich wäre.

Klagt der Gläubiger zu Recht, kann es unter zwei Aspekten gerechtfertigt sein, nicht anzuerkennen:

• Möglicherweise liegen Ansatzpunkte für Vergleichsverhandlungen vor, so dass sich die Klageforderung „herunterhandeln" lässt. Bei einem Vergleich werden üblicherweise die Verfahrenskosten anteilig nach Obsiegen und Unterliegen geteilt, so dass auch bei dieser Vorgehensweise die Kostenlast begrenzt wird. (Beispiel: Der Klagebetrag belief sich auf 1.000 EUR, die Parteien einigen sich auf

750 EUR Zahlung. Der Kläger trägt ¼ und der Beklagte ¾ der Kosten.) Allerdings sollte man sich darüber im Klaren sein, dass nicht über jede Art von Forderung in dieser Weise verhandelt werden kann. Ist nämlich die Sach- und Rechtslage eindeutig, wird dies auch der zuständige Richter in der mündlichen Verhandlung erörtern und der Kläger wird damit abschätzen können, dass er bei Erlass eines Urteils voll gewinnen wird. Mit einem Entgegenkommen dürfte dann nicht zu rechnen sein.

- Oder – eher selten – der Beklagte kann mit dem Durchführen eines streitigen Verfahrens erreichen, dass die Zwangsvollstreckung hinausgeschoben wird, so dass sich höhere Prozesskosten und Zinsen rechtfertigen.

Ein kostengünstiges Vorgehen des Beklagten im Prozess gegen einen berechtigten Anspruch des Klägers besteht also bei:
- sofortigem Anerkenntnis
- Anerkenntnis
- Klageerfüllung und Einigung der Parteien zur Klagerücknahme
- Ergehen lassen eines Versäumnisurteils
- vergleichsweise Einigung mit entsprechender Quotisierung der Kosten.

IV. Einspruch gegen ein Versäumnisurteil

Liegt gegen den Beklagten bereits eine Entscheidung in Form eines Versäumnisurteils vor, weil er verpasst hat, sich innerhalb der vom Gericht gesetzten Frist gegen die Klage zu verteidigen oder weil er zu dem Termin zur mündlichen Verhandlung nicht (rechtzeitig) erschienen ist, bleibt ihm noch die Möglichkeit, innerhalb von zwei Wochen seit der Zustellung dieses Urteils an beide Parteien Einspruch einzulegen. Mit diesem Rechtsbehelf gelangt der Beklagte in die ursprüngliche Verfahrenssituation zurück. Das bedeutet für ihn, dass er, wie in einem anderen Prozess auch, den Antrag auf Klageabweisung stellen kann und dazu Behauptungen und Beweisantritte vorbringen kann.

Nachteilig für den Beklagten ist allerdings, dass der Kläger aus dem Versäumnisurteil bereits vollstrecken kann, und zwar ohne Sicherheitsleistung. Der Beklagte kann beantragen, dass die Zwangsvollstreckung gegen Leistung von Sicherheiten, die durch ihn zu erbringen sind, einstweilen eingestellt wird. Ohne das Leisten einer Sicherheit durch den Beklagten kann die Zwangsvollstreckung nur ausnahmsweise eingestellt werden, nämlich, wenn das Versäumnisurteil in ungesetzlicher Weise ergangen ist oder der Beklagte glaubhaft macht, dass seine Säumnis unverschuldet war. Ein Einspruch müsste demnach wie folgt verfasst werden:

Muster:

An das

Amtsgericht XY

(Adresse)

(Datum)

Geschäftsnummer: (…)

In dem Rechtsstreit

(Name),

– Kläger –

gegen

(Name),

– Beklagter –

lege ich gegen das am (Datum) verkündete Versäumnisurteil, dem Beklagten zugestellt am (Datum)

Einspruch

ein und

beantrage,

die Zwangsvollstreckung aus dem Versäumnisurteil ohne Sicherheitsleistung einstweilen einzustellen,

hilfsweise die Zwangsvollstreckung gegen Sicherheitsleistung einzustellen.

Ferner beantrage ich,

das Versäumnisurteil vom (Datum) aufzuheben und die Klage abzuweisen.

Begründung:

Die Zwangsvollstreckung aus dem Versäumnisurteil muss ohne Sicherheitsleistung eingestellt werden, weil der Beklagte ohne sein Verschulden gehindert war, den Termin zur mündlichen Verhandlung wahrzunehmen. Der Beklagte war bereits auf dem Weg zu dem Termin, als er einen Verkehrsunfall erlitt und mit dem Rettungswagen ins das Krankenhaus gebracht wurde. (…)

Zur Glaubhaftmachung beziehe ich mich auf den Entlassungsbericht des Krankenhauses, den ich

---

> anliegend
>
> im Original für das Gericht überreiche.
>
> Im Übrigen bleibt die Klage abweisungsreif, weil dem Kläger kein Anspruch aus Bürgschaft zusteht. Ich beziehe mich auf meinen Vortrag in der Klageerwiderung und trage auf den letzten Schriftsatz des Klägers ergänzend vor:
>
> (...)
>
> (Unterschrift)

Sollte der Beklagte auch die Einspruchsfrist von zwei Wochen seit der Zustellung unverschuldet versäumt haben, kann er zusätzlich die Wiedereinsetzung in den vorigen Stand, also in die Zeit der laufenden Einspruchsfrist beantragen. Er muss dann einen zusätzlichen Antrag stellen und die Wiedereinsetzungsgründe glaubhaft machen. Die Anträge würden so lauten:

> **Muster:**
>
> (...)
>
> Gegen das am (Datum) verkündete Versäumnisurteil lege ich
>
> **Einspruch**
>
> ein und beantrage,
>
> das Versäumnisurteil vom (Datum) aufzuheben und die Klage abzuweisen.
>
> Gleichzeitig beantrage ich,
>
> dem Beklagten gegen die Versäumung der Einspruchsfrist Wiedereinsetzung in den vorigen Stand zu gewähren sowie
>
> die Zwangsvollstreckung aus dem Versäumnisurteil ohne Sicherheitsleistung einstweilen einzustellen,
>
> hilfsweise die Zwangsvollstreckung gegen Sicherheitsleistung einzustellen.
>
> Es wird angeregt, das Verfahren zunächst auf die Verhandlung und Entscheidung über den Wiedereinsetzungsantrag zu beschränken.
>
> **Begründung:**
>
> (...)

Wegen der Herausforderungen, welche die Anträge, die Begründung hierzu und die Glaubhaftmachung stellen, wird dringend anwaltlicher Rat empfohlen.

V. Verfahrensrügen

Für den Beklagten sind in einem Klageverfahren Verfahrensrügen vor allem dann bedeutsam, wenn er den Prozess verzögern will.

Gerügt werden können u. a.:
- die nicht ordnungsgemäße Zustellung von Mahnbescheid oder Klage
- die nicht ordnungsgemäße Klageerhebung (z. B. fehlende Unterzeichnung)
- die Unzuständigkeit des Gerichts (häufig: Rüge der örtlichen Unzuständigkeit)
- die Unzuständigkeit des Spruchkörpers (z. B. ist bei einer beim Landgericht erhobenen Klage nicht die allgemeine Zivilprozessabteilung zuständig, sondern das Handelsgericht, weil es sich für beide Seiten um eine Handelssache handelt).

Der Beklagte muss noch bevor er auf die Klage erwidert, auf den Verfahrensmangel eingehen. Ggf. ist nur der Fehler zu rügen: Wenn das angerufene Gericht unzuständig ist, dann darf es auf die Rüge des Beklagten nicht zur Sache entscheiden. Die Klage muss wegen Unzulässigkeit abgewiesen werden. Der Kläger kann diese Folge vermeiden, wenn er einen Verweisungsantrag stellt. Das zuständige Gericht, an das der Rechtsstreit verwiesen wurde, setzt dem Beklagten dann eine erneute Frist zur Klageerwiderung.

> **Formulierungsbeispiel:**
> (…)
> In dem Rechtsstreit
> (…) gegen (…)
> rüge ich die Unzuständigkeit des angerufenen Gerichts.
> (…)

Der Kläger kann daraufhin die Verweisung an das örtlich zuständige Gericht beantragen.

> **Formulierungsbeispiel:**
>
> An das
>
> Amtsgericht
>
> (Ort, Adresse)
>
> (Datum)
>
> **Verweisungsantrag**
>
> In dem Rechtsstreit
>
> (Geschäftszeichen, Parteien)
>
> hält der Kläger, nachdem der Beklagte die Einrede der örtlichen Unzuständigkeit erhoben hat, seinen bisherigen Antrag aufrecht.
>
> Hilfsweise wird beantragt,
>
> den Rechtsstreit an das Amtsgericht (Ort) zu verweisen.
>
> **Begründung:**
>
> Die Parteien sind Kaufleute im Sinne von § 38 ZPO. Der Beklagte hat den Allgemeinen Verkaufs- und Lieferungsbedingungen des Klägers nicht widersprochen. Nach Nr. ... der AGB haben die Parteien den Sitz des Klägers als Gerichtsstand vereinbart.
>
> Der Hilfsantrag wird höchst vorsorglich für den Fall gestellt, dass das Gericht der Auffassung sein sollte, dass es an einer wirksamen Gerichtsstandsvereinbarung fehlt.
>
> (Unterschrift)

Im Übrigen darf der Beklagte in der mündlichen Verhandlung nicht rügelos verhandeln, weil er sonst sein Rügerecht verliert. Er muss also, wenn das Gericht die Sache erörtern will, an erster Stelle geltend machen, dass er die – bereits schriftlich erhobene – Rüge aufrechterhält.

Will der Beklagte nicht rügen, weil er an einer schnellen Entscheidung interessiert ist, kann er auf dieses Recht auch verzichten, jedenfalls dann, wenn der Verfahrensfehler – wie die Unzuständigkeit – heilbar ist, § 295 Abs. 2 ZPO.

VI. Bestreiten und Geständnis

Bei Anhaltspunkten dafür, dass der gegnerische Vortrag falsch ist, darf bestritten werden.

1. Bestreiten von Tatsachen

Das Bestreiten unterliegt aber der Wahrheitspflicht!

Unstatthaft ist

- vorweggenommenes Bestreiten („schon jetzt bestreite ich das, was die Gegenseite noch vorbringen wird") und
- pauschales Bestreiten („sämtliches nicht ausdrücklich zugestandenes Vorbringen des Gegners wird bestritten")
- das Bestreiten „ins Blaue hinein", mithin beim Fehlen jeglicher Anhaltspunkte für die Unrichtigkeit – etwas anderes gilt nur beim Bestreiten mit „Nichtwissen": Kennt man den von der Gegenseite geschilderten Sachverhalt nicht, darf man formulieren, dass die Behauptungen der anderen Partei „mit Nichtwissen" bestritten werden.

2. Eingestehen von Tatsachen

Des Öfteren ist in Schriftsätzen (sogar von Anwälten) unter Bezugnahme auf das Vorbringen der anderen Partei zu lesen, „es ist richtig/zutreffend, dass ....". In der Verwendung solcher Formulierungen liegt ein sog. gerichtliches Geständnis. Dieses kann nur unter ganz engen Voraussetzungen widerrufen werden – sollte sich im Nachhinein herausstellen, dass diese Bestätigung falsch war. Die Partei ist dann prozessual daran gebunden und neuer – richtiger – Vortrag wird nicht mehr berücksichtigt.

Tipp:
Formulierungen wie „es ist richtig/zutreffend, dass ...." sollten vermieden werden, weil darin ein gerichtliches Geständnis liegt. Wenn die gegnerischen Behauptungen korrekt erscheinen, sollte dazu schlicht keine Stellung bezogen werden.

VII. Einreden und Einwendungen

Damit kann die klägerische Forderung vorübergehend oder dauerhaft zu Fall gebracht werden.

Hierzu gehören u. a.:

- die Verjährungseinrede
- die Einrede des nicht erfüllten Vertrages, § 320 BGB

- die Einrede des Zurückbehaltungsrechts, § 273 BGB
- die Einrede der Vorausklage des Bürgen, § 771 BGB
- die Einrede des Besitzers auf ein Recht zum Besitz, § 986 BGB.

Eine Einrede muss erhoben werden:

> **Formulierungsbeispiel:**
>
> (…)
>
> Ich berufe mich auf die Einrede der Verjährung: Der Kläger hat die abgenommenen Werkleistungen Ende Dezember 2007 erbracht, also vor mehr als drei Jahren. Er kann daher jetzt keine Bezahlung mehr verlangen. (…)

Manchmal kann es ratsam sein, Einreden nur hilfsweise für den Fall geltend zu machen, dass eine andere Verteidigung nicht durchgreift, z. B. bei der Einrede des Zurückbehaltungsrechts, wenn diese zu einer Zug-um-Zug-Verurteilung führen würde. Dann ist es besser, den Tatsachenvortrag des Klägers zu bestreiten, wenn dieser unrichtig ist oder ggf. darzustellen, dass die klägerische Forderung erloschen ist.

Die Einrede des Zurückbehaltungsrechts und des nicht erfüllten Vertrages unterliegen der Schranke von Treu und Glauben, § 242 BGB. Deshalb kann, z. B. ein Bauherr wegen Baumängeln nur den dreifachen Betrag der Mängelbeseitigungskosten, zurückbehalten.

VIII. Aufrechnung und Hilfsaufrechnung

> **Beispiel:**
>
> Herr Möller hatte seiner Nachbarin, Frau Ferrys, ein Privatdarlehen über 3.000 EUR gewährt. Dieses hat er vor sechs Wochen gekündigt, weil er das Geld zurückhaben möchte. Frau Ferrys befindet sich jedoch derzeit in finanziellen Schwierigkeiten, weil sie gerade ihre Heizungsanlage erneuern lassen musste. Da beschädigt Herr Möller versehentlich beim Ausparken den Pkw seiner Nachbarin und verursacht laut Gutachten einen Lackschaden von Netto 1.800 EUR. Für das Gutachten hat sie 180 EUR einschließlich Mehrwertsteuer bezahlt. Das Auto will Frau Ferrys derzeit nicht reparieren lassen.

Möglicherweise können die Betroffenen ihre wechselseitigen Forderungen – teilweise – gegeneinander aufrechnen. Eine Aufrechnung ist die Erklärung des Schuldners, mit welcher der Anspruch des Gläubigers mit einem Gegenanspruch zu Fall gebracht wird.

Für eine Aufrechnung müssen folgende Anforderungen erfüllt werden:

Voraussetzungen und Folgen	nähere Umstände
1. Gesetzliche Anforderungen a) Situation der Aufrechnung	
gegenseitige Ansprüche	Der Gläubiger hat gegen den Schuldner eine (Haupt-) Forderung und der Schuldner hat gegen den Gläubiger eine (Gegen)Forderung.
gleichartige Ansprüche	Das ist bei wechselseitigen Geldforderungen der Fall.
erfüllbarer Gläubigeranspruch	Der (aufrechnende) Schuldner muss seine Leistungspflicht schon erfüllen dürfen. Das ist der Fall, wenn er zur Leistung bereit und imstande ist und keine Hindernisse, etwa eine fehlende amtliche Genehmigung, entgegenstehen. Auch darf es sich nicht um eine bloße künftige Leistungspflicht handeln oder um eine solche, die von dem Eintritt einer Bedingung abhängig ist.
durchsetzbarer eigener Anspruch	Der Schuldner muss seine (Gegen)Forderung schon verlangen können. Sie muss vollwirksam und fällig sein.
b) Erklärung der Aufrechnung	Die Aufrechnung muss erklärt werden. Eine Bedingung ist unzulässig.
c) Möglichkeit der Aufrechnung	Die Aufrechnung darf nicht ausgeschlossen sein. Ausschlussgründe bestehen: • wenn der Anspruch des Gläubigers nicht gepfändet werden darf, falls z. B. der Gläubiger gegen den Schuldner einen Anspruch auf Zahlung von Unterhalt hat oder • wenn der Gläubiger einen Anspruch gegen den Schuldner aus einer sog. vorsätzlich begangenen unerlaubten Handlung hat, z. B. aus einer Sachbeschädigung.
2. Gesetzliche Folgen	Die Forderungen erlöschen rückwirkend.

Beispiel

(Fortsetzung vorhergehendes Beispiel): Herr Möller kann derzeit von Frau Ferrys keine Rückzahlung verlangen, weil sein Anspruch auf Darlehensrückzahlung noch nicht fällig ist, die Kündigungsfrist beträgt drei Monate.

Frau Ferrys hat hingegen gegen ihren Nachbarn einen Schadensersatzanspruch über 1.800 EUR netto wegen der Beschädigung des Wagens (die Mehrwertsteuer kann nicht verlangt werden, solange noch nicht repariert ist). Hinzu kommen 180 EUR für das Gutachten als Schadensermittlungskosten, so dass ihr 1.980 EUR zustehen. Dieser Anspruch ist vollwirksam und fällig. Frau Ferrys kann das Geld daher verlangen.

Herr Möller kann gegenüber der Forderung seiner Nachbarin nicht aufrechnen, denn er kann seine Forderung mangels Fälligkeit noch nicht verlangen.

Frau Ferrys könnte ihrerseits auch abwarten, bis der Darlehensrückzahlungsanspruch des Herrn Möller fällig ist, und dann mit 1.980 EUR die Aufrechnung erklären, so dass sie nur noch 1.020 EUR zu zahlen hat.

Verfügt in einem Prozess oder sonstigem Verfahren der Anspruchsgegner/Beklagte über eine Gegenforderung, mit welcher er aufrechnen kann, sollte das nach Möglichkeit schon vorprozessual geschehen, da sonst Kostennachteile drohen: Wird erst im Prozess aufgerechnet, erledigt sich die Klage (ganz oder teilweise, je nachdem, wie hoch die Gegenforderung ist). Die Erklärung der Aufrechnung ist das sog. erledigende Ereignis für eine bis dahin zulässige und begründete Klage. Es ist damit zu rechnen, dass das Gericht dem Beklagten die Kosten des Rechtsstreits auferlegen wird. Ist schon vor dem Prozess aufgerechnet worden, war die Klage hingegen von Anfang an unbegründet und der Kläger trägt die Kosten.

Im Prozess sollte man nur dann aufrechnen, wenn man die Gegenforderung auch ausreichend darstellen kann. Man muss also seinen eigenen Anspruch genauso durch Tatsachen belegen können wie ein Kläger seine Klageforderung. Geschieht dies nicht, droht der endgültige Verbrauch der Gegenforderung durch das Urteil. Es kann daher manchmal besser sein, nicht aufzurechnen und ggf. später, wenn sich der eigene Anspruch ausreichend belegen lässt, zu klagen.

Tipp:

Ist mit mehreren, die Klageforderung übersteigenden Gegenansprüchen aufzurechnen, ist die sicherste an erster Stelle anzugeben, um zu vermeiden, dass die übrigen Forderungen rechtskräftig verbraucht werden.

Bei der Aufrechnung ist danach zu unterscheiden, ob es sich um eine Haupt- oder um eine Hilfsaufrechnung handelt. Eine Hauptaufrechnung liegt vor, wenn diese in erster Linie – hauptsächlich – zur Verteidigung geltend gemacht wird. Die Hilfsaufrechnung soll nur eingreifen, wenn eine andere Verteidigungsstrategie nicht durchgreift. Das Gericht soll über sie nur hilfsweise entscheiden.

Droht die Gegenforderung bald zu verjähren, kann die Aufrechnung im Prozess insoweit von Vorteil sein, als dass die Verjährung gehemmt wird, allerdings nur bis zur Höhe der Klageforderung. Dies gilt sowohl für die Haupt- als auch für die Hilfsaufrechnung.

Die Hauptaufrechnung hat im Gegensatz zur Hilfsaufrechnung den Vorteil, dass sich der Streitwert nicht erhöht. Der Vorteil der Hilfsaufrechnung besteht darin, dass die Gegenforderung des Beklagten erst verbraucht wird, wenn keine anderen Verteidigungsmittel greifen.

IX. Widerklage

Der Beklagte kann sich aber nicht nur gegen eine Klage verteidigen, er kann mit der sog. Widerklage sogar einen „Gegenangriff" starten. Die Widerklage ist eine eigene Klage, welche allerdings davon abhängt, dass die zunächst eingereichte Klage noch beim Gericht anhängig ist. Sie bietet sich dann an, wenn eine Aufrechnung allein dem Beklagten nicht weiterhilft.

Beispiel:
Der Kläger macht gegen den Beklagten einen Anspruch aus einer Sachbeschädigung geltend. Umgekehrt steht dem Beklagten gegen den Kläger noch Geld aus einem Kaufvertrag zu. Der Beklagte kann nicht aufrechnen, weil sich die klägerische Forderung auf eine sog. unerlaubte Handlung stützt. Insoweit besteht ein gesetzliches Aufrechnungsverbot. Der Beklagte kann aber den Kläger widerklagend belangen.

Außerdem bietet die Widerklage den taktischen Vorteil, dass der Beklagte Zeugen des Klägers ausschalten kann.

Beispiel:
Ein Pkw-Halter verklagt nach einem Verkehrsunfall den gegnerischen Fahrer, den Halter und dessen Versicherung. Weil er nicht selbst gefahren war, beruft er sich zum Beweis für den Unfallhergang auf das Zeugnis seines Fahrers. Der beklagte Halter (sogar auch der geschädigte Fahrer) kann nun Widerklage erheben. Er kann Schadensersatz geltend machen und – wichtig! – den Fahrer des klägeri-

schen Autos als Widerbeklagten in den Rechtsstreit einbeziehen. Der widerbeklagte Fahrer ist sog. Streitgenosse. Daher kann er wegen Tatsachen, die ihn betreffen, nicht mehr als Zeuge aussagen. Der Beklagte hat damit den Zeugen des Klägers ausgeschaltet.

Ein weiterer Vorteil ist, dass sich der Beklagte mit einer Widerklage eigene Vollstreckungsmöglichkeiten schaffen kann.

Beispiel:

Kläger und Beklagter streiten um die Abwicklung eines Werkvertrages. Der Kläger behauptet, seine Werkleistung ordnungsgemäß erbracht zu haben. Der Beklagte bestreitet dies. Stehen ihm Gewährleistungsrechte zu, könnte er sich zur Klageverteidigung auf die Einrede des nichterfüllten Vertrages beschränken. Erhebt er aber Widerklage, kann er seinen Mängelbeseitigungsanspruch später auch durchsetzen. Würde es nur bei der Klage bleiben und würde der Beklagte zur Zahlung Zug-um-Zug gegen Mängelbeseitigung verurteilt werden, läge es beim Kläger, ob dieser als Voraussetzung für seine eigene Zwangsvollstreckung nachbessert.

Die Widerklage hat aber noch einen Vorteil: Der Beklagte kann mit der Widerklage seine eigenen Ansprüche vor Ort einfordern: Erheben Kontrahenten, die nicht im selben Ort wohnen, wechselseitig Ansprüche, ist es u.U. empfehlenswert, abzuwarten, bis der andere klagt. Weil eine Klage grundsätzlich am Wohnsitz des Beklagten zu erheben ist, hat der Beklagte den Vorteil, dass er nicht auswärtig verhandeln muss.

Die Widerklage erhöht zwar den Streitwert, sie bietet aber, wie gezeigt, gute Möglichkeiten zum Taktieren. Dazu gehört des Weiteren auch, dass sie sogar in der Form des Urkundenprozesses erhoben werden kann und die Verjährung hemmt. Schließlich kann sie bis zum Schluss der mündlichen Verhandlung erhoben werden. Das bietet den Vorteil, dass Sachvortrag nicht verspätet sein kann. Das gilt selbst für den Vortrag, der zur Klageverteidigung dient. Anwälte sprechen daher sogar von der „Flucht in die Widerklage", wenn sie befürchten, wichtige Tatsachenbehauptungen nicht rechtzeitig vorgebracht zu haben.

Formulierungsbeispiel:

(Datum)

In dem Rechtsstreit

Aktenzeichen …

(vollständiges Rubrum)

werde ich beantragen,
 die Klage abzuweisen.
widerklagend werde ich beantragen,
 die Klägerin zu verurteilen, an den Beklagten 1.050 EUR zuzüglich Zinsen von
 fünf Prozentpunkten über dem Basiszinssatz seit Rechtshängigkeit zu zahlen.
(…)

X. Zusammenfassung

Prozessuale Maßnahmen des Beklagten sind meist die Verteidigung gegen einen Mahn- oder Vollstreckungsbescheid oder gegen eine Klage. Ob ein Widerspruch bzw. ein Einspruch gegen den Mahn- oder Vollstreckungsbescheid oder eine Klageverteidigung Erfolgsaussichten haben könnte, sollte am besten anwaltlich geklärt werden. Dies ist kostengünstiger als einen aussichtslosen Prozess zu führen.

Besteht zwar der klägerische Anspruch, hat der Beklagte aber keinen Anlass zur Klage gegeben, kann er sofort anerkennen. Der Beklagte wird dann nicht mit den Prozesskosten belastet. Er kann ferner kostengünstig vorgehen, wenn er den berechtigten Klageanspruch erfüllt oder gegen sich ein Versäumnisurteil ergehen lässt oder auch, falls er mit dem Kläger eine vergleichsweise Einigung mit entsprechender Quotelung der Kosten erreichen kann.

Verfahrensrügen, wie die nicht ordnungsgemäße Zustellung von Mahnbescheid oder Klage, die nicht ordnungsgemäße Klageerhebung oder die Unzuständigkeit des Gerichts oder des Spruchkörpers, sind für den Beklagten wichtig, wenn er den Prozess verzögern will.

Verteidigungsstrategien des Beklagten sind das Bestreiten des Tatsachenvortrages des Klägers, die Begründung, dass die klägerische Forderung, etwa infolge einer Aufrechnung, erloschen ist oder das Geltendmachen von Einwendungen/Einreden. Das Bestreiten von Tatsachen unterliegt freilich der Wahrheitspflicht. Unstatthaft ist vorweggenommenes oder pauschales Bestreiten sowie das Bestreiten „ins Blaue hinein". Ein gerichtliches Geständnis sollte nur in einem Ausnahmefall abgegeben werden.

Mit einer Widerklage kann der Beklagte zu einem „Gegenangriff" übergehen. Das Erheben einer Widerklage ist nur möglich, dass die zunächst eingereichte Klage noch beim Gericht anhängig ist. Sie ist die richtige Maßnahme, wenn eine Aufrechnung allein dem Beklagten nicht zum Erfolg verhilft.

5. Kapitel. Taktiken während des Rechtsstreits

Während des Prozesses ist die Auswahl der richtigen prozessualen Mittel ebenfalls von entscheidender Bedeutung.

I. Verweisungsantrag

Bisweilen kommt es vor, dass eine Klage vor einem unzuständigen Gericht erhoben worden ist. Ist das Gericht örtlich oder sachlich unzuständig, wird der Beklagte dies rügen, das Gericht wird einen entsprechenden Hinweis erteilen. Es ist Verweisung zu beantragen.

Der Kläger sollte, braucht aber beim Verweisungsantrag das zuständige Gericht nicht zu benennen. Es genügt, dass das angerufene Gericht ein inländisches Gericht als örtlich und sachlich zuständig bestimmen kann. Meist wird sich aus der Schilderung des Sachverhalts für das Gericht erschießen, wohin es den Rechtsstreit abzugeben hat.

Formulierungsbeispiel:

(…) ich beantrage, den Rechtsstreit an das zuständige Gericht abzugeben.

Der Verweisungsantrag ist so früh wie möglich zu stellen, um nachteilige Kostenfolgen zu vermeiden oder zu verringern. Sollte die Klage Fristen, z. B. Verjährungsfristen, wahren, muss man die Zustellung der Klage an den Beklagten durch das unzuständige Gericht abwarten und darf erst dann Verweisung beantragen.

Ausnahmsweise muss der Beklagte/Antragsgegner einen Verweisungsantrag stellen:
- bei der Widerklage
- falls er im Mahnverfahren beantragt, das streitige Verfahren durchzuführen
- wenn die Kammer für Handelssachen oder die Zivilkammer unzuständig ist.

II. Klageerhöhung

Sollte sich im Verlauf des Rechtsstreits herausstellen, dass weitere Ansprüche als die bislang eingeklagten bestehen, kann die Klage dementsprechend erhöht werden. Dasselbe gilt, wenn zunächst aus Gründen prozessualer Vorsicht – im Kosteninteresse – nur ein Teilbetrag geltend gemacht wurde und sich nun abzeichnet, etwa nach erfolgter Beweisaufnahme, dass die Prozesschancen gut sind.

Formulierungsbeispiel für eine Klageerhöhung:

An das

Amtsgericht XY

(Ort, Adresse)

(Datum)

Klageerhöhung

In dem Rechtsstreit

(Geschäftszeichen, Parteien)

erhöhe ich die Klageforderung.

Ich werde nunmehr beantragen,

den Beklagten zu verurteilen, an den Kläger EUR (neuer Betrag im Ganzen) nebst Zinsen von fünf/acht Prozentpunkten über dem Basiszinssatz seit dem (Datum) zu zahlen.

Begründung:

Der Kläger hat mit der Klage vom (Datum), wie dort ausgeführt, lediglich eine Teilklage erhoben. Nunmehr macht der Kläger sämtliche ihm gegen den Beklagten zustehenden Ansprüche geltend. ...

(Unterschrift)

III. Antrag auf Erlass eines Teilurteils

Wurden mit der Klage mehrere Ansprüche geltend gemacht und ist einer dieser Ansprüche „entscheidungsreif", dann hat das Gericht darüber durch ein sog. Teilurteil zu bestimmen. Dasselbe gilt grundsätzlich, wenn zwar mit der Klage nur ein Anspruch verfolgt wird, über einen Teil dieses Anspruchs aber schon entschieden werden kann. Nur wenn das Gericht „nach Lage der Sache" ein Teilurteil nicht für angemessen hält, braucht es dieses nicht zu erlassen. Für den Kläger ist der Erlass eines Teilurteils interessant, weil er daraus – regelmäßig gegen Sicherheitsleistung – schon vollstrecken kann. Er sollte daher ggf. den Erlass des Teilurteils beantragen.

Formulierungsbeispiel:

An das

Amtsgericht XY

(Ort, Adresse)

(Datum)

Antrag auf Erlass eines Teilurteils

In dem Rechtsstreit

(Geschäftszeichen, Parteien)

beantrage ich,

gegen den Beklagten ein Teilurteil zu erlassen und das Teilurteil für vorläufig vollstreckbar zu erklären.

Begründung:

Das Gericht beabsichtigt, wie sich aus dem Beweisbeschluss ergibt, nur über das Vorbringen des Beklagten zur der vierten Position aus der Rechnung des Klägers Beweis zu erheben. Anscheinend hält es den Anspruch des Klägers aus den übrigen Positionen für entscheidungsreif. Weil sich die Beweisaufnahme noch länger hinziehen wird und der Kläger auf eine abschließende Entscheidung noch warten muss, ist der Erlass eines Teilurteils angemessen.

(Unterschrift)

IV. Antrag auf Erlass eines Grundurteils

Auch der Antrag auf Erlass eines Grundurteils kann prozessual nutzbringend sein: Mit einem solchen Urteil entscheidet das Gericht vorab über den Grund des Anspruchs, wenn die Parteien sowohl darüber als auch über den eingeklagten Betrag streiten. Steht durch ein Grundurteil fest, dass der Beklagte dem Grunde nach verpflichtet ist, an den Kläger einen Betrag zu zahlen, erhöht dies eventuell die Chancen auf eine schnelle vergleichsweise Einigung der Parteien.

Beispiel:
Der Kläger, der vom Beklagten ein Hausgrundstück gekauft hat, nimmt diesen auf Schadensersatz wegen Sachmängeln in Anspruch. Nachdem das Gericht ein Grundurteil erlassen hat, ist zwischen den Parteien (nur) noch die Höhe des zu leistenden Ersatzes streitig. Der Beklagte lenkt nun ein und unterbreitet dem Kläger ein Vergleichsangebot. Der Kläger kann dies annehmen, um schnell einen (endgültigen) Titel zu erwirken oder er präsentiert seinerseits ein Angebot zwecks Abschlusses eines gerichtlichen Vergleichs.

Eventuell schafft ein Grundurteil auch Rechtssicherheit: Wird die Klage in zweiter Instanz abgewiesen, erspart der Kläger immerhin Prozesskosten, die andererseits durch möglicherweise aufwendige Beweisaufnahmen in erster Instanz entstanden wären. Jedoch ist Vorsicht angebracht: Greift der Beklagte das Grundurteil mit der Berufung an, kann sich der Erlass eines Urteils zur Zahlung des eingeklagten Betrages deutlich verzögern. Dadurch kann der Kläger erst wesentlich später vollstrecken.

Formulierungsbeispiel:
An das
Amtsgericht XY
(Ort, Adresse)
(Datum)
Antrag auf Erlass eines Grundurteils
In dem Rechtsstreit
(Geschäftszeichen, Parteien)
beantrage ich,
gegen den Beklagten ein Grundurteil des Inhalts zu erlassen, dass der Schadensersatzanspruch des Klägers aus dem Grundstückskaufvertrag vom (…) dem Grunde nach gerechtfertigt ist.
Begründung:
Das Gericht hat sämtliche zum Anspruchsgrund angetretenen Beweise erhoben. Also ist der Rechtsstreit insoweit im positiven Sinn entscheidungsreif.

Zum genauen Umfang der Klageforderung ist noch eine weitere umfangreiche Beweisaufnahme erforderlich. Der Kläger geht davon aus, dass der Beklagte ohnehin Berufung einlegen wird, um seine Verpflichtung zur Zahlung von Schadensersatz dem Grunde nach anzugreifen. Daher ist eine Vorabentscheidung über den Grund sinnvoll.

(Unterschrift)

V. Klageänderung

Stellt sich für den Kläger während des Verfahrens heraus, dass er z. B. die falsche Person verklagt hat, dass er statt einer Auskunft nunmehr Zahlung beanspruchen möchte oder dass er für sein Klageziel eine andere Begründung aufbringen muss, dann sollte er seine Klage ändern. Das ist grundsätzlich möglich. Der Beklagte muss zustimmen oder das Gericht muss die Änderung für sachdienlich halten. Wenn nicht mit der Einwilligung des Prozessgegners gerechnet werden kann, ist die Sachdienlichkeit der beabsichtigten Klageänderung darzulegen.

Diese ist gegeben wenn:
- ein neuer Rechtsstreit vermieden und das bisherige Prozessergebnis verwertet werden kann
- eine Verfahrensaussetzung verhindert wird
- die sachliche Erledigung des Rechtsstreits gefördert wird
- der Streitstoff im Wesentlichen derselbe bleibt.

Die Sachdienlichkeit fehlt u. a.:
- beim Übergang vom Arrest zur einstweiligen Verfügung und umgekehrt
- wenn der Kläger einen völlig neuen Streitstoff vorträgt
- wenn der Kläger prozessual einen Zeugen ausschalten will
- wenn der bisherige Prozess bereits entscheidungsreif ist, also eine neue oder zusätzliche Beweisaufnahme stattfinden müsste.

Bevor man sich aber um die Zustimmung des Gegners bemüht oder Ausführungen zur Sachdienlichkeit macht, sollte man sicher sein, dass wirklich eine Klageänderung gegeben ist.

Keine Klageänderung besteht, (ohne dass der eigentliche Grund der Klage geändert wird) wenn:
- die tatsächlichen oder rechtlichen Anführungen ergänzt oder berichtigt werden
- der Klageantrag in der Hauptsache oder in Bezug auf Nebenforderungen erweitert oder beschränkt wird
- statt des ursprünglich geforderten Gegenstandes wegen einer später eingetretenen Veränderung ein anderer Gegenstand oder das Interesse (z. B.: Wechsel von einem Auskunftsanspruch zu einer Feststellung) gefordert wird.

Der Beklagte muss der Klageänderung spätestens zu Beginn seines Verhandelns im Termin widersprechen, wenn das Gericht die Änderung nicht ohnehin schon zugelassen hat.

VI. Erledigung

Eine ursprünglich Erfolg versprechende Klage kann vor oder nach Rechtshängigkeit unzulässig oder unbegründet werden.

Häufigstes Beispiel:
Der beklagte Schuldner erfüllt die Forderung des Klägers.

Grund und Anlass des Rechtsstreits sind dann weggefallen. Es ist bei der Erledigung wie folgt zu unterscheiden:

1. Erfüllung vor Anhängigkeit

Hat der Kläger bereits Anwaltsgebühren durch einen Auftrag zur Klageerhebung verursacht ohne dass die Klage bisher eingereicht worden ist, kann er diese Kosten als Verzugsschaden nach §§ 280 Abs. 2, 286 BGB gesondert geltend machen (der Schuldner muss schließlich damit rechnen, dass er verklagt wird, wenn er sich im Verzug befindet). Der Kläger muss diese Kosten als Schadensersatzforderung einklagen. Hier geht es also noch gar nicht um eine Klagerücknahme oder eine Erledigung, weil eine Klage noch nicht „anhängig" war.

2. Erfüllung vor Rechtshängigkeit

Fällt der Klageanlass zwischen Anhängigkeit (Eingang der Klage bei Gericht) und Rechtshängigkeit (Zustellung der Klage an den Beklagten) weg, gibt es noch kein erledigendes Ereignis im Sinne des Gesetzes. Der Kläger kann die Klage dann „unverzüglich" (ohne schuldhaftes Zögern) zurücknehmen. Unter Berücksichtigung des bisherigen Sach- und Streitstandes entscheidet das Gericht nach billigem Ermessen über die Kosten.

Formulierungsbeispiel:

(...)

In dem Rechtsstreit (Rubrum, Aktenzeichen)

nimmt der Kläger die Klage nach § 269 Abs. 3 Satz 3 ZPO zurück und beantragt, dem Beklagten die Kosten aufzuerlegen.

Begründung:

Der Beklagte hat heute auf die bislang noch nicht zugestellte Klage die Hauptforderung nebst Zinsen gezahlt. Wie sich aus der Klageschrift ergibt, befindet sich der Beklagte seit dem ... mit der Zahlung in Verzug, so dass es angemessen ist, ihm die Kosten des Verfahrens aufzuerlegen. (...)

Aufgrund der unsicheren Kostenentscheidung durch das Gericht ist die Klage nicht zwingend zurückzunehmen: Nicht abschätzbar ist, ob das Gericht die Rücknahme als unverzüglich ansehen und wie es sein Ermessen ausüben wird. Empfehlenswert dürfte regelmäßig sein, die Klage in eine Feststellungsklage umzustellen, dass der Beklagte die Kosten des Rechtsstreits als Schadensersatz zu tragen hat.

Tipp:

Zahlt der Beklagte vor Rechtshängigkeit der Klage, kann sich der Kläger mit ihm noch über die Kostentragung einigen. Bei Versicherungen besteht regelmäßig Bereitschaft zur Kostenübernahme, wenn diese nach Anhängigkeit Schäden reguliert haben.

Formulierungsbeispiel:

(...)

In dem Rechtsstreit (Rubrum, Aktenzeichen)

hat der Beklagte am ..., mithin zwei Tage vor Zustellung der Klage die Forderung beglichen. Ich ändere daher die Klage und werde nunmehr beantragen,

festzustellen, dass der Beklagte verpflichtet ist, die Kosten des Rechtsstreits zu tragen.

Begründung:

Der Kläger hat, wie in der Klageschrift dargestellt, gegen den Beklagten einen Zahlungsanspruch aus ... Der Beklagte war im Verzug, als der Kläger die Klage bei Gericht eingereicht hat. Die Kosten des Verfahrens verlangt der Kläger von dem Beklagten als Schadensersatz. Die Umstellung der Klage ist sachdienlich.

3. Erledigung nach Rechtshängigkeit

Wurde die Klage dem Beklagten bereits zugestellt und erfüllt er danach die klägerische Forderung, gilt: Üblicherweise erklärt der Kläger den Rechtsstreit (klageändernd) für erledigt.

> **Formulierungsbeispiel:**
>
> (…)
>
> In dem Rechtsstreit (Rubrum, Aktenzeichen)
>
> hat der Beklagte am …, mithin eine Woche nach Zustellung der Klage die Forderung beglichen. Ich erkläre daher den Rechtsstreit für erledigt.
>
> Ich beantrage, dem Beklagten die Kosten des Rechtsstreits aufzuerlegen.

Diese Erledigungserklärung ist solange frei widerruflich, bis sich der Beklagte angeschlossen hat und das Gericht noch nicht entschieden hat. Kostenanträge der Parteien sind bei diesem Verfahren weitgehend üblich, aufgrund der Kostenentscheidung von Amts wegen jedoch entbehrlich.

Fällt die Kostenentscheidung zum Nachteil des Klägers aus, kann er aber weiterhin einen Anspruch darauf haben, dass der Beklagte ihm die Kosten erstattet. Diese Forderung muss er dann in einem neuen Prozess gegen den Beklagten durchsetzen. Das gilt speziell dann, wenn das Gericht in seinem Kostenbeschluss abgelehnt hat, die materielle Rechtslage zu prüfen. Hat das Gericht sogar auf die Möglichkeit verwiesen, einen etwaigen Anspruch auf Kostenerstattung im Klageweg durchzusetzen, entfaltet die Kostenentscheidung also keine abschließende Wirkung.

Schließt sich der Beklagte der Erledigungserklärung nicht an, beantragt der Kläger festzustellen, dass die Sache erledigt ist.

> **Formulierungsbeispiel:**
>
> (…)
>
> In dem Rechtsstreit (Rubrum, Aktenzeichen)
>
> hat der Beklagte am … gezahlt, so dass der Kläger seinen bisherigen Antrag nicht weiterverfolgt.
>
> Ich beantrage nunmehr festzustellen, dass der Rechtsstreit in der Hauptsache erledigt ist.

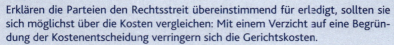

Tipp:
Erklären die Parteien den Rechtsstreit übereinstimmend für erledigt, sollten sie sich möglichst über die Kosten vergleichen: Mit einem Verzicht auf eine Begründung der Kostenentscheidung verringern sich die Gerichtskosten.

4. Teilweise Erledigung

Eine „Teil-Erledigungserklärung" ist ungebräuchlich. Vielmehr sind Art und Datum der Erledigung (zumeist der Zahlung) mitzuteilen. Weil über die Kosten des Rechtsstreits nur einheitlich entschieden werden kann, ist kein Kostenantrag zu stellen.

Formulierungsbeispiel:

(...)

Auf die Klageforderung hat der Beklagte am ... die Hälfte der Forderung, nämlich 2.000 EUR gezahlt.

Ich werde daher beantragen,

die Beklagte zu verurteilen, an den Kläger 2.000 EUR nebst Zinsen von fünf Prozentpunkten über dem Basiszinssatz auf 4.000 EUR vom ... bis zum ... und auf 2.000 EUR seit dem ... zu zahlen. ...

Oder:

(...) die Beklagte zu verurteilen, an den Kläger 4.000 EUR nebst Zinsen von ... Prozent abzüglich am ... geleisteter 2.000 EUR zu zahlen. (...)

5. Prozessuale Möglichkeiten des Beklagten

Wenn der Rechtsstreit vom Kläger für erledigt erklärt wird, kann der Beklagte zustimmen und damit eine Kostenentscheidung nach dem Ermessen des Gerichts – zu berücksichtigen ist der bisherige Sach- und Streitstand – herbeiführen. Begehrt der Beklagte aber eine rechtskräftige Entscheidung, muss er (auf den Feststellungsantrag des Klägers) beantragen, die Klage abzuweisen.

> **Formulierungsbeispiel:**
> (…)
> In dem Rechtsstreit (Rubrum, Aktenzeichen)
> schließt sich der Beklagte der Erledigungserklärung des Klägers nicht an.
> Ich werde beantragen, die Klage abzuweisen.
> **Begründung:**
> Ein erledigendes Ereignis ist nicht eingetreten, weil dem Kläger die Klageforderung nicht zugestanden hat. (…)

Bei zunächst zulässiger und begründeter Klage sowie erledigendem Ereignis erklärt der Beklagte den Rechtsstreit ebenfalls für erledigt.

> **Formulierungsbeispiel:**
> (…)
> In dem Rechtsstreit (Rubrum, Aktenzeichen)
> hat sich der Rechtsstreit erledigt.
> Der Kläger hat nach § 91 a ZPO die Kosten des Rechtsstreits zu tragen, weil der Beklagte schon vorprozessual am … aufgerechnet hat: Eine Aufrechnungslage bestand aus folgendem Grund: (…)

VII. Klagerücknahme

Möglicherweise sieht der Kläger im Verlauf des Verfahrens keine Chance mehr, den Prozess zu gewinnen, etwa deshalb, weil der Hauptzeuge deutlich zu seinem Nachteil ausgesagt hat oder weil sich der Beklagte auf die Einrede der Verjährung berufen hat. Dann kann es angezeigt sein, die Klage zurückzunehmen, um Gerichtsgebühren zu sparen.

> **Formulierungsbeispiel:**
> (…)
> In dem Rechtsstreit
> (Geschäftszeichen, Benennung der Parteien)
> nehme ich die Klage zurück.
> (Unterschrift)

Die Gerichtskosten ermäßigen sich aber nur dann, wenn die Klage (oder der Antrag auf Durchführung des streitigen Verfahrens) insgesamt zurückgenommen wird.

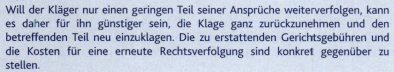

> **Tipp:**
> Will der Kläger nur einen geringen Teil seiner Ansprüche weiterverfolgen, kann es daher für ihn günstiger sein, die Klage ganz zurückzunehmen und den betreffenden Teil neu einzuklagen. Die zu erstattenden Gerichtsgebühren und die Kosten für eine erneute Rechtsverfolgung sind konkret gegenüber zu stellen.

VIII. Verzicht

Will der Kläger den Rechtsstreit kostensparend beenden, der Beklagte aber nicht zustimmen, kann der Kläger immer noch verzichten, § 306 ZPO. Man sollte sorgfältig klären, ob wirklich verzichtet werden kann: Zum einen kommt eine spätere Anfechtung des Verzichts grundsätzlich nicht in Betracht. Zum anderen führt der Verzicht im Unterschied zur Klagerücknahme zur dauerhaften Unklagbarkeit – jedenfalls dann, wenn der Beklagte beantragt hat, dass der Anspruch des Klägers abgewiesen wird.

IX. Strategien bei verspätetem Vorbringen

Die Parteien müssen den Streitstoff umfangreich und mit Substanz schriftlich vortragen. Außerordentlich wichtig ist, alle relevanten Tatsachen so früh wie nur möglich dem Gericht mitzuteilen, also schon am besten in der Klageschrift selbst. Der Beklagte muss alles, was wichtig ist, in der Klageerwiderung behaupten. Hat eine Partei möglicherweise verabsäumt, etwas Bedeutsames rechtzeitig darzustellen, droht die Nichtberücksichtigung von nachgeschobenem Vorbringen. Die sog. Verspätungsvorschriften der ZPO sehen vor, dass verschleppter Sachvortrag ausgeschlossen wird.

Keine Verspätung ist aber in folgenden Fällen gegeben:
- Die Fristsetzung durch das Gericht war unwirksam. Das ist bei bestimmten formellen Mängeln der Fall, u. a. wenn die Mindestfrist von zwei Wochen zur schriftlichen Klageerwiderung verkürzt wurde oder die erforderliche Belehrung über die Folgen der Fristversäumung fehlt.
- Vorbereitende Maßnahmen des Gerichts fehlen, z. B. hat das Gericht nicht versucht, einen spät benannten Zeugen noch zu laden.
- Der eigene Sachvortrag bleibt unbestritten.
- Die Beweismittel sind präsent (z. B. sistierte Zeugen, sofort mögliche Augenscheinseinnahme), außer wenn durch ihre Nutzung eine weitere Beweisaufnahme erforderlich werden würde.
- Eine weitere mündliche Verhandlung ist aus anderen Gründen ohnehin erforderlich, etwa wenn ein ordnungsgemäß geladener Zeuge nicht erscheint oder das Gericht nur einen „Sammeltermin" anberaumt hat, zumal dieser ein Verfahren nicht endgültig abschließen soll.

Tipp:
Ein Fristverlängerungsantrag ist nach diversen Vorschriften möglich und sollte daher gestellt werden, wenn innerhalb der vom Gericht gesetzten Frist nicht vorgetragen worden ist. Wird die Frist nicht verlängert, kann man sich möglicherweise noch für eine Versäumung einer Frist entschuldigen, also nachvollziehbare Gründe darstellen, weshalb eine rechtzeitige Stellungnahme nicht möglich gewesen ist. Die Entschuldigung ist auf Verlangen des Gerichts glaubhaft zu machen.

Wurden Fristen versäumt oder droht sonst die Zurückweisung des Vorbringens oder der Beweismittel, kann man noch gewisse **prozessuale Strategien** anwenden:
- In der mündlichen Verhandlung kann „in die Säumnis geflüchtet" werden, um nach Verkündung des Versäumnisurteils Einspruch einzulegen und in der Einspruchsschrift die Angriffs- und Verteidigungsmittel vorzutragen.
- Die Widerklage ist ein „neuer Angriff". Deswegen kann der entsprechende Sachvortrag nicht als verspätet zurückgewiesen werden.
- Die Klageerweiterung ist ebenfalls ein neuer Angriff auf bisher nicht geltend gemachte Positionen. Den allgemeingültigen Vortrag muss das Gericht zulassen. Es besteht zwar die Gefahr, dass das Gericht ein Teilurteil erlässt; allerdings besteht der Sinn der Ver-

spätungsvorschriften nicht in der Bestrafung einer Partei, sondern in der Prozessförderung. Ähnliches gilt für die Klageänderung und die Klagehäufung.

X. Vergleich

Auch während eines laufenden Zivilprozesses kann es bisweilen ratsam sein, einen Vergleich abzuschließen (das Gericht ist von Amts wegen verpflichtet, in jeder Verfahrenslage darauf hinzuwirken). Zwar sind dann schon – im Gegensatz zu einer vorgerichtlichen Einigung – regelmäßig zusätzliche Kosten entstanden. Eine Einigung bietet sich aber dennoch an, wenn die Erfolgsaussichten für die Fortführung der Klage – oder für die Verteidigung – ungewiss sind und durch den Vergleich einschließlich der Kostenregelung wenigstens ein Teil des Begehrens durchgesetzt werden kann. Im Einzelnen gilt Folgendes:

Checkliste gerichtlicher Vergleich:

- Der Vorteil eines Vergleichsabschlusses liegt für den Kläger in einer schnellen teilweisen Forderungserfüllung.
- Abzuschätzen sind die Erfolgsaussichten anhand der bisherigen Sach- und Beweislage sowie der zu erwartende weitere Verfahrensverlauf.
- Bei schlechten Erfolgsaussichten kann für jede der Parteien sogar ein vollständiges Nachgeben in der Sache bei Kostenaufhebung (die Gerichtskosten werden geteilt, jeder bezahlt seinen eigenen Rechtsanwalt/seine Rechtsanwältin) ein Erfolg sein!
- Der Beklagte darf nur dann einen Vergleich schließen, wenn er den Vergleich auch erfüllen kann. Anderenfalls würde er einen (versuchten) Prozessbetrug begehen. Wenn man also nicht in der Lage ist, sich z. B. auf eine bestimmte Summe zu einigen, muss man das auch sagen.
- Wird schon im Prozesskostenhilfeverfahren ein Vergleich geschlossen, ist zu berücksichtigen, dass keine Kosten von der Gegenseite erstattet werden. Das hat zur Folge, dass eine Partei, welche schon einen Rechtsanwalt/eine Rechtsanwältin beauftragt hatte und den Rechtsstreit (weitestgehend) gewonnen hätte, die Kosten, die sie per Ratenzahlung zu tragen hat, nicht ersetzt bekommt.
- Steht ein Vergleich in zweiter Instanz an, sollte zur Sicherung der Forderung vereinbart werden, dass sich eine vorhandene Bankbürgschaft auch auf die Vergleichsforderung bezieht.

- Bei einem Ratenzahlungsvergleich ist eine Verfallklausel für den Fall des Nichtzahlens einer oder mehrerer Raten aufzunehmen.

> **Formulierungsbeispiel:**
> Der Beklagte darf die Vergleichssumme (eventuell nebst Zinsen und Kosten) in monatlichen Raten von … EUR zahlen, beginnend ab dem …, jeweils zum 15. eines jeden Monats. Gerät der Beklagte mit einer Rate auch nur teilweise in Verzug, ist der gesamte Restbetrag sofort fällig.

- Wurde ein gerichtliches Sachverständigengutachten eingeholt und stützt sich der Vergleich auf dessen Begutachtung, gilt: Auch wenn die Begutachtung falsch war, scheidet eine Haftung des Sachverständigen aus, § 839 a BGB. Gegebenenfalls muss man das gerichtliche Gutachten vor einem Vergleichsabschluss von einem Privatsachverständigen prüfen lassen. Stellt sich heraus, dass der gerichtlich bestellte Sachverständige zu einem falschen Ergebnis gekommen ist, sollte man das Privatgutachten im Prozess vorlegen.
- Kommen weitere eigene Ansprüche in Betracht, sollte man keine sog. Abfindungsklausel vereinbaren. Für beide Seiten kann es aber auch sinnvoll sein, alle wechselseitigen Ansprüche mit dem Vergleich endgültig zu erledigen.
- Ist damit zu rechnen, dass der Beklagte nach Vergleichsabschluss aufrechnen wird (und danach eine sog. Vollstreckungsgegenklage erhebt), empfiehlt sich für den Kläger zu vereinbaren, dass der Vergleichsbetrag einredefrei zu zahlen ist (die Vollstreckungsgegenklage wäre nämlich ansonsten zulässig).
- Sicherzustellen ist, dass der Prozessvergleich einen vollstreckungsfähigen Inhalt hat, um einem neuen Rechtsstreit vorzubeugen. Bei der Formulierung ist das Gericht behilflich oder wird sogar einen konkreten Vorschlag unterbreiten. Eine Willenserklärung ist schon im Vergleich abzugeben.
- Erstreckt sich der Vergleich nicht auf die Kosten, sind diese als gegeneinander aufgehoben anzusehen, § 98 Satz 1, 1. Halbsatz ZPO.
- Eine Kostenvereinbarung muss sich grundsätzlich an der Hauptsache orientieren, insbesondere, wenn eine Rechtsschutzversicherung einstandspflichtig ist. Sonst würde die Rechtsschutzversicherung eine Übernahme der Kosten im Nachhinein – teilweise – verweigern.
- Würde der Vergleich nur daran scheitern, dass sich die Parteien nicht über die Kosten verständigen können, kann ausnahmsweise vereinbart werden, dass das Gericht über die Kosten entscheidet.
- Bei der Beteiligung Dritter ist dessen prozessual wirksame Einbeziehung herzustellen: Bei Anwaltsprozessen muss der Dritte ebenfalls anwaltlich vertreten sein. Es ist auch eine Mitvertretung möglich, wenn keine Interessenkollision besteht.
- Die Parteien müssen über die Forderung verfügen können. Das ist nicht der Fall, wenn die streitige Forderung abgetreten ist oder eine sog. cessio legis (gesetzliche Abtretung) vorliegt.

XI. Streitverkündung

Einer Streitverkündung liegt regelmäßig folgende Konstellation zugrunde: Drei Personen sind direkt oder indirekt von einem Rechtsverhältnis betroffen. Zwei Personen davon tragen einen Rechtsstreit aus. Es könnte nun sein, dass der Kläger verliert und deshalb einen zweiten Prozess gegen den Dritten führen will. Dieser soll im Folgeprozess nicht einwenden können, der Prozess sei falsch entschieden oder mangelhaft geführt worden und nur deshalb werde er jetzt in Regress genommen. Um das zu verhindern, kann dem Dritten daher schon im Ausgangsprozess der „Streit verkündet" werden. Damit wird also vermieden, dass man in einem zweiten Prozess mit einer Begründung unterliegt, die dem ersten Urteil widerspricht.

Beispiel:
Der Kläger beansprucht von seiner Vertragspartnerin, Firma Gesa, Zahlung von Werklohn. Der Mitarbeiter Tobias Schnell hatte den Vertrag unterzeichnet. Für den Fall, dass die Klageverteidigung der Firma Gesa Erfolg haben sollte, dass Herr Schnell keine Vollmacht hatte, würde der Kläger den ersten Prozess verlieren, könnte aber Herrn Schnell in einem Folgeprozess in Regress nehmen. Dort könnte der Mitarbeiter nicht einwenden, dass der erste Prozess falsch entschieden worden ist, wenn der Kläger ihm im Ausgangsverfahren den Streit verkündet hatte. Er wird dann wegen seiner Haftung als vollmachtloser Vertreter verurteilt werden.

Die Streitverkündung hat für den Kläger außerdem den Vorteil, dass die Verjährung von Ansprüchen gegen den Dritten gehemmt wird, § 204 Abs. 1 Nr. 6 BGB.

Der Streitverkündete muss in der Lage sein, den bisherigen Prozessgang nachzuverfolgen. Der Streitverkündungsschrift sind daher alle wesentlichen Schriftstücke beizufügen, des Weiteren, soweit diese schon vorliegt, die Ladung zum Termin.

Formulierungsbeispiel:
(Datum)

In dem Rechtsstreit (Parteibezeichnungen, Aktenzeichen)

wird Herrn Stefan Bremer, Hamburger Straße 34, 21335 Lüneburg, der Streit mit der Aufforderung verkündet, auf Seiten des Klägers beizutreten.

Für den Streitverkündeten werden folgende Unterlagen überreicht:
- Klage nebst Anlagen
- Klageerwiderung
- Terminladung (…)

Im Ausgangsprozess prüft das Gericht nicht, ob die Streitverkündung zulässig ist. Tritt der Streitverkündete/Dritte nicht bei, wird der Prozess ohne Rücksicht auf ihn fortgesetzt. Er erhält keine Schriftsätze, keine Terminladungen und kein Urteil (so dass er auch nicht weiß, ob es sinnvoll wäre, Berufung einzulegen. Für den Dritten kann sich das Nichtbeitreten später nachteilig auswirken. Kommt es dann zu einem Folgeprozess, prüft dieses Gericht erst dann die Zulässigkeit der Streitverkündung, also ob der erste Prozess für den Dritten verbindlich ist.

Tipp:
1. Die Partei, die den Streit verkünden möchte, kann mit dem Dritten auch einen Streitverkündungsvertrag vereinbaren, so dass die Wirkungen der Streitverkündung auch ohne Kenntnis des Gegners eintreten. Damit gibt der Kläger gegenüber dem Beklagten und dem Gericht nicht zu erkennen, dass er bereits jetzt seine Klageaussichten in der Weise kritisch sieht, dass es vielleicht noch auf einen Regressprozess ankommen wird. Auch der Dritte kann sich bedeckt halten.

2. Die Partei, die den Streit verkünden möchte, kann mit dem Dritten auch einen Streitverkündungsvertrag vereinbaren, so dass die Wirkungen der Streitverkündung auch ohne Kenntnis des Gegners eintreten. Damit gibt der Kläger gegenüber dem Beklagten und dem Gericht nicht zu erkennen, dass er bereits jetzt seine Klageaussichten in der Weise kritisch sieht, dass es vielleicht noch auf einen Regressprozess ankommen wird. Auch der Dritte kann sich bedeckt halten.

Der Dritte wird einen Beitritt in folgenden Fällen kritisch prüfen:
• Ist der Rechtsstreit schon weit vorangeschritten, kann der Dritte ihn kaum noch beeinflussen. Mit dem Einwand der schlechten Prozessführung ist er nicht von vornherein ausgeschlossen, das Risiko, auch mit Kosten belastet zu werden, lohnt sich möglicherweise nicht.
• Der Streitverkündete hält die Sache der Partei für aussichtslos oder er hat unabhängig vom anhängigen Prozess in einem Folgeverfahren gute Erfolgsaussichten.

Im Zweifel ist dem Streitverkündeten zur Wahrung der prozessualen Befugnisse zu empfehlen, beizutreten, insbesondere, um die günstigen Tatsachen vorzutragen. Er kann bei berechtigtem Interesse auch dem Gegner beitreten. Der Streitverkündete darf nicht den Erklärungen und Handlungen seiner Partei widersprechen; mithin nicht die Klage ändern oder zurücknehmen, für erledigt erklären, verzichten oder anerkennen oder einen Vergleich schließen.

> **Tipp:**
> Ein bislang unbeteiligter Dritter sollte von sich aus einem Rechtsstreit nicht beitreten, weil das zwischen den Parteien ergehende Urteil als richtig hinzunehmen wäre. Hat sich der Dritte nicht eingemischt, kann dieser später uneingeschränkt geltend machen, jenes Urteil sei falsch.

XII. Verfahrensrügen

Auch in einem Rechtsstreit können dem Gericht Fehler unterlaufen. Entscheidet das angerufene Gericht inhaltlich falsch, steht es der betroffenen Partei frei, mit einem Rechtsmittel dagegen vorzugehen.

Daneben kann es vorkommen, dass das Gericht die Vorschriften, welche das Verfahren regeln, also Paragraphen der ZPO, unrichtig anwendet. Zu unterscheiden ist insofern, ob es sich um Verstöße gegen zwingende oder Grundlagen des Prozessrechts handelt oder nicht.

Verstöße gegen zwingendes Recht brauchen nicht gerügt zu werden. Dazu gehören z. B.:
- ein Verstoß gegen die Regeln zur Beweiswürdigung
- das Nichtbeachten von Notfristen
- Formmängel beim Prozessvergleich.

Ein darauf gestützter Titel ist mit einem Rechtsbehelf angreifbar und kann dann, etwa in der Berufungsinstanz, geltend gemacht werden.

In anderen Fällen, wenn also nicht gegen zwingendes Recht verstoßen wurde, sollte gerügt werden, also bei:
- einem Fehler der Beweisaufnahme
- einem Verstoß gegen die Geschäftsverteilung
- einem Mangel bei der Zeugenladung
- der Vernehmung einer Partei als Zeuge und umgekehrt
- einem Verstoß gegen das rechtliche Gehör.

Die Rüge muss umgehend erhoben werden, z. B. muss der Beklagte nach Zustellung einer Klage noch vor der Erwiderung darauf den Fehler beanstanden, andernfalls kann die Rüge verspätet sein. Für den Beklagten kommt insoweit die Zuständigkeitsrüge oder die

Rüge der ordnungsgemäßen Klageerhebung, z. B. wegen fehlender Unterzeichnung in Betracht. Ferner kann der Beklagte eine nicht ordnungsgemäße Zustellung des Mahnbescheides oder der Klage rügen, s. o. Im Übrigen muss die jeweilige Partei in der mündlichen Verhandlung, bevor sie zu verhandeln beginnt, beanstanden. Die Rüge in einem vorangegangenen Schriftsatz reicht dann nicht mehr aus. Fehler der Beweisaufnahme sind vor dem Prozessgericht in der anschließenden Verhandlung zu rügen und nicht erst im nächsten Termin.

Will man den heilbaren Verfahrensfehler hinnehmen, etwa weil man an einer schnellen Entscheidung interessiert ist, kann unwiderruflich verzichtet oder schlicht rügelos verhandelt werden.

XIII. Terminänderung

Nach § 227 ZPO kann beantragt werden, dass der vom Gericht anberaumte Termin geändert (also aufgehoben, verlegt oder vertagt) wird, falls erhebliche Gründe vorliegen.

Ein Grund für eine Terminänderung besteht, wenn
- das Gericht über einen Antrag auf Bewilligung von Prozess-/Verfahrenskostenhilfe vorwerfbar spät entschieden hat
- eine gesetzliche, z. B. bei einem Mieterhöhungsverlangen, §§ 558 ff. BGB, oder eine vom Gericht gesetzte Frist bis zum Termin noch nicht abgelaufen ist.

Unerheblich für eine Terminänderung ist, wenn:
- die Parteien einvernehmlich den Termin ändern wollen
- eine Partei dem Termin verschuldet fernbleibt
- eine Partei ohne genügende Entschuldigung mangelhaft vorbereitet ist.

Auf Verlangen des Gerichts bzw. des Vorsitzenden ist der erhebliche Grund glaubhaft zu machen. Das gilt nicht für die Termine im Juli und August, wenn innerhalb einer Woche nach Zugang der Terminladung Änderung verlangt wird.

XIV. Ruhen des Verfahrens

Manchmal kann es sinnvoll sein zu beantragen, dass das Verfahren ruhen soll.

Beispiel:
Der Kläger hat Probleme hinsichtlich der Benennung eines Zeugen. Gleichzeitig sieht er aber eine Möglichkeit, sich mit dem Beklagten außergerichtlich zu einigen. Der Beklagte braucht noch Zeit, um zur Tilgung der Klageforderung Geld aufzubringen. Für beide Seiten ist das Ruhen des Verfahrens zweckmäßig.

Man muss bei einem entsprechenden Antrag aber sehr vorsichtig sein: Fristen, wie z. B. Rechtsmittelbegründungsfristen laufen auch beim Ruhen des Verfahrens weiter. Dient das Ruhen aber tatsächlich der Verfahrensförderung, wirkt die Verjährungshemmung immerhin weiter.

XV. Befangenheitsantrag

Ablehnungsanträge können gestellt werden gegen:
- Richter, §§ 42 ff. ZPO
- Rechtspfleger, § 10 RpflG
- Gerichtsvollzieher, § 155 GVG
- Schiedsrichter, § 1036 ZPO
- Sachverständige, § 406 ZPO
- Dolmetscher, § 191 GVG.

1. Befangenheitsantrag gegen einen Richter

Ist das Gericht voreingenommen und ist zu befürchten, dass der Rechtsstreit verloren wird, kann ggf. noch mit einem Wechsel des Richters – erzwungen durch einen Befangenheitsantrag – vorgegangen werden. Der Antrag sollte unbedingt nur dann gestellt werden, wenn er absolut aussichtsreich ist. Nach der Definition des Gesetzes, § 42 Abs. 2 ZPO, ist ein Richter befangen, soweit ein – objektiv vernünftiger – Grund vorliegt, der geeignet ist, Misstrauen gegen die Unparteilichkeit des Richters zu rechtfertigen.

Beispiele:

Der Richter:

- hat enge verwandtschaftliche Verhältnisse zu einer Partei

- erklärt, er halte den Prozess für unbedeutend oder für „Blödsinn"

- ist gegenüber der Partei oder dem Rechtsanwalt gehässig

- teilt in einem Pressegespräch das voraussichtliche Prozessergebnis mit

- rät einer Partei, sich auf Verjährung zu berufen

- empfiehlt einer Partei, sich „in die Säumnis zu flüchten"

- weigert sich, im Termin einen Befangenheitsantrag entgegenzunehmen

- hält in einer erneuten Verhandlung an seiner Rechtsauffassung fest, welche das Berufungsgericht schon zurückgewiesen hatte.

Der Befangenheitsgrund – Misstrauen gegen die Unparteilichkeit des Richters – muss glaubhaft gemacht werden. Dabei kann auf das Zeugnis des abgelehnten Richters, mithin auf seine dienstliche Äußerung, Bezug genommen werden.

Formulierungsbeispiel:

(…)

Ich erkläre den zuständigen Richter am Amtsgericht, Dr. Glanz, für befangen.

Begründung:

In dem Termin zur mündlichen Verhandlung am 20. 7. 2011 erklärte dieser wörtlich, er habe „keine Zeit für solche Kinkerlitzchen".

Zur Glaubhaftmachung beziehe ich mich auf die einzuholende dienstliche Äußerung des Dr. Glanz. (…)

Die Partei verliert ihr Ablehnungsrecht grundsätzlich, sobald sie im Termin verhandelt oder Anträge stellt. Man muss also, wenn man sich auf Befangenheit berufen will, in der Verhandlung erst den Befangenheitsantrag stellen. Ausnahmsweise kann der Antrag auch später noch gestellt werden. Dann muss man vor Schluss der mündlichen Verhandlung glaubhaft machen, dass der Ablehnungsgrund erst später entstanden oder einem bekannt geworden ist – also während der Verhandlung. Dies darf man ausnahmsweise auch mittels eidesstattlicher Versicherung erklären („Ich versichere an Eides statt, dass …). Nach Schluss der mündlichen Verhandlung besteht das

Ablehnungsrecht nur, wenn man erst dann den Ablehnungsgrund erfährt. Liegt bereits eine Entscheidung in der Hauptsache vor, fehlt aber das sog. Rechtsschutzbedürfnis für einen Befangenheitsantrag.

2. Befangenheitsantrag gegen einen Sachverständigen

Ein Sachverständiger (nicht aber ein Institut) kann aus denselben Gründen abgelehnt werden wie ein Richter. Eine offensichtliche Pflichtverletzung des Sachverständigen ist nicht erforderlich. (Umstritten ist allerdings, ob ein Gutachter auch im selbstständigen Beweisverfahren abgelehnt werden kann.)

Ablehnungsgründe sind u. a.:
- die Parteilichkeit des Gutachters wegen enger verwandtschaftlicher Beziehungen zu einer Partei
- eine mögliche Regresspflicht, auch von nahen Angehörigen
- u. U. die falsche Wiedergabe der tatsächlichen Grundlagen des Gutachtens
- das Hinzuziehen keiner oder nur einer Partei bei der Gutachtenvorbereitung
- die Tätigkeit des Sachverständigen für die Haftpflichtversicherung einer Partei
- das Erstatten eines Privatgutachtens in derselben Sache.

Der Ablehnungsantrag ist fristgebunden. Der Sachverständige muss spätestens zwei Wochen nach Verkündung oder Zustellung des Ernennungsbeschlusses abgelehnt werden. Handelt es sich um ein Gutachten, bei dem der verantwortliche Verfasser des Gutachtens erst später erkennbar wird, beginnt die Frist erst zu laufen, wenn die Partei weiß, wer der Sachverständige ist. Nach Fristablauf muss also glaubhaft gemacht werden, dass kein Verschulden vorlag, dass der Ablehnungsgrund nicht früher erhoben wurde, z. B , wenn dieser sich erst aus dem Gutachten ergibt.

Tipp:
Besteht die Befürchtung, dass der im gerichtlichen Verfahren bestellte Gutachter befangen ist, sollte dieser umgehend abgelehnt werden, weil anderenfalls die Ablehnungsfrist verstrichen sein könnte. Keinesfalls sollte eine vom Gericht gewährte Stellungnahmefrist abgewartet werden. Vor dem Beginn der Vernehmung des Sachverständigen ist in jedem Fall die Ablehnung nochmals zu erklären.

Die erforderliche Glaubhaftmachung kann im Übrigen, wie auch bei anderen Befangenheitsanträgen nicht durch eine eigene eidesstattliche Versicherung erfolgen. Sie muss sich daher aus anderen gegenwärtigen Beweismitteln ergeben.

XVI. Zusammenfassung

Während des laufenden Rechtsstreits gibt es viele Möglichkeiten, taktisch zu handeln:

Auf den richterlichen Hinweis, dass Unzuständigkeit vorliegt, sollte mit einem Verweisungsantrag reagiert werden. Wurde zunächst im Kosteninteresse nur ein Teilbetrag eingeklagt und stellt sich im Verfahrensverlauf heraus, dass die Prozesschancen gut sind, kann die Klage erhöht werden. Das gilt auch, wenn sich zeigt, dass weitere Ansprüche als die bislang eingeklagten bestehen. Der Kläger sollte beantragen, ein Teilurteil zu erlassen, wenn von mehreren geltend gemachten Ansprüchen ein Teil schon entscheidungsreif ist. Mit einem Antrag auf Erlass eines Grundurteils werden eventuell die Chancen auf einen schnellen Prozessvergleich erhöht. Möglicherweise ist auch die Klage zu ändern, z. B. wenn klar wird, dass die falsche Person verklagt wurde oder wenn die Klagebegründung geändert werden muss. Solche Klageänderungen sind grundsätzlich möglich; der Beklagte muss zustimmen, oder das Gericht muss die Änderung für sachdienlich halten.

Fallen Grund und Anlass des Rechtsstreits weg, z. B. weil der Beklagte die Klageforderung erfüllt, dann wird eine ursprünglich aussichtsreiche Klage unbegründet (ggf. auch unzulässig). Der Kläger darf den Rechtsstreit dann für erledigt erklären. Das Gericht entscheidet nur noch über die Kosten. Sieht der Kläger im Prozessverlauf keine Möglichkeit mehr, den Prozess zu gewinnen, z. B. weil der Hauptzeuge nachteilig ausgesagt hat, kann es richtig sein, die Klage zurückzunehmen, um Gerichtsgebühren zu sparen, alternativ kommt ein Verzicht in Betracht.

Wurde möglicherweise versäumt, wichtige Tatsachen rechtzeitig vorzutragen, droht der Ausschluss nachgeschobenen Vorbringens. Durch die „Flucht in die Versäumnis" kann dieser Gefahr taktisch begegnet werden. Vorab ist aber unbedingt zu klären, ob tatsächlich

Verspätung vorliegt, was nicht der Fall ist, wenn eine richterliche Fristsetzung unwirksam war, vorbereitende Maßnahmen des Gerichts fehlen, z. B. benannte Zeugen noch nicht geladen waren, eine weitere mündliche Verhandlung aus anderen Gründen ohnehin erforderlich ist oder der Tatsachenvortrag unbestritten bleibt. Ein Zeuge kann notfalls zur Verhandlung sistiert, also mitgebracht, werden.

Kommen – abhängig vom Prozessausgang – eventuell Ansprüche gegen einen Dritten in Betracht, kann dieser Person der Streit verkündet werden. Jener kann im Folgeprozess dann nicht behaupten, der Ursprungsprozess sei falsch entschieden worden, was für das spätere Verfahren einen entscheidenden prozessualen Vorteil einbringen kann.

Neben der Möglichkeit, Verfahrensrügen, z. B. Fehler der Beweisaufnahme oder ein Verstoß gegen das rechtliche Gehör, zu erheben, kann unter bestimmten Voraussetzungen die Terminänderung oder das Ruhen des Verfahrens erwirkt werden.

Befangenheitsanträge sind u. a. gegen einen Richter oder gegen einen Sachverständigen möglich.

6. Kapitel. Verhandlungsstrategien

Bis auf wenige Ausnahmen – so bei Kleinverfahren bis zu einem Gegenstandswert von bis zu 600 EUR – wird das Gericht den Fall mit den Parteien mündlich erörtern. Die Prozessgegner werden fast immer persönlich geladen. Dies ist gesetzlich vorgesehen und dient einem doppelten Zweck: Zum einen kann das Gericht den Sachverhalt aufklären. Zum anderen soll regelmäßig über einen möglichen Vergleich verhandelt werden. Eine Vertretung durch eine Person, die etwas zu dem Sachverhalt sagen kann, ist möglich, z. B. ein instruierter Mitarbeiter einer Firma. Ein Vertreter sollte eine Originalvollmacht vorlegen können und muss berechtigt sein, ggf. einen Vergleich abzuschließen.

Wie schnell die Sitzung anberaumt wird, hängt davon ab, ob das Gericht einen sog. frühen ersten Termin anberaumt oder ein sog. schriftliches Vorverfahren anordnet, was meistens der Fall sein wird. Dann terminiert das Gericht, wenn die Angelegenheit „ausgeschrieben" ist, es also davon ausgeht, dass alles Wesentliche schriftlich dargestellt worden ist. Die durchschnittliche Prozessdauer vor dem Amtsgericht beträgt nach Angaben des Bundesjustizministeriums viereinhalb Monate. Viele Prozesse dauern aber länger, wenn z. B. Sachverständigengutachten eingeholt werden.

I. Terminsverlauf

Überblick über den Ablauf eines Gerichtstermins:

Wesentliche Eckpunkte	Inhalte
Erhalt der Ladung	Das Gericht teilt den Parteien Zeit und Ort des Termins mit.
Eintreffen der Parteien	Ein verspätetes Eintreffen ist unbedingt zu vermeiden.

Wesentliche Eckpunkte	Inhalte
Informationen im Gericht	Aus dem Terminsblatt ergeben sich informative Details für den Termin.
Öffentlichkeit der Sitzungen	Verhandlungen in Zivilsachen sind öffentlich.
Aufruf der Sache	Der Vorsitzende ruft die Sache auf und eröffnet die Verhandlung.
Feststellung der Erschienenen	Der Vorsitzende stellt fest, wer erschienen ist.
Güteverhandlung	Der streitigen Verhandlung geht grundsätzlich eine Güteverhandlung voraus.
Streitige Verhandlung	Scheitert die Güteverhandlung, findet die streitige Verhandlung statt. Wesentliche Handlungspunkte der Parteien sind: • Verfahrensrügen • Antragstellung • Sachvortrag • Anträge auf Protokollaufnahme.
Beweiserhebung	• Die Parteien haben ein Fragerecht. • Die Parteien verhandeln über das Beweisergebnis.
Schluss der mündlichen Verhandlung	Der Vorsitzende schließt die mündliche Verhandlung.

II. Verlauf der Verhandlung im Einzelnen

1. Ladung

In seiner Ladung teilt das Gericht den Parteien Tag, Uhrzeit und Ort (Gerichtsgebäude und Sitzungssaal) der mündlichen Verhandlung mit.

Muster:
Amtsgericht Hannover
Volgersweg 1, 30175 Hannover

Amtsgericht Hannover, Volgersweg 1, 30175 Hannover	Ihr Zeichen:
1. Till Peters	Aktenzeichen: 15 C 155/12
Gartenstraße 1	Auskunft erteilt: Frau Bartels
31456 Hannover	Telefon: (0511) 347-0
2. Lena Peters	Telefax: (0511) 347-100
Gartenstraße 1	Datum: 27. 4. 2012
31456 Hannover	

Sehr geehrter Herr Peters,

in dem Rechtsstreit
HausBau GmbH ./. 1. Till Peters

2. Lena Peters

wird die anliegende Abschrift der bei Gericht erhobenen Klage übersandt.
Ihnen wird aufgegeben, binnen zwei Wochen zu der Klageschrift Stellung zu nehmen.
Früher erster Termin zur mündlichen Verhandlung wird bestimmt auf
Freitag, den 25. 5. 2012, 9:30 Uhr, Saal l.
Das persönliche Erscheinen der Beklagten sowie des Geschäftsführers der Klägerin wird angeordnet.
Mit freundlichen Grüßen
Dr. Wolfram
Richterin am Amtsgericht
Beglaubigt:
Blank
Justizfachangestellte

Im Musterbeispiel hat das Gericht einen sog. frühen ersten Termin anberaumt. Das Gericht hätte alternativ auch ein sog. schriftliches Vorverfahren anordnen können. Dann setzt es dem Beklagten eine Frist von zwei Wochen, um seine Verteidigungsbereitschaft anzuzeigen und eine weitere Frist von ebenfalls zwei Wochen zur Klageerwiderung. Welches Vorgehen das Gericht wählt, bleibt ihm überlassen.

Die Ladung sollte auf jeden Fall zum Termin mitgebracht werden: Der Wachtmeister des Gerichts kann so ggf. beim Auffinden des Verhandlungssaals behilflich sein.

2. Eintreffen der Parteien

Weil viele Gerichte mittlerweile im Eingangsbereich Personenkontrollen durchführen – der Personalausweis ist also ebenfalls mitzubringen –, sollte ausreichend Zeit für das Eintreffen eingeplant werden. Bei einer Verspätung von mehr als zehn Minuten besteht nämlich die Gefahr, dass die andere Seite den Erlass eines Versäumnisurteils beantragt. Sollte daher – wegen unvorhergesehener Umstände, z. B. wegen eines längeren Staus auf dem Hinweg – eine Verspätung von mehr als zehn Minuten drohen, ist unbedingt auf der Geschäftsstelle des Gerichts anzurufen und mitzuteilen, in welchem Zeitrahmen sich das Erscheinen verzögern wird. Die Nummer der Geschäftsstelle befindet sich stets auf der Ladung des Gerichts. Regelmäßig wird dann länger als zehn Minuten gewartet werden. Sollte wegen unverschuldeter Umstände der Termin nicht wahrgenommen werden können, z. B. wegen höherer Gewalt, was dem Gericht umgehend mitzuteilen ist, wird das Gericht die Verhandlung wahrscheinlich vertagen.

3. Informationen im Gericht

Vor dem Gerichtssaal befindet sich stets ein Terminsblatt, auf dem sich die Namen des Gerichts, des Spruchkörpers und des zuständigen Richters befinden. Der zeitlichen Reihenfolge nach sind die an diesem Tag in dem betreffenden Saal stattfindenden Verhandlungen aufgeführt. Die jeweiligen Rechtsstreitigkeiten sind mit dem Beginn der Verhandlung und den Namen der Parteien und ggf. der Prozessbevollmächtigten aufgelistet. Aus dem zeitlichen Abstand der Terminierungen der Verfahren ergibt sich, wie viel Zeit das Gericht der Angelegenheit widmen will. Durchaus häufig kommt es vor, dass Richter die Verhandlung einzelner Sachen „überziehen", etwa wenn sich die Parteien auf längere Vergleichsgespräche einlassen. Mit einem pünktlichen Beginn kann daher nicht unbedingt gerechnet werden. Möglicherweise dauert ja auch die eigene Streitsache länger als geplant, dann beginnt die nachfolgende Angelegenheit später. Es kommt selten vor, dass Richter Überziehungen nicht dulden.

4. Öffentlichkeit der Sitzungen

Das Gericht ist verpflichtet festzustellen, ob die mündliche Verhandlung öffentlich oder nichtöffentlich ist. Die Verhandlungen in Zivilsachen sind immer öffentlich, d. h. für jedermann ohne vorherige Anmeldung o. Ä. zugänglich. Der zuständige Richter wird daher zu Beginn seines Verhandlungstages klären, dass die Öffentlichkeit gewährleistet ist. Dies ist deshalb besonders wichtig, weil anderenfalls die Verhandlungen ohne Vorliegen weiterer Voraussetzungen angreifbar sind – es läge ein sog. absoluter Revisionsgrund vor.

> **Tipp:**
> Ist vor dem Beginn des eigenen Prozesses noch ausreichend Zeit, kann diese genutzt werden, um sich einen Eindruck von der Atmosphäre des Gerichtssaals, des zuständigen Richters und seiner Verhandlungsweise zu verschaffen. Wegen der Öffentlichkeit der Sitzungen ist es daher ohne Weiteres möglich, den Gerichtssaal zu betreten und als Zuhörer an anderen Verhandlungen teilzunehmen.

5. Aufruf der Sache

Befinden sich die Beteiligten noch nicht im Gerichtssaal, wird die Angelegenheit aufgerufen, auch vor dem Gerichtssaal. Befinden sich alle Beteiligten bereits im Saal, genügt für den Aufruf zur Sache der erkennbare Beginn der Verhandlung. Ist der Streitfall vollständig, sind also alle Beteiligten anwesend, darf mit deren Einverständnis auch schon vor der festgesetzten Zeit mit der Verhandlung begonnen werden.

6. Feststellung der Erschienenen

In den meisten Gerichtssälen befinden sich auf den Verhandlungstischen Hinweise/Schilder für den Kläger und den Beklagten, so dass die Sitzordnung vorgegeben wird. Bei manchen (kleineren) Gerichten ist dies nicht der Fall, die Anwesenden werden dann vom Vorsitzenden nach ihren Parteirollen gefragt.

Der Richter ist verpflichtet, die Anwesenheit der erschienenen Prozessbeteiligten in das Protokoll aufzunehmen. Er fragt daher die Parteien nach ihren Namen. Die Vorlage des Personalausweises oder der Ladung wird gewöhnlich nicht verlangt. Die Namen der Rechtsanwälte/Rechtsanwältinnen werden abgefragt, soweit diese dem Richter noch nicht bekannt sind.

Das Protokoll fertigt der Richter am Amtsgericht üblicherweise, indem er auf Band spricht. Nach Ausfertigung des Protokolls erhalten die Parteien einige Tage später eine Ausfertigung übersandt.

Muster:

Öffentliche Sitzung des Amtsgerichts   Hannover, den 25. 5. 2012
Hannover

Aktenzeichen: 15 C 155/12

Gegenwärtig: Richterin am Amtsgericht Dr. Wolfram

Von der Hinzuziehung eines Protokollführers wurde gemäß §§ 159, 160 a ZPO abgesehen.

Das Diktat wurde vorläufig auf Tonträger aufgezeichnet.

In dem Rechtsstreit

HausBau GmbH   ./.   1. Till Peters

                          2. Lena Peters

sind bei Aufruf der Sache um 9.30 Uhr erschienen:
1. der Geschäftsführer der Klägerin und Rechtsanwalt Dr. Petri,
2. die Beklagten in Person.

Nach Scheitern der zunächst durchgeführten Güteverhandlung wird unmittelbar in die mündliche Verhandlung eingetreten.

Der Sach- und Streitstand wird erörtert.

Der Klägervertreter stellt den Antrag aus dem Schriftsatz vom 23. 4. 2012. Die Beklagten stellen ihren Antrag aus dem Schriftsatz vom 9. 5. 2012.

Der Sach- und Streitstand wird erneut umfassend erörtert.

Das Gericht weist darauf hin, dass aus seiner Sicht die Fälligkeit des Zinsanpruches zweifelhaft ist.

Der Klägervertreter erklärt:

Mag das Gericht darüber entscheiden.

Beschlossen und verkündet:

Termin zur Verkündung einer Entscheidung wird anberaumt auf:

Freitag, den 15. 6. 2012.

Dr. Wolfram	Für die Richtigkeit der Übertragung vom Tonträger:
Richterin am Amtsgericht	Knoche, Justizbeschäftigte als Urkundsbeamte der Geschäftsstelle

7. Güteverhandlung

In der Güteverhandlung ist zunächst zu klären ist, ob die Parteien den Rechtsstreit noch einvernehmlich klären können, und sollte dieser Versuch erfolglos bleiben, einer sich unmittelbar daran anschließenden mündlichen Verhandlung.

In der Güteverhandlung wird das Gericht den Sach- und Streitstand kurz referieren und möglicherweise knappe Ausführungen zu dem weiteren Procedere geben, z. B. zur Frage der Notwendigkeit einer Beweiserhebung und der Entstehung weiterer Kosten. Das Gericht wird sich in den meisten Fällen an beide Prozessparteien wenden und erörtern, ob eine – vergleichsweise – Einigung der Parteien in Betracht kommt, es sei denn, die – vorläufige – juristische Beurteilung fällt eindeutig zu Lasten einer Partei aus. Dann wird das Gericht vornehmlich auf die voraussichtlich unterliegende Partei eingehen und dem Beklagten ggf. empfehlen, die Klageforderung zu erfüllen oder, wenn die Klage keine Erfolgsaussichten hat, sie zurückzunehmen.

Ob und in welchem Umfang eine Güteverhandlung stattfindet, hängt vom Ermessen des Vorsitzenden ab. Teilweise wird eine anberaumte Güteverhandlung lediglich wie eine zwecklose Formalität abgehandelt, indem der Vorsitzende nur knapp fragt, ob Vergleichsmöglichkeiten bestehen oder nicht. Falls nicht beide Parteien sogleich Vergleichsbereitschaft signalisieren, wird die Güteverhandlung sofort für gescheitert erklärt. Teilweise werden Güteverhandlungen aber auch stark ausgedehnt geführt; es muss sogar damit gerechnet werden, dass Gerichte einen gewissen Nachdruck auf die Parteien ausüben, um den Streitfall vergleichsweise zu beenden.

Tipp:
Besteht Interesse an einer Güteverhandlung, z. B. weil man eigene Beweis-schwierigkeiten fürchtet, dann kann bei Gericht ausdrücklich beantragt oder angeregt werden, die Güteverhandlung durchzuführen. Das Gericht wird ein solches streitschlichtendes Gespräch dann nicht als von vornherein aussichtslos betrachten können. Um zu erreichen, dass über die eigenen Vorstellungen einer vergleichsweisen Regelung gesprochen wird, kann in einem Schriftsatz bereits ein Vergleichstext vorgelegt werden. Es besteht dann die Aussicht, dass dieser zur Grundlage der weiteren Erörterungen wird; möglicherweise sogar, dass das Gericht diesen als eigenen Vorschlag übernimmt.

Lassen sich die Parteien in der Güteverhandlung nicht auf einen Vorschlag des Gerichts ein oder treffen sie auch sonst keine einvernehmliche Regelung, dann kommt es anschließend zur mündlichen Verhandlung.

8. Streitige Verhandlung

Nach dem Scheitern einer einvernehmlichen Regelung findet die zentrale, die streitige Verhandlung statt. Dabei nehmen die Parteien regelmäßig auf ihren bisherigen schriftsätzlichen Sachvortrag Bezug. Mündlich werden die wesentlichen Aspekte des Rechtsstreits besprochen, speziell dürfen sich die Parteien persönlich äußern, auch wenn sie anwaltlich vertreten sind. Dem Richter obliegt stets die Prozessleitung, also führt er sachdienlich das Verfahren, indem er auf die Erörterung der entscheidungserheblichen rechtlichen und/oder tatsächlichen Gesichtspunkte hinwirkt. Die (bislang schriftlich nur angekündigten) Anträge werden von den Parteien gestellt – der Kläger stellt seinen Zahlungs- oder sonstigen Antrag, der Beklagte regelmäßig seinen Antrag auf Klageabweisung.

a) Verfahrensrügen. An erster Stelle muss der Beklagte seine Rügen – vornehmlich die Zuständigkeitsrüge – erheben, um diese nicht zu verwirken.

b) Bitte um richterlichen Hinweis. Nach dem Gesetz ist jedes Gericht verpflichtet, zu bewirken, dass die Parteien alle erheblichen Tatsachen vortragen, insbesondere lückenhaften Vortrag ergänzen und Beweismittel nennen. Übersieht eine Partei erkennbar einen Gesichtspunkt oder hält ihn für unerheblich, muss das Gericht so früh wie möglich darauf hinweisen und Gelegenheit zur Äußerung geben. (Ausnahme: Es ist nur eine Nebenforderung betroffen.) Dasselbe gilt für einen Aspekt, den das Gericht anders beurteilt als beide Parteien.

Besteht die Befürchtung, dass Sachvortrag zu einem bestimmten Punkt noch ergänzt werden muss oder vielleicht ein – weiterer – Beweisantritt erforderlich sein könnte, kann das Gericht auch ausdrücklich gebeten werden, einen richterlichen Hinweis zu erteilen.

Kann eine Partei nicht sofort zu einem gerichtlichen Hinweis Stellung nehmen, soll das Gericht der Partei auf deren Antrag eine Frist bestimmen, in der sie die Erklärung in einem Schriftsatz nachholen kann. Die gesetzte Frist ist unbedingt einzuhalten, damit das Vorbringen noch berücksichtigt werden kann und nicht wegen Verspätung ausgeschlossen wird.

c) Antragstellung. Das Gericht wird, wie dargestellt, bereits in der Güteverhandlung auf die Erfolgsaussichten der Klage und der Verteidigung eingehen. Es kann vorkommen, dass das Gericht mitteilt, dass der bisherige Sachvortrag einer Partei unvollständig ist, s. o.

Kann der Sachverhalt durch ergänzende Fragen nicht geklärt werden und hat eine Partei schlicht prozessual grob nachlässig unvollständig vorgetragen und erhält sie deshalb keine Frist zum ergänzenden Sachvortrag, dann fehlt es an „substantiiertem Sachvortrag".

Es reicht dann eventuell für diese Partei nicht aus, dass im Termin der noch fehlende Vortrag mündlich dem Gericht mitgeteilt wird, außer, diese weiteren Informationen bleiben unstreitig, werden also von der anderen Partei nicht in Frage gestellt. Will die Gegenseite aber bestreiten, dann könnte eben diese Ergänzung der Angaben in der mündlichen Verhandlung „verspätet" sein. Die rechtliche Folge der Verspätung ist, dass dieser Vortrag vom Gericht nicht verwendet werden wird. Der Rechtsstreit könnte dann allein deswegen verloren gehen. Man könnte auch eine etwaige Berufung nicht mehr darauf stützen. Das Gericht wird deutlich zu erkennen geben, wenn es den Sachvortrag für unsubstantiiert hält.

> **Tipp:**
> Wäre eigener ergänzender Sachvortrag verspätet, bleibt die einzige prozessuale Möglichkeit, nicht „zu verhandeln". Man stellt dann keinen Antrag. Der Kläger, dessen bisheriger Sachvortrag unvollständig ist, würde also seinen angekündig-

> ten Klageantrag nicht stellen. Er würde dann vom Gericht so behandelt, als sei er nicht anwesend. Es würde ein Versäumnisurteil ergehen, gegen das der Kläger Einspruch einlegen kann. Mit dem Einspruch kann er seinen Sachvortrag dann vervollständigen.

Diese, sog. „Flucht in die Säumnis" kann auch der Beklagte anwenden. Er würde dann keinen Klageabweisungsantrag stellen und sich als fehlend behandeln lassen.

Das Gericht muss im Übrigen darauf hinwirken, dass kein angekündigter Antrag vergessen wird, und dass der Antrag zur Zwangsvollstreckung geeignet ist. Das Gericht muss helfen, unzulässige Anträge richtigzustellen und bei mehreren Anträgen deren Verhältnis zueinander klären.

d) Vortrag. Es muss frei geredet werden. Man darf also keine vorbereiteten Schriftstücke ablesen oder sich nur auf seine Schriftsätze beziehen. Urkunden usw. darf man nur verlesen, soweit es auf den wörtlichen Inhalt ankommt.

Überreicht die andere Partei erst im Termin oder kurz zuvor einen neuen Schriftsatz und kann im Termin – ganz ausnahmsweise – nicht sofort Stellung genommen werden, kann man eine Schriftsatzfrist beantragen (sog. Schriftsatznachlass). Sollte, was selten ist, eine sofortige Erklärung nicht zumutbar sein, muss dies auf das späte Vorbringen der Gegenseite zurückzuführen sein.

Hinweis:
Der Antrag, einen weiteren Schriftsatz nach der mündlichen Verhandlung einreichen zu dürfen, muss unbedingt in das Protokoll der Sitzung aufgenommen werden.

Bei Bewilligung der Schriftsatzfrist ist diese unbedingt einzuhalten, zumal nur eine fristgemäß eingereichte Erklärung berücksichtigt werden muss. Sind die Parteien persönlich anwesend, verlangt das Gericht aber zumeist eine umgehende Stellungnahme, um die Tatsachen aufzuklären.

e) Vorteile persönlicher Terminswahrnehmung. Wurde das persönliche Erscheinen der Parteien vom Gericht angeordnet, muss dem

Folge geleistet werden, um das Verhängen eines Ordnungsgeldes zu vermeiden.

Auch bei anwaltlicher Vertretung, und falls das persönliche Erscheinen nicht angeordnet worden sein sollte, kann es vorteilhaft sein, den Termin höchstpersönlich wahrzunehmen:

- Das Gericht wird das persönliche Erscheinen nutzen, um sich einen unvermittelten Eindruck von den Parteien zu verschaffen; schließlich spielt bei der Entscheidung des Gerichts auch die Glaubwürdigkeit der Parteien eine Rolle. Die Art und Weise der Sachverhaltsschilderung durch die Partei könnte das Gericht letztendlich mehr überzeugen als der schriftsätzliche Sachvortrag.
- Außerdem wird der Vorsitzende im Zweifel einer persönlich erschienenen Partei direkter und persönlicher erläutern, wo die etwaigen Defizite im bisherigen Sachvortrag liegen und dementsprechend sog. richterliche Hinweise geben, auf welche sich die Partei noch erklären kann.
- Kommt es auf eine besondere Sachkunde zur Beurteilung des Falles an, können dem Gericht – sollte diesem der Sachverhalt noch nicht plausibel geworden sein – bestimmte Punkte zum besseren Verständnis dargelegt werden. Gerade, wenn der Gegner einzelne Behauptungen in Frage stellt, können diese sogleich berichtigt werden.
- Im Rahmen einer Beweisaufnahme kann die Partei möglicherweise besser als ein Prozessbevollmächtigter einen Sachverständigen oder Zeugen befragen, weil die Partei den Sachverhalt besser kennt. Auch kann sie ggf. gute ergänzende Fragen stellen.
- Sind beide Parteien persönlich erschienen, kommt ein Vergleichsabschluss ohne sog. Widerrufsvorbehalt in Betracht, so dass eine Einigung endgültig zustande kommen kann. Somit besteht nach dem Ende der Verhandlung Rechtssicherheit.

f) Anträge auf Protokollaufnahme. Das Gericht wird alle Vorgänge oder Äußerungen in das Protokoll aufnehmen, die für die Beurteilung des Falles relevant sind. Vorgänge sind u. a. Reaktionen der Prozessbeteiligten, Zwischenfälle und alles andere, was zur Beurteilung des Ablaufs der mündlichen Verhandlung relevant ist. Äußerungen sind etwa Erklärungen außerhalb der Beweisaufnahme oder Rechtsansichten, soweit sie, z. B. zur Prüfung der Glaubwürdigkeit einer Partei, beachtlich sind. Die Prozessbeteiligten können beantragen, dass – über den notwendigen Inhalt des Protokolls hinaus – erhebliche Vorgänge oder Äußerungen in das Protokoll aufgenommen werden. Will das Gericht den Vorgang oder die Äußerung nicht aufnehmen, kann zumindest erreicht werden, dass der – grundsätzlich unanfechtbare – Beschluss darüber im Protokoll festgehalten wird. Dies indiziert dann, dass es in der Verhandlung eine entsprechende Unklarheit gegeben hat.

9. Beweiserhebung

Streiten die Kläger und Beklagter über entscheidungserhebliche Tatsachen, wird eine Beweisaufnahme erforderlich. Der Beweis wird im Rahmen einer mündlichen Verhandlung erhoben. Im Anschluss daran hat der Richter mit den Verfahrensbeteiligten den Sach- und Streitstand erneut zu erörtern. Die Parteien verhandeln also erneut streitig.

Hat das Gericht einen Beweisbeschluss erlassen, wird in der mündlichen Verhandlung der Beweis erhoben. Beim Urkundenbeweis wird die Originalurkunde eingesehen und, ggf. in Kopie, zur Akte genommen. Beim Augenscheinbeweis wird die betreffende Sache in Augenschein genommen, das Gericht protokolliert seine Wahrnehmung. Die amtliche Auskunft wird vor dem Termin eingeholt und den Parteien zur Verfügung gestellt. Ein Sachverständigengutachten wird ebenfalls schriftlich eingeholt und den Parteien vor dem Termin übersandt, der Sachverständige kann zur Erläuterung seines Gutachtens, auch auf Antrag einer oder beider Parteien, zur mündlichen Verhandlung geladen und dort befragt werden. Das Gericht hält diese Ergänzungen im Protokoll fest. Bei der Parteiaussage und der Zeugenvernehmung fragt das Gericht und protokolliert die Aussage.

a) Fragerecht. Beim Zeugenbeweis, der Parteiaussage und der mündlichen Anhörung eines Sachverständigen besteht im Termin ein Fragerecht der Parteien an die aussagende Person im Anschluss an die Befragung durch das Gericht. Zum Sachverständigengutachten können auch schon vor der mündlichen Verhandlung Fragen oder Anträge per Schriftsatz an das Gericht eingereicht werden sowie Einwendungen erhoben werden. Das Gericht kann dann schon vor der Verhandlung den Sachverständigen ersuchen, diese Fragen schriftlich zu beantworten.

Bei einem ungünstigen Verlauf der bisherigen Beweisaufnahme kann durch geschickte Fragen versucht werden, das Beweisergebnis noch zu beeinflussen. Dabei ist ein „gewisses Gespür" anzuwenden. So ist der Prozessgegner, welcher als Partei aussagt, nur zu befragen, wenn die Möglichkeit besteht, dass dieser von seinem bisherigen Sachvortrag abrückt (was selten der Fall sein wird) oder Zweifel an der Glaubhaftigkeit der Aussage aufgedeckt werden können, z. B. wenn er beginnt, sich in Widersprüche zu „verstricken". Für die Befragung von Zeugen gilt:

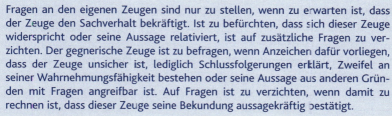

Tipp:
Fragen an den eigenen Zeugen sind nur zu stellen, wenn zu erwarten ist, dass der Zeuge den Sachverhalt bekräftigt. Ist zu befürchten, dass sich dieser Zeuge widerspricht oder seine Aussage relativiert, ist auf zusätzliche Fragen zu verzichten. Der gegnerische Zeuge ist zu befragen, wenn Anzeichen dafür vorliegen, dass der Zeuge unsicher ist, lediglich Schlussfolgerungen erklärt, Zweifel an seiner Wahrnehmungsfähigkeit bestehen oder seine Aussage aus anderen Gründen mit Fragen angreifbar ist. Auf Fragen ist zu verzichten, wenn damit zu rechnen ist, dass dieser Zeuge seine Bekundung aussagekräftig bestätigt.

Die Fragen müssen zulässig sein.

Bei einer Zeugenbefragung sind unzulässig:
- bereits beantwortete Fragen
- Fragen, welche nicht zum Beweissatz gehören (wegen der Prozesswirtschaftlichkeit und der Wahrheitsermittlung ist die Zugehörigkeit zur Beweisfrage aber weit auszulegen)
- Ausforschungsversuche
- Suggestivfragen
- ein eingeschränktes Fragerecht besteht gegenüber Personen, die zur Verschwiegenheit verpflichtet sind, auch wenn sie von ihrer Verpflichtung für die Aussage befreit worden sind, § 383 Abs. 3 ZPO.

Eine Vereidigung von Zeugen wird ganz regelmäßig nicht vorgenommen. Die Parteien werden gefragt, ob sie auf eine Vereidigung verzichten. Diese Frage sollte bejaht werden: Hat ein Zeuge ersichtlich überzeugend ausgesagt, dann erübrigt sich eine Vereidigung von selbst. Sie ist nicht erforderlich. Hat er gelogen, ist es nicht im Sinne des Gerichts und kann auch nicht im Interesse der Parteien liegen, dass ein Meineid geschworen wird, welcher mit einer Mindeststrafe von einem Jahr belegt ist, also ein Verbrechen ist. (Die uneidliche Falschaussage ist ein Vergehen und hat eine Strafandrohung von drei Monaten Freiheitsstrafe zur Folge.) Der Fall, dass nur durch eine beeidete Aussage der erforderliche Beweis erbracht werden kann, ist äußerst selten und wird höchst wahrscheinlich nicht vorliegen.

Hat man zwei oder mehr Zeugen für eine Beweisfrage benannt und sagt bereits der erste Zeuge überzeugend aus, könnte es angebracht sein, auf die Vernehmung des/der weiteren Zeugen zu verzichten. Sind Zeugen zum Termin erschienen, kann jedoch der Prozessgegner verlangen, dass dieser Zeuge auch vernommen wird. Auf die Vernehmung eines fremden Zeugen kann stets verzichtet werden.

Die Parteien können Zeugen auch „sistieren", also unangekündigt mitbringen. Das Gericht hört diese Zeugen im Rahmen einer anberaumten Beweiserhebung an, es sei denn, dies würde den anberaumten Verhandlungstermin zeitlich „sprengen". Dann muss das Gericht den sistierten Zeugen nicht vernehmen. Falls die andere Partei Zeugen „sistiert", kann dies möglicherweise die eigenen Prozessaussichten beeinträchtigen. Dann ist nach einer Möglichkeit zu suchen, gegen diese „Überraschungsstrategie" der anderen Partei anzugehen.

Tipp:
1. Falls die andere Partei Zeugen unangekündigt zur Beweiserhebung mitbringt, kann eingewendet werden, dass auch über andere erhebliche Behauptungen Beweis erhoben werden müsste. Z. B.: Ein sistierter Zeuge des Klägers soll den Unfallhergang schildern. Weil aber auch die Schadenshöhe an dem Kfz zwischen den Parteien umstritten ist, kann der Beklagte einwenden, dass dann auch noch darüber Beweis erhoben werden müsste, was zu einer Verzögerung des Rechtsstreits führen würde. Das Gericht braucht den Zeugen in diesem Fall nicht anzuhören.
2. Denkbar ist auch, den mitgebrachten Zeugen gezielt nach anderen beteiligten Personen zu befragen. Der Zeuge erklärt daraufhin, dass auch Frau Vogt den Vorfall beobachtet hat. Diese kann dann unter Hinweis darauf, dass der Beweisantritt erst jetzt möglich ist, nachbenannt werden. Das Gericht müsste einen weiteren Termin anberaumen. Die Zwischenzeit kann genutzt werden, eigene Zeugen zu benennen.

b) Verhandeln über Beweisergebnis. Unmittelbar nach der Beweisaufnahme dürfen die Parteien zum Beweisergebnis Stellung nehmen, also den Beweis aus ihrer Sicht würdigen und, soweit es nicht verschuldet zu spät ist, einen Gegenbeweis oder neuen Beweis antreten.

Wurde Beweis durch Vorlage einer privaten Urkunde erhoben und führt dieser vermutlich zu einem für die Partei ungünstigen Ergebnis, weil die Urkunde den Vortrag der anderen Partei bestätigt, ist zu überlegen, ob die Beweiskraft noch erschüttert werden kann. Das ist der Fall, soweit ein greifbarer Anhaltspunkt dafür besteht, dass der durch die Urkunde belegte Vorgang unrichtig dokumentiert wurde, § 415 Abs. 2 ZPO. Bei dieser Konstellation könnte noch der Gegenbeweis dafür angeboten werden, z. B. indem ein Zeuge dafür benannt wird, dass der Urkundeninhalt falsch ist.

Tipp:
Wird Beweis durch Vorlage einer privaten Urkunde erbracht, welcher für die Partei nachteilig ist, muss dies noch nicht bedeuten, dass der Rechtsstreit verloren werden wird. Vielmehr sollte, wenn möglich, der Wahrheitsgehalt der Urkunde bestritten werden („... Ich bestreite die inhaltliche Richtigkeit der Urkunde.").

Sind Urkunden beschädigt, wurde also radiert, durchgestrichen, eingefügt oder bestehen sonstige äußere Mängel, ist der Beleg durch das Gericht lediglich frei zu würdigen. Bei der Verhandlung über das Beweisergebnis kann daher durchaus in einer nutzbringenden Weise argumentiert werden. Wurde die Urkunde sogar zerrissen, kann das beweisen, dass der beurkundete Inhalt aufgehoben worden ist. Es ist immer plausibel, sich auf diese Begründung zu stützen.

Bei der Würdigung eines gerichtlich eingeholten Gutachtens gilt: War das Erscheinen des Sachverständigen angeordnet worden, können die Parteien auf seine weiteren Ausführungen nach Übersendung des Terminprotokolls noch schriftlich Stellung beziehen. Fehler eines ungünstigen Gutachtens sind zu rügen, z. B. das Zugrundelegen falscher oder streitiger Tatsachen (was durchaus vorkommt), Unschlüssigkeit, fehlende Nachvollziehbarkeit oder Widersprüchlichkeit – auch gegenüber wissenschaftlichen Erkenntnissen. Ist ein fehlerhaftes Gutachten nachteilig, ist abzuwägen, ob angeregt werden soll, dass ein neues Gutachten eingeholt wird.

Bei Parteiaussagen entscheidet (mehr als bei Zeugen) der persönliche Eindruck. War der aussagende Prozessgegner im bisherigen Termin anwesend, insbesondere bei einer Zeugenaussage oder kennt er die Anschauung des Gerichts, ist der Beweiswert gering. Das kann – in sachlicher Art und Weise – reklamiert werden und dürfte im Übrigen meist auch vom Gericht so gesehen werden. Hat die Partei eine Aussage oder den Eid verweigert, dann vereitelt sie den Beweis, was bedeutet, dass die Beweiserhebung zugunsten der anderen Partei gewertet wird. Jegliche Stellungnahme ist dazu überflüssig.

Ist die Vernehmung eines Zeugen ungünstig verlaufen, kann eventuell noch die Glaubwürdigkeit des Zeugen der Gegenseite oder die Glaubhaftigkeit dieser Aussage bezweifelt werden. Aus einer Zeugnisverweigerung kann gefolgert werden, dass der Zeuge die Behauptung des Gegners nicht bestätigen wollte.

10. Schluss der mündlichen Verhandlung

Der Vorsitzende schließt die mündliche Verhandlung. Wird noch ein weiterer Termin stattfinden, ist lediglich der anberaumte Termin beendet, die mündliche Verhandlung im Rechtssinne aber noch nicht geschlossen. Der Schluss der mündlichen Verhandlung ist entscheidend: Danach können die Parteien nicht weiter zur Sache vortragen – allenfalls Rechtsansichten äußern –, außer wenn ihnen das Gericht einen sog. Schriftsatznachlass bewilligt hat. Nach der mündlichen Verhandlung verkündet das Gericht nur noch seine Entscheidung, in Zivilsachen aber meistens in einem gesondert anberaumten Termin, zu welchem die Parteien aber nicht erscheinen müssen. Die Entscheidung wird umgehend schriftlich zugestellt.

III. Zusammenfassung

Auf die – bei allgemeinen Zivilsachen stets öffentliche – mündliche Verhandlung sollte man gut vorbereitet sein, denn auch hier bieten sich bei der Erörterung der Streitsache und einer Beweisaufnahme gute taktische Möglichkeiten an. Das persönliche Erscheinen der Parteien dient zum einen der Sachverhaltsaufklärung, zum anderen einer Vergleichsverhandlung. Eine Vertretung durch eine instruierte und zum Abschluss eines Vergleichs bevollmächtigte Person ist möglich.

Die der streitigen Verhandlung vorausgehende Güteverhandlung sollte genutzt werden, um dem Gericht einen glaubwürdigen Eindruck von sich selbst zu vermitteln. Die eigene Art und Weise der – in freier Rede zu haltenden – Sachverhaltsschilderung überzeugt das Gericht letzten Endes mehr als schriftsätzliche Tatsachenbehauptungen. Falls es auf eine besondere Sachkunde zur Beurteilung des Falles ankommt, können dem Gericht noch bestimmte Punkte zum besseren Verständnis dargelegt werden und im Rahmen einer Beweisaufnahme kann die Partei u. U. gute Fragen an einen Sachverständigen oder Zeugen stellen.

Wesentliche Handlungspunkte der Parteien in der streitigen Verhandlung sind etwaige Verfahrensrügen, die Antragstellung, der Sachvortrag und Anträge zur Protokollaufnahme. Im Rahmen der mündlichen Verhandlung wird Beweis erhoben, falls sich die Parteien über entscheidungserhebliche Tatsachen streiten. Beim Zeugenbeweis, der Parteiaussage und der mündlichen Anhörung eines Sachverständigen haben die Parteien im Anschluss an die Befragung durch das Gericht das Recht, Fragen zu stellen. Diese müssen zulässig sein. Verboten sind bereits beantwortete Fragen, Fragen, welche nicht zum Beweissatz gehören, Ausforschungsversuche und Suggestivfragen. Zu einem vorab eingeholten Sachverständigengutachten können die Parteien schon vor der mündlichen Verhandlung Fragen oder Anträge per Schriftsatz an das Gericht einreichen und Einwendungen erheben.

Im Anschluss an die Beweiserhebung und vor dem Schluss der mündlichen Verhandlung hat der Richter mit den Verfahrensbeteiligten den Sach- und Streitstand erneut zu erörtern.

Das Gericht setzt einen speziellen Verkündungstermin fest, wenn die Angelegenheit entscheidungsreif ist. In Zivilsachen ist es unüblich, sogleich am Schluss der mündlichen Verhandlung ein Urteil zu verkünden. Der Verkündungstermin wird etwa zwei oder drei Wochen später stattfinden. Die Parteien brauchen zu diesem Termin nicht zu erscheinen. Man kann sich auch telefonisch über den Ausgang des Rechtsstreits informieren. Nach dem Schluss der mündlichen Verhandlung, wenn also kein weiterer Termin mehr erforderlich ist, dürfen die Parteien keine neuen Tatsachen mehr vortragen. Diese würden vom Gericht nicht mehr beachtet werden. Rechtsmeinungen können bis zum Erlass des Urteils geäußert werden. Das Gericht wird diese prüfen.

I. Wiedereröffnung der mündlichen Verhandlung

In bestimmten gesetzlich vorgesehenen Fällen, wie z. B. bei Verfahrensfehlern des Gerichts, insbesondere bei der Verletzung der Hinweis- und Aufklärungspflicht oder wenn ein Richter zwischenzeitlich ausgeschieden ist, kann eine Wiedereröffnung des Verfahrens begründet sein. Man kann sich mit einer entsprechenden Anregung an das Gericht wenden, auch wenn es kein eigentliches Antragsrecht gibt. Das Gericht entscheidet, ob es die Verhandlung wiedereröffnen will. Eröffnet das Gericht den Prozess nicht noch einmal, obwohl nach § 156 Abs. 2 Nr. 2 ZPO entsprechende Tatsachen vorgetragen sind, kommen als Verfahrensrechte der Parteien eine Gehörsrüge, die Berufung und nach Erschöpfung des Rechtsweges, die Verfassungsbeschwerde, in Betracht.

II. Berufung und Beschwerde

Soll eine erstinstanzlich ergangene – teilweise – nachteilige Entscheidung nicht akzeptiert werden, kann dagegen grundsätzlich mit einem Rechtsmittel vorgegangen werden. Zunächst sollte das Urteil oder der Beschluss aber genau lesen und geprüft werden. Nachzuvollziehen ist, ob sich das Gericht

- mit dem Sachvorbringen der Parteien, insbesondere des eigenen Tatsachenvortrages auseinandergesetzt hat und
- ob es in der Begründung seiner Entscheidung folgerichtig argumentiert hat.
- Zitierte Normen sollten geprüft werden.

Ein Urteil muss dergestalt aufgebaut sein:

Urteilsbestandteile	Muster
Ausfertigungsvermerk	Ausgefertigt am: 29. 6. 2012
Gericht	Amtsgericht Regensburg
Verkündungsdatum	Verkündet am: 28. 6. 2012
Titel	Im Namen des Volkes
Bezeichnung der Entscheidung	Urteil
Geschäftszeichen	12 C 123/12
sog. Rubrum, Bezeichnung der Parteien und der Prozessbevollmächtigten	In dem Rechtsstreit der Firma Mobilfunk Neue Generation GmbH, vertreten durch den Geschäftsführer Klaus Stahl, Karlsstraße 24, 80995, – Klägerin – gegen die Schülerin Alexandra Schütze, Sternstraße 72, 93047 Regensburg, Prozessbevollmächtigte: Rechtsanwältin Dr. Denkert, Regensburg, – Beklagte –
sog. Tenor mit	hat das Amtsgericht Regensburg auf die mündliche Verhandlung vom 14. 6. 2012 durch den Richter am Amtsgericht Börner für Recht erkannt:
1. Sachentscheidung	1. Die Klage wird abgewiesen.
2. Kostenentscheidung	2. Die Klägerin trägt die Kosten des Rechtsstreits.

Urteilsbestandteile	Muster
3. Entscheidung zur Vollstreckbarkeit	3. Das Urteil ist für die Beklagte gegen Sicherheitsleistung von 120 Prozent des aufgrund des Urteils vollstreckbaren Betrages vorläufig vollstreckbar. Der Klägerin bleibt nachgelassen, die Vollstreckung durch die Beklagte durch Sicherheitsleistung von 120 Prozent des zu vollstreckenden Betrages abzuwenden, wenn nicht die Beklagte vor Vollstreckung Sicherheit in gleicher Höhe leistet.*
Überschrift für die Darstellung des Sachverhalts	Tatbestand:
Zwischen den Parteien unstreitiger Sachverhalt	Die Beklagte erwarb zum Barverkauf Nr. 122233 bei der Klägerin für 1 EUR ein Mobilfunkgerät. Gleichzeitig schloss sie einen Mobilfunkvertrag – ohne Belehrung über einen Widerruf – ab. Sie sollte zwei Jahre monatlich 30 EUR zahlen. Am nächsten Tag entschied sich die Beklagte anders und brachte der Klägerin das Handy zurück. Sie erklärte, vom Mobilfunkvertrag zurückzutreten. Zahlungen erbrachte sie nicht mehr.
streitige Behauptungen der Klägerin	Die Klägerin behauptet, das Handy habe einen Wert von 199,99 EUR gehabt. Ihr sei wegen der Nicht-Durchführung des Vertrages ein Schaden von 907,80 EUR entstanden.
Rechtsauffassungen der Klägerin	Die Klägerin vertritt die Auffassung, dass die Beklagte den Mobilfunkvertrag nicht habe widerrufen können, weil dieser nicht den Kauf des Handys finanziert habe.
Antrag der Klägerin	Die Klägerin beantragt, die Beklagte zu verurteilen, an die Klägerin 907,80 EUR nebst Zinsen von fünf Prozentpunkten über dem Basiszinssatz seit Rechtshängigkeit sowie 117 EUR Inkassokosten zu zahlen.
Antrag der Beklagten	Die Beklagte beantragt, die Klage abzuweisen.
streitige Behauptungen der Beklagten	Die Beklagte behauptet, das von ihr gekaufte Handy, ein „D22 Telemedia-Sport Handy" mit integrierter Kamera und Internetzugang, habe laut Vertragsformular einen Wert von 390 EUR.
Rechtsauffassungen der Beklagten	Die Beklagte meint, dass der Handykaufvertrag und der Mobilfunkvertrag eine Einheit darstellen.

Urteilsbestandteile	Muster
Hinweis des Gerichts, dass der gesamte Sachvortrag berücksichtigt wurde	Wegen des Parteivorbringens im Übrigen wird auf den Inhalt der gewechselten Schriftsätze nebst Anlagen ergänzend verwiesen.
Beweiserhebung	Das Gericht hat Beweis erhoben durch Verwertung des Original-Vertragsformulars als Urkunde.
Überschrift zu den Gründen der Entscheidung	Entscheidungsgründe:
Urteilsbegründung	Die zulässige Klage ist unbegründet.
	Die Klägerin kann von der Beklagten keine Zahlung aus einem Mobilfunkvertrag verlangen. Ein entsprechender Vertrag ist zwischen den Parteien nicht wirksam zustande gekommen. Die Beklagte hat ihn zu Recht widerrufen; §§ 139, 355, 491, 495, 499, 501 BGB.
	Der Mobilfunkvertrag diente der Finanzierung des Handykaufvertrages. Beide Verträge bilden eine wirtschaftliche Einheit, weshalb eine Verbundenheit zwischen ihnen gegeben ist.
	Die Beklagte zahlte keinen regulären Kaufpreis für das Handy. Gerichtsbekannt ist, dass zum Preis von 1 EUR kein Handy erworben werden kann. In wirtschaftlicher Hinsicht entsprechen die in der Laufzeit des Mobilfunkvertrages vorgesehenen Nutzungsgebühren dem Kaufpreis, um die Vorfinanzierung des Endgerätes wieder auszugleichen.
	Wie sich aus der Vertragsurkunde ergibt, ist die Klägerin selbst auch von einem Wert von 390 EUR ausgegangen. Damit wird auch die Bagatellgrenze von 200 EUR übertroffen.
	Weil der Klägerin keine Hauptforderung zusteht, kann sie von der Beklagten auch nicht die Erstattung der Inkassokosten verlangen, welche überdies nicht zweckdienlich waren und auch aus diesem Grund der Klageabweisung unterliegen.
Entscheidung zu den Kosten	Die Kostenentscheidung folgt aus § 91 ZPO.
Entscheidung zu der Vollstreckbarkeit	Die Entscheidung zur Vollstreckbarkeit folgt aus §§ 708 Nr. 11, 711 ZPO.

Urteilsbestandteile	Muster
Unterschrift des Richters	Börner, Richter am Amtsgericht
* Anmerkung zur Entscheidung der Vollstreckbarkeit: Die kompliz ert klingende Klausel betrifft die Rechtsanwaltsgebühren der Beklagten. Diese Kosten kann die Beklagte von der Klägerin erstattet verlangen; solange das Urteil nicht rechtskräftig ist, aber nur gegen entsprechende Sicherheitsleistung. Das hat den Sinn, dass die unterlegene Partei einen Vollstreckungsschaden verhindern können soll, wenn sie Berufung einlegt und das zweitinstanzliche Gericht anders entscheidet.	
(Ergänzende Anmerkung: Ähnlich haben bislang einige Amtsgerichte entschieden, das Urteil des Amtsgerichts Regensburg ist jedoch erdacht.)	

Gegen einen Beschluss ist Beschwerde einzulegen und gegen ein Urteil Berufung. Beide Rechtsmittel sind innerhalb gesetzlich vorgeschriebener Fristen zu erheben.

1. Beschwerde

Beschwerden müssen generell innerhalb von zwei Wochen geltend gemacht werden. Die Beschwerde gegen einen prozesskostenhilfeversagenden Beschluss ist innerhalb von einem Monat möglich. Wenn das Gericht die persönlichen und wirtschaftlichen Voraussetzungen für die Bewilligung von Prozesskostenhilfe verneint hat, ist sie immer gestattet, bei der Ablehnung wegen fehlender Erfolgsaussichten nur, wenn der Streitwert über 600 EUR liegt. Sie kann bei dem Gericht eingelegt werden, dessen Entscheidung angefochten wird oder bei dem nächsthöheren Gericht. Die Beschwerde wird durch Einreichung einer Beschwerdeschrift eingelegt. Die Beschwerdeschrift muss die Bezeichnung der angefochtenen Entscheidung sowie die Erklärung enthalten, dass Beschwerde gegen diese Entscheidung eingelegt wird. Die Beschwerde kann insbesondere dann durch Erklärung zu Protokoll der Geschäftsstelle eingelegt werden, wenn der Rechtsstreit in erster Instanz nicht als Anwaltsprozess zu führen ist (also hauptsächlich Klagen vor dem Amtsgericht) oder war oder die Beschwerde die Prozesskostenhilfe betrifft. Eine Beschwerde kann auf neue Tatsachen und Beweise gestützt werden.

2. Berufung

Gegen ein Urteil kann man innerhalb von einem Monat seit Zustellung des Urteils Berufung einlegen, wenn der Beschwerde wert über 600 EUR liegt (also ab 600,01 EUR). Es besteht Anwaltszwang, eine Anwaltskanzlei muss beauftragt werden.

Beispiel:
Firma Reinhard hatte gegen Frau Meyn auf Zahlung von 1.300 EUR geklagt. Das Amtsgericht hat die Beklagte verurteilt, an die Klägerin 690 EUR zu zahlen. Im Übrigen hat das Amtsgericht die Klage abgewiesen. Der abgewiesene Betrag (Beschwer) beläuft sich auf 610 EUR, deshalb kann Firma Reinhard Berufung beim örtlich zuständigen Landgericht einlegen.

War in der ersten Instanz das Amtsgericht zuständig, ist die Berufung grundsätzlich beim Landgericht zu erheben (eine Ausnahme besteht u. a. in Familiensachen: dort ist in zweiter Instanz das Oberlandesgericht zuständig; die Beschwerde ist aber zunächst zum Amtsgericht, dessen Entscheidung angefochten wird, einzulegen). War die Angelegenheit in erster Instanz streitwertbedingt bereits beim Landgericht anhängig, dann ist die Berufung zum Oberlandesgericht zu richten. Man sollte mit dem Rechtsanwalt / der Rechtsanwältin die Erfolgsaussichten vor der Einlegung der Berufung besprechen.

a) Antrag auf Bewilligung von Prozess-/Verfahrenskostenhilfe. Besteht Prozess-/Verfahrenskostenhilfebedürftigkeit und lassen sich die Erfolgsaussichten einer Berufung nicht prognostizieren, z. B. weil es keine eindeutige Rechtsprechung zu dem Fall gibt, ist ausschließlich ein Prozess-/Verfahrenskostenhilfeantrag zu stellen. Er muss zwar nicht wie eine Berufungsschrift selbst abgefasst sein, ist aber zu begründen. Eine neu ausgefüllte Erklärung über die persönlichen und wirtschaftlichen Verhältnisse nebst vollständigen Anlagen ist beizufügen, damit das zweitinstanzliche Gericht prüfen kann, ob die persönlichen und wirtschaftlichen Voraussetzungen für die Bewilligung der Prozess-/Verfahrenskostenhilfe vorliegen. Theoretisch kann eine Partei diesen Antrag selbst stellen, allerdings dürfte aufgrund der Komplexität davon abzuraten sein. Der Rechtsanwalt / die Rechtsanwältin erhält für einen Antrag Prozess-/Verfahrenskostenhilfe eine – günstige – (1,0) Gebühr. Wird Prozess-/Verfahrenskostenhilfe bewilligt, braucht der Rechtsuchende keine gesonderten Gebühren für den Antrag an die Rechtsanwaltskanzlei zu zahlen.

Bei der Bewilligung von Prozess-/Verfahrenskostenhilfe ist durch eine Rechtsanwaltskanzlei innerhalb eines Monats Berufung einzulegen und gegen die Versäumung der Berufungsfrist Wiedereinsetzung zu beantragen. Dies wird der beauftragte Rechtsanwalt/die Rechtsanwältin entsprechend veranlassen.

Wird das Prozess-/Verfahrenskostenhilfegesuch wegen fehlender Bedürftigkeit abgelehnt, kommt es für den Wiedereinsetzungsantrag darauf an, ob sich der Antragsteller für bedürftig halten durfte, z. B. weil er in einem anderen Verfahren Prozess-/Verfahrenskostenhilfe erhalten und seine wirtschaftlichen Voraussetzungen ordnungsgemäß dargelegt hat.

Tipp:
Ein Antrag auf Bewilligung von Prozess-/Verfahrenskostenhilfe kann für ein etwaiges Berufungsverfahren gestellt werden, um auszuforschen, ob das Rechtsmittel Erfolg haben könnte. Lehnt das Berufungsgericht die Bewilligung wegen fehlender Erfolgsaussichten ab, erhält man immerhin eine kostengünstige Entscheidung über sein Gesuch.

b) Kostengünstiges Vorgehen. Lässt man – über eine Rechtsanwaltskanzlei – zunächst fristwahrend Berufung einlegen, weil innerhalb der Monatsfrist zur Berufungseinlegung nicht geklärt werden konnte, ob Erfolgsaussichten bestehen und das Rechtsmittel durchgeführt werden soll, wird der Rechtsanwalt/die Rechtsanwältin die andere Partei bitten, keine kostenauslösenden Maßnahmen zu treffen. Stellt die Gegenseite dennoch einen Berufungsgegenantrag, hat sie keinen Kostenerstattungsanspruch, wenn der Berufungsführer die Berufung innerhalb der Berufungsfrist zurücknimmt. Auch auf diese Weise kann also der Kostenaufwand für das Prüfungsverfahren begrenzt werden.

Tipp:
Kann erst während einer verlängerten Berufungsbegründungsfrist geklärt werden, dass die Berufung nicht durchgeführt werden soll, kann versucht werden, die Kosten noch niedrig zu halten, indem die Berufung mit einem Antrag in geringer Höhe begründet und danach zurückgenommen wird: Entsprechend niedrig wird (meistens) der Streitwert festgesetzt und demgemäß sind die Gebühren für den Berufungsgegenantrag, den die andere Partei schon gestellt hat.

Bei ungewissen Erfolgsaussichten wird der Rechtsanwalt/die Rechtsanwältin möglicherweise zur Verringerung des Kostenrisikos folgende Möglichkeit erörtern: Es kann vorerst ein eingeschränkter Berufungsantrag gestellt werden (z. B. statt des in erster Instanz abgewiesenen Betrages wird zunächst nur ein Zehntel davon geltend gemacht); die Berufung ist dann bei entsprechend positivem Verfahrensverlauf – auch nach Ende der Berufungsbegründungsfrist – zu erweitern. Für die Vorgehensweise muss der Rechtsanwalt/die Rechtsanwältin die Berufung in vollem Umfang begründen und den avisierten Antrag unter Vorbehalt ankündigen. Die Kosten der Berufung bemessen sich nach dem geringen Wert, solange sie nicht erweitert wird. Daneben ist allerdings dem Rechtsanwalt/der Rechtsanwältin eine Gebühr für die Prüfung der weitergehenden Ansprüche zu zahlen.

c) Anschlussberufung. Für den Berufungsbeklagten ist eine unselbstständige Anschlussberufung sorgfältig abzuwägen, weil sein Kostenrisiko bei einstimmiger Zurückweisung der Berufung gemäß § 522 Abs. 2 ZPO ungewiss ist: Das Berufungsgericht kann die Kosten nach Quoten teilen. Der Berufungsbeklagte sollte daher jedenfalls seine Klage nicht im Wege der Anschlussberufung erweitern, sondern weitergehende Ansprüche gesondert einklagen. Abzuraten ist von einer Anschlussberufung, lediglich um „Waffengleichheit" zu erzielen.

Richtet sich die Anschlussberufung gegen ein teilweises Unterliegen in erster Instanz, sollte bei höheren Streitwerten versucht werden, auch hierfür das Kostenrisiko zu reduzieren, indem zunächst nur ein eingeschränkter Antrag gestellt wird. Auch der Berufungsanschlusskläger kann nämlich sein Rechtsmittel später – sobald die Erfolgsaussichten hierfür sicher sind – noch erweitern. Ergeht gegen den Berufungskläger ein Beschluss nach § 522 Abs. 2 ZPO, fallen dann die Kosten, die der Berufungsbeklagte ausgelöst hat, nicht erheblich ins Gewicht.

Die Anschlussberufung empfiehlt sich u. a. für den erfolgreichen Kläger, der in erster Instanz einen Haupt- und Hilfsantrag gestellt hatte: Dieser kann mit der Anschlussberufung erreichen, dass das Berufungsgericht über beide Anträge verhandelt. Damit begegnet er der Gefahr, dass seine Klage insgesamt abgewiesen wird.

d) Neue Tatsachen. In der Berufung werden neue Tatsachenbehauptungen grundsätzlich nicht zugelassen, weshalb bereits in der ersten

Instanz sorgfältig vorzutragen ist. Eine Ausnahme gilt allerdings für neue Tatsachen, die unstreitig bleiben und eine Zurückweisung dieser nunmehr vorgebrachten Tatsachen durch das Gericht zu einer evident unrichtigen Entscheidung führen würde. Deshalb würde das Berufungsgericht also neue unstreitige Tatsachen berücksichtigen. Daraus folgt wiederum, dass der Vortrag der anderen Partei sorgfältig zu prüfen ist und, soweit möglich, eventuell zu bestreiten sein wird.

III. Gehörsrüge

Diese ist einzulegen, wenn das rechtliche Gehör entscheidungserheblich verletzt wurde, z. B. bestimmte Behauptungen der Partei übergangen worden sind, und ein anderer Rechtsbehelf gegen die Entscheidung nicht gegeben ist (wenn der Gegenstandswert in der ersten Instanz nicht über 600 EUR liegt). Weil der Prozess vor dem Gericht des ersten Rechtszuges weiterzuführen ist, dürften die Erfolgsaussichten praktisch äußerst zweifelhaft sein. Es ist schließlich nicht davon auszugehen, dass ein Richter seine eben erst getroffene Entscheidung wieder verwirft. Außerdem ist eine Frist von zwei Wochen unbedingt einzuhalten. Gerichtskosten von 50 EUR pauschal fallen an, wenn die Rüge verworfen oder zurückgewiesen wird.

IV. Gegenvorstellung

Die Gegenvorstellung dient dazu, das Gericht zu veranlassen, bestimmte eigene Entscheidungen zu ändern. Weil das Rechtsmittel- und Beschwerderecht nicht unterlaufen werden soll, ist die Gegenvorstellung nur sehr eingeschränkt zulässig. Gegen Urteile ist sie ohnehin unstatthaft. Zulässig ist sie bei Verstößen gegen Verfahrensgrundrechte, ferner in den Fällen, in denen das Gericht befugt ist, von sich aus eine Entscheidung zu ändern (z. B. bei Terminänderungen) oder gegen Zwischenentscheidungen des Gerichts über Verfahrensfragen, wie etwa das Festsetzen des Beschwerdewertes. Praxisrelevant ist die Gegenvorstellung in Berufungsverfahren hinsichtlich

Beschlüssen, welche Prozesskostenhilfeanträge zurückweisen. Als letzte Möglichkeit, das Gericht in seiner Auffassung noch umzustimmen, kann mit ergänzenden Angaben Gegenvorstellung erhoben werden, um die begehrte Prozesskostenhilfe doch noch zu erhalten.

V. Dienstaufsichtsbeschwerde

Eine Dienstaufsichtsbeschwerde gegen einen Richter sollte wohl überlegt sein. Sie ist zwar form- und fristfrei möglich, führt aber nicht dazu, dass unerwünschte Entscheidungen geändert werden. Es gilt der Grundsatz der richterlichen Unabhängigkeit. Zu beachten ist:

- Mit einer Dienstaufsichtsbeschwerde kann nicht erreicht werden, dass die Rechtsfindung des zuständigen Richters überprüft wird.
- Es muss eine Verletzung dienstlicher Pflichten vorliegen. Kontrolliert werden kann, ob ein ordnungsgemäßer Geschäftsablauf vorlag und ob der Richter seine Amtsgeschäfte den äußeren Anforderungen entsprechend erledigt hat. Speziell bei einer erheblich verzögerten Terminierung kann eine Dienstaufsichtsbeschwerde angezeigt sein und eingelegt werden.
- Auch wenn – sehr selten – die Entscheidung des Richters keine sachlichen Erwägungen mehr erkennen lässt, kommt eine Dienstaufsichtsbeschwerde in Frage.
- Dasselbe gilt, wenn sich der Richter erheblich im Ausdruck oder in seiner sonstigen Vorgehensweise vergreift.

Die Dienstaufsichtsbeschwerde ist bei dem Dienstvorgesetzten des Richters einzulegen, meist beim Präsidenten des zuständigen Landgerichts. Sie ist äußerst sachlich zu begründen.

VI. Zusammenfassung

Nach dem Schluss der mündlichen Verhandlung wird üblicherweise noch keine (streitige) Entscheidung verkündet, in Zivilsachen setzen Gerichte vielmehr spezielle Verkündungstermine fest. Die Parteien brauchen zu diesem Termin nicht zu erscheinen. In bestimmten gesetzlich vorgesehenen Ausnahmefällen, wie z. B. bei Verfahrens-

fehlern des Gerichts oder falls ein Richter zwischenzeitlich ausgeschieden ist, kann die Verhandlung wieder eröffnet werden.

Soll eine erstinstanzlich ergangene – teilweise – nachteilige Entscheidung nicht akzeptiert werden, kann dagegen grundsätzlich mit einem Rechtsmittel – der Berufung oder der Beschwerde – vorgegangen werden. Bevor ein solches Rechtsmittel eingelegt wird, sollte –
anwaltlich – genau geprüft werden, ob sich das Gericht mit dem
eigenen Tatsachenvortrag hinreichend auseinandergesetzt hat und
ob es in der Begründung seiner Entscheidung folgerichtig argumentiert hat. Für das Einlegen einer Berufung besteht Anwaltszwang.
Eine Beschwerde kann auch (vornehmlich durch Erklärung zu Protokoll der Geschäftsstelle) eingelegt werden, wenn der Rechtsstreit
erstinstanzlich beim Amtsgericht geführt wurde.

Bei Streitwerten von bis zu 600 EUR kommt eine Gehörsrüge in
Betracht, die in der Praxis jedoch selten zur Änderung von Entscheidungen führt. Ein außerordentlicher Rechtsbehelf ist die Gegenvorstellung. Sie kann – ganz ausnahmsweise – eingelegt werden, wenn
es keinen gesetzlich vorgesehenen Rechtsbehelf mehr gibt.

Vielfach haben Forderungsinhaber Vorbehalte, ihre Ansprüche klageweise geltend zu machen. Es wird argumentiert, dass „Recht haben und Recht bekommen" zwei verschiedene Dinge und überdies Klageverfahren zu teuer seien und schließlich eine zu lange Prozessdauer Rechtsstreitigkeiten ineffektiv mache.

Die erste Begründung verfängt nicht: Wichtig ist, in einem Prozess den eigenen Sachvortrag ggf. auch beweisen zu können. Dazu dienen als Beweismittel vornehmlich Urkunden, z. B. Vertragsunterlagen, Lieferscheine, Rechnungen, Mahnungen, u. a. Ein Rechtsanwalt/eine Rechtsanwältin sollte die Erfolgsaussichten einer Klage prüfen. Ist ein Prozess riskant, etwa weil die Beweislage ungünstig ist, kann dann immer noch von einer Rechtsverfolgung abgesehen werden.

Gegen das Kostenargument ist einzuwenden, dass beim Obsiegen schließlich der Schuldner die Prozesskosten zu tragen hat, und im Übrigen vor dem Einreichen eines Mahnbescheides oder einer Klage geprüft werden sollte, ob der Schuldner (noch) solvent ist, um unnütze Ausgaben zu vermeiden.

Die Dauer der Prozesse vor den Amts- und Landgerichten ist kürzer, als gemeinhin angenommen wird. Zu berücksichtigen ist zunächst die hohe Anzahl der von den Zivilgerichten jährlich zu bearbeitenden Verfahren von über 1,5 Mio.

Übersicht: Anzahl der Gerichtsverfahren vor den Zivilgerichten in der Bundesrepublik Deutschland laut der Veröffentlichungen des Statistischen Bundesamtes

Jahre	Anzahl der laufenden Gerichtsverfahren
2005	1.879.496
2006	1.740.871
2007	1.654.205
2008	1.623.196
2009	1.610.107

Bei den Zivilgerichten hängt die Verfahrensdauer davon ab, ob in der ersten Instanz die Amtsgerichte oder die Landgerichte zuständig sind. Außerdem differiert die Verfahrenslänge je nach Bundesland erheblich.

Übersicht: durchschnittliche Verfahrensdauer in Zivilsachen

Verfahrensdauer in Zivilsachen (Prozesse zwischen Privatpersonen)	Zuständigkeit der Amtsgerichte in erster Instanz (Grundsatz: Streitwerte bis 5.000 EUR)	Zuständigkeit der Landgerichte in erster Instanz (Grundsatz: Streitwerte ab 5.000,01 EUR)
Bundesdurchschnitt	4,7 Monate	8,1 Monate
Statistik für die Bundesländer	von 3,9 bis 5,8 Monate	von 6,3 bis elf Monate

Bei der gewöhnlichen Prozessdauer steht die Bundesrepublik Deutschland im internationalen Vergleich gut dar. Jedoch kann es auch hier zu überlangen Gerichtsverfahren kommen (13 Prozent der Prozesse vor den Landgerichten überschreiten ein Jahr und sechs Prozent mehr als zwei Jahre (eher länger dauern im Übrigen Verfahren vor den Verwaltungsgerichten – Durchschnitt: 10,9 Monate – und den Finanzgerichten – 17,5 Monate –). Weil überlange Prozesse die Parteien stark persönlich und finanziell belasten können, hatte der Europäische Menschenrechtsgerichtshof das Fehlen eines besonderen Rechtsschutzes hierfür in Deutschland beanstandet. Dementsprechend wurde nunmehr gesetzlich verankert, dass Rechtsuchende vor unverhältnismäßig langen Verfahrensdauern speziell geschützt werden. Betroffene können eine Verzögerung rügen. Soweit dies ohne Erfolg bleibt, kann auf Entschädigung geklagt werden. In diesen Entschädigungsverfahren werden die immateriellen Nachteile, wie z. B. seelische und körperliche Belastungen, mit regelmäßig 1.200 EUR für jedes Jahr ersetzt. Daneben ist zusätzlich eine angemessene Entschädigung für materielle Nachteile vorgesehen, etwa bei verursachter Firmeninsolvenz. Möglicherweise wird in Zukunft daher noch zügiger entschieden werden.

9. Kapitel. Streitbeilegung außerhalb des Zivilprozesses

Neben der Möglichkeit, Forderungen vor den sog. ordentlichen Gerichten, also vor den Amts- und Landgerichten einzuklagen, gibt es auch andere Vorgehensweisen. Insbesondere bei generell konsensfähigen Parteien ist es vielleicht denkbar, einen Streitfall außerhalb eines Zivilprozesses abschließend zu klären. Zum einen kann – ggf. vorausschauend – die Zuständigkeit eines Schiedsgerichtes begründet werden, das dann abschließend entscheidet; zum anderen kommen einvernehmliche Streitschlichtungen vor einer staatlich anerkannten Gütestelle oder in einem Mediationsverfahren in Betracht. Der Gläubiger braucht nicht zu fürchten, dass während eines solchen Verfahrens seine Forderung verjährt, denn durch die Verfahrenseinleitung wird die Verjährung seines Anspruchs gehemmt.

I. Schiedsrichterliches Verfahren

Solche Verfahren, die auch mit einem Urteil enden können, werden vor speziellen Schiedsgerichten geführt. Sie ersetzen Zivilprozesse: Wird in einer Schiedssache vor einem ordentlichen Gericht geklagt, muss das angerufene Amts- oder Landgericht diese Klage auf Rüge des Beklagten als unzulässig abweisen.

1. Schiedsvereinbarung

Voraussetzung für die Zuständigkeit eines Schiedsgerichts ist, dass die Parteien eine wirksame (und durchführbare) Schiedsvereinbarung geschlossen haben. Das ist ihre Abmachung, alle oder einzelne Streitigkeiten der abschließenden Entscheidung durch ein Schiedsgericht zu unterwerfen. Es kann sich dabei um schon vorhandene Auseinandersetzungen handeln. Oftmals werden Schiedsvereinbarungen aber auch in Bezug auf denkbare, künftig erst entstehende

Konfrontationen aus einem bestimmten Rechtsverhältnis geschlossen, um einem Rechtsstreit vor einem ordentlichen Gericht vorzubeugen, z. B. weil nicht gewollt ist, dass bestimmte Interna öffentlich gemacht werden können.

An die **Form der Schiedsvereinbarung** werden hohe Anforderungen gestellt.

- Schiedsvereinbarungen, an denen ein Verbraucher beteiligt ist, müssen in einer von den Parteien eigenhändig unterzeichneten Urkunde enthalten sein. Allerdings kann auch eine elektronische Form ausreichen: Der Aussteller der Erklärung muss dieser seinen Namen hinzufügen und das elektronische Dokument mit einer qualifizierten elektronischen Signatur nach dem Signaturgesetz (www.dejure.org/gesetze/SigG) versehen. Die andere Vertragspartei muss zum Einvernehmen mit einem gleichlautenden Dokument in derselben Weise verfahren. Andere Vereinbarungen als solche, die sich auf das schiedsrichterliche Verfahren beziehen, darf die Urkunde oder das elektronische Dokument nicht enthalten.

- Ansonsten kann die Schiedsvereinbarung in einer selbstständigen Vereinbarung (Schiedsabrede) oder per Vertragsklausel (Schiedsklausel) geschlossen werden.

2. Anforderungen

Jeder vermögensrechtliche Anspruch – vertraglicher oder nichtvertraglicher Art – kann Gegenstand einer Schiedsvereinbarung sein. Allerdings können Rechtsstreitigkeiten, bei denen es um den Bestand eines Mietverhältnisses über Wohnraum im Inland geht, grundsätzlich keiner Schiedsvereinbarung unterworfen werden. (Etwas anderes gilt, wenn Wohnraum nur zum vorübergehenden Gebrauch vermietet ist oder es sich um möbliertem Wohnraum im vom Vermieter bewohnten Haus handelt.)

Tipp:
Weil mit einer Schiedsvereinbarung der Rechtsweg zu den Amts- und Landgerichten endgültig ausgeschlossen wird, sollte sorgfältig geprüft werden, ob für den Streitfall die Nachteile hinreichend abgeschätzt werden können und die Vorteile insgesamt überwiegen.

3. Vor- und Nachteile einer Schiedsvereinbarung

Ein Schiedsverfahren bietet im Vergleich zu einem Prozess vor einem staatlichen Gericht Vor- und Nachteile.

Übersicht:

Vorteile eines Schiedsverfahrens	Nachteile eines Schiedsverfahrens
Der Streit findet unter Ausschluss der Öffentlichkeit statt, weil im Gegensatz zu den stattlichen Gerichten die Verhandlung nicht öffentlich ist.	Die Vereinbarung, dass im Streitfall ein Schiedsgericht zu entscheiden hat, wird oft vertraglich durch die wirtschaftlich stärkere Vertragspartei vorgegeben, so dass die andere Partei nicht immer vom Schiedsverfahren überzeugt ist.
Zudem kann die Vertraulichkeit des Verfahrens vereinbart werden.	Die Parteien verlieren ihren Anspruch auf rechtliches Gehör vor einem staatlichen Gericht.
Die Parteien bestimmen die Schiedsrichter. Sie können also Richter mit besonderem Sachverstand benennen.	Die Parteien geben ihren Anspruch auf eine Entscheidung durch ein staatliches Gericht auf.
Die Parteien können den Ort des schiedsrichterlichen Verfahrens vereinbaren. Das Schiedsgericht kann daher auch ein neutrales Forum bieten, das keiner Partei einen „Heimvorteil" gibt.	Bedenklich ist, dass jece Partei einen Schiedsrichter benennt. Den Richtern fehlt daher nicht selten die innere Unabhängigkeit. Wenn auch Ablehnungsmöglichkeiten bestehen, ist dennoch nicht gewährleistet, dass eine unparteiische Entscheidung erfolgen wird.
Das Verfahren bestimmen die Parteien weitestgehend selbst; z. B. hinsichtlich der Verhandlungssprache oder des Erfordernisses einer mündlichen Verhandlung.	Verfahrensregeln können beschränkt werden, z. B. dass keine anderen Beweismittel als Urkunden zugelassen werden. Dadurch wird möglicherweise die Wahrheitsfindung begrenzt.
Das Verfahren kann wesentlich schneller ablaufen als vor den staatlichen Gerichten.	Es gibt keine Berufung, sondern nur einen sog. Aufhebungsantrag und Einwendungen im sog. Vollstreckbarkeitsverfahren. Es gibt also nur eine Instanz. Dadurch wird die Gefahr von nicht korrigierbaren falschen Urteilen erhöht.
Bei Verfahren mit hohem Streitwert kann das Schiedsverfahren kostengünstiger sein.	Die Verfahrenskosten können in Einzelfällen höher ausfallen als vor staatlichen Gerichten.

4. Schiedsklage

Eine Schiedsklage beginnt damit, wenn nicht anderes vereinbart ist, dass die andere Partei einen Antrag erhält, mit welchem beantragt wird, die Streitigkeit einem Schiedsgericht vorzulegen.

Formulierungsbeispiel:

(…)

Sehr geehrte Damen und Herren,

nachdem Sie meinen Zahlungsanspruch endgültig zurückgewiesen haben, beantrage ich gemäß der bestehenden Schiedsvereinbarung, den Rechtsstreit einem Schiedsgericht vorzulegen.

Ich bestelle als Schiedsrichter Herr/Frau (Name, Adresse) und fordere Sie auf, innerhalb von zwei Wochen nach Zugang dieses Briefes Ihrerseits einen Schiedsrichter zu bestellen.

Mit freundlichen Grüßen

Schiedskläger

Nachdem die andere Partei ebenfalls einen Schiedsrichter bestellt hat und die Schiedsrichter einen Vorsitzenden bezeichnet haben oder das Schiedsgericht auf andere Weise (entsprechend der vertraglichen Absprache) bestimmt worden ist, kann die Schiedsklage eingereicht werden. Sie entspricht in Art und Aufbau inhaltlich einer Klage im Zivilprozess.

Formulierungsbeispiel:

An das

Schiedsgericht, bestehend aus
1. Schiedsrichter (Name) als Vorsitzenden,
2. Schiedsrichter (Name)
3. Schiedsrichter (Name)

(Datum)

In dem **Schiedsverfahren**

des (Name und Adresse des Gläubigers),

– Schiedskläger –

gegen

(Name und Adresse des Schuldners),

– Schiedsbeklagter –

wegen (nähere Bezeichnung der Forderung),

> beantrage ich,
>
> den Schiedsbeklagten zu verurteilen, an den Schiedskläger EUR (Betrag) nebst Zinsen von fünf/acht Prozentpunkten über dem Basiszinssatz seit dem (Datum) zu zahlen.
>
> **Begründung:**
>
> Die Parteien haben am (Datum) einen Vertrag abgeschlossen, mit dem sie gleichzeitig eine Schiedsvereinbarung geschlossen haben, welche die in diesem Verfahren geltend gemachten Ansprüche betrifft. Den Vertrag überreiche ich als
>
> Anlage K.
>
> Dem Schiedskläger stehen gegen den Schiedsbeklagten folgende Ansprüche aus dem Vertrag sowie Zinsansprüche zu:
>
> (Es folgt die weitere Begründung).
>
> (...)
>
> (Unterschrift)

5. Urteilswirkung

Der Schiedsspruch wirkt zwischen den Parteien wie ein rechtskräftiges zivilrichterliches Urteil. Sofern die Parteien nichts anderes vereinbart haben, entscheidet das Schiedsgericht auch darüber, zu welchem Anteil die Parteien die Kosten (insbesondere auch Rechtsanwaltsgebühren) zu tragen haben. Die Kostenentscheidung trifft das Schiedsgericht nach pflichtgemäßem Ermessen. Der Ausgang des Verfahrens, also das Obsiegen und Unterliegen, spielt dabei eine wesentliche Rolle.

6. Vollstreckung des Urteils

Schiedssprüche, die von einem deutschen Schiedsgericht gefällt worden sind, haben zunächst nur feststellenden Charakter. Um daraus die Zwangsvollstreckung betreiben zu können, muss der Spruch von einem staatlichen Gericht für vollstreckbar erklärt werden. Dazu ist ein entsprechender Antrag an das vertraglich vereinbarte Oberlandesgericht zu richten. Haben sich die Parteien in der Schiedsvereinbarung nicht auf ein bestimmtes Oberlandesgericht geeinigt, bestimmt sich seine Zuständigkeit danach, in wessen Bezirk der Ort des schiedsrichterlichen Verfahrens liegt.

Formulierungsbeispiel:

An das

Oberlandesgericht XY

(Adresse)

(Datum)

In Sachen

des (Name und Adresse des Gläubigers),

- Antragsteller –

gegen

(Name und Adresse des Schuldners)

– Antragsgegner –

wegen: Vollstreckbarerklärung eines inländischen Schiedsspruchs,

beantrage ich,

1. den durch das Schiedsgericht – bestehend aus dem Schiedsrichter (Name) als Vorsitzenden und den Schiedsrichtern (Namen) – am (Datum) ergangenen und den Parteien am (Datum) übersandten Schiedsspruch, durch den der Antragsgegner zur Zahlung von EUR (Betrag) sowie Kosten von EUR (Betrag) verurteilt worden ist, für vollstreckbar zu erklären,
2. den Beschluss für vorläufig vollstreckbar zu erklären.

Begründung:

Die Parteien schlossen am (Datum) eine Schiedsvereinbarung,

Anlage 1.

Aufgrund dieser Vereinbarung haben sie ein Schiedsverfahren betrieben. Das Schiedsgericht erließ am (Datum) den als

Anlage 2.

überreichten Schiedsspruch. Der Antragsgegner wurde verurteilt, an den Antragsteller EUR (Betrag) nebst Zinsen von fünf/acht Prozentpunkten über dem Basiszinssatz seit dem (Datum) zu zahlen. Ferner wurde der Antragsgegner verurteilt, Kosten von EUR (Betrag) zu zahlen.

Der Schiedsspruch wurde den Parteien am (Datum) übersandt. Die Postbescheinigung über den Zugang überreiche ich als

Anlage 3.

Der Antragsteller hat trotz Zahlungsaufforderung vom (Datum) nicht gezahlt.

Aufhebungsgründe liegen nicht vor.

(Unterschrift)

II. Einvernehmliche Streitschlichtung

Insbesondere, wenn Gegenargumente und Einwendungen des Schuldners zur Forderung nicht von vornherein von der Hand zu weisen sind, kommt eine einvernehmliche („konsensuale") Streitschlichtung in Betracht. Möglichkeiten einer außerprozessualen Einigung bestehen eventuell bei einer Verhandlung vor einer staatlich anerkannten Gütestelle oder in einem Mediationsverfahren.

1. Gütestellenverfahren

Eine Gütestelle ist eine staatlich anerkannte Stelle mit Befugnis zur außergerichtlichen einvernehmlichen Beilegung von Streitigkeiten. Im Unterschied zum Schiedsgericht darf die Gütestelle kein Urteil und keinen Beschluss fällen. Aufgabe der Gütestelle ist (nur) die Vermittlung zwischen den Parteien bei einem bereits bestehenden Streit mit dem Ziel einer Einigung. Der Mittler moderiert und unterstützt die Parteien darin, eine gemeinsame Lösung zu finden.

Wichtig ist, eine Gütestelle (z. B. auf Empfehlung oder per Internet) zu finden, der beide Seiten vertrauen. Eine oder beide Parteien können die Gütestelle dann um Unterstützung zur Streitschlichtung bitten.

a) Qualifikation der Gütestelle. Als Gütestelle können – auf deren Antrag – Personen anerkannt werden, welche Streitschlichtung als dauerhafte Aufgabe betreiben und welche die Gewähr für eine objektive und qualifizierte Schlichtung bieten. Das sind insbesondere Rechtsanwälte und Rechtsanwältinnen, welche die Qualifikation zum Mediator/zur Mediatorin haben; es kommen aber auch Sachverständige in Betracht.

aa) Neutralität, Unabhängigkeit, Unparteilichkeit. Eine Gütestelle muss neutral, unabhängig und unparteilich geführt werden. Dies schließt aus, dass der Rechtsanwalt/die Rechtsanwältin eine der Parteien vertritt oder berät, soweit es um den Gegenstand des Verfahrens geht. Das gilt auch für Tätigkeiten nach dem Abschluss des Verfahrens. Die vorherige Beratung nur einer Partei mit dem Ziel, ein Güteverfahren aufzunehmen, ist aber zulässig. Dies ist vor Beginn des Güteverfahrens der anderen Partei offen zu legen.

bb) Verfahrensordnung. Die Gütestelle muss sich selbst eine Verfahrensordnung geben, d. h. sie ist bei jeder Gütestelle anders. Sie muss sich nach dem Schlichtungsgesetz richten, d. h.: Die Verfahrensordnung hat die Einleitung sowie die Durchführung und Beendigung des Güteverfahrens zu regeln. Es besteht die Verpflichtung zur Verschwiegenheit (Ausnahme: gemeinsame Entbindung der Parteien von der Schweigepflicht). Auch die Honorarfrage muss durch die Verfahrensordnung geregelt sein, wodurch die Kosten divergieren können. Oftmals werden Kosten-Pauschalen erhoben, eventuell ein gestaffeltes Stundenhonorar für die Güteverhandlung, abhängig vom Gegenstandswert.

cc) Verfahren vor der Gütestelle

> **Übersicht:**
>
> - Das Verfahren soll zu einer zügigen Einigung in einem mündlichen Termin führen.
> - Es wird auf schriftlichen Antrag einer oder beider Parteien an die Gütestelle eingeleitet.
> - Die Parteien erhalten die Verfahrensordnung mit der Bitte um Zustimmung.
> - Danach legt die Gütestelle unverzüglich mit den Parteien Ort und Zeitpunkt der Güteverhandlung fest.
> - Weil Vertraulichkeit gegeben ist, werden die Parteien verpflichtet, den Mittler in einem etwaigen späteren Prozess nicht als Zeugen zu benennen.
> - Eine Beweiserhebung ist grundsätzlich nicht vorgesehen.
> - Das Güteverfahren ist regelmäßig beendet, wenn
>   - die Parteien dies vereinbaren oder
>   - sich einigen,
>   - eine Partei den Termin versäumt und nicht hinreichend entschuldigt ist,
>   - eine Partei trotz Mahnung den geforderten Kostenvorschuss nicht zahlt,
>   - eine Partei dem Güteverfahren nicht innerhalb der gesetzten Frist zustimmt,
>   - eine Partei das Verfahren für gescheitert erklärt oder
>   - die Gütestelle das Verfahren wegen fehlender Aussicht auf Einigung für beendet erklärt.

dd) Vollstreckbarkeit. Aus der protokollierten Vereinbarung findet die Zwangsvollstreckung statt. Vergleiche vor anerkannten Gütestellen werden vom Urkundsbeamten des Amtsgerichts, in dem die Gütestelle ihren Sitz hat, auf Antrag mit einer so genannten Vollstreckungsklausel versehen (soweit nicht nach landesrechtlicher Bestimmung der Vorsteher der Gütestelle zuständig ist). Eine Forderung gemäß einer protokollierten Vereinbarung kann 30 Jahre lang verfolgt und vollstreckt werden.

Ein Vergleich, durch den sich der Wohnungseigentümer zum Verkauf seines Wohnungseigentums verpflichtet, hat ebenfalls die Wirkungen eines Urteils.

2. Gerichtliche Mediation

Auch in einem laufenden Gerichtsprozess kann eine freiwillige Konfliktregelung stattfinden, die gerichtliche Mediation. Die Prozessabteilung des Gerichts gibt die Sache dafür – auf Bitten der Parteien oder auch von sich aus – an einen geschulten Richtermediator ab. Dieser hat keine Entscheidungsbefugnis und erteilt keinen Rechtsrat. Desgleichen bewertet er nicht die Aussichten der Rechtsverfolgung. Er vermittelt im Konflikt, indem er für eine konstruktive Gesprächsatmosphäre und einen fairen Umgang der Parteien sorgt. Diese sollen selbst eine interessengerechte Lösung erarbeiten.

Eine gerichtliche Mediation läuft folgendermaßen ab:

- Auf Wunsch wird das Mediationsverfahren erläutert.
- Die Streitpunkte/Themen werden gründlich herausgearbeitet.
- Die Beteiligten klären die für sie wichtigen Punkte.
- Lösungsmöglichkeiten werden entwickelt und bewertet.
- Ggf. wird eine (vollstreckbare) Vereinbarung zur Streitbeilegung geschlossen.

Wesentliche Merkmale einer gerichtlichen Mediation sind:
- Freiwilligkeit (bezüglich Beginn, Durchführung und Ende der Mediation)
- Unparteilichkeit des Mediators
- Nichtöffentlichkeit
- Vertraulichkeit
- Schnelligkeit (schnelle Terminanberaumung)
- kein Anfall zusätzlicher Gerichtskosten

Bei einer Einigung oder übereinstimmenden Erledigungserklärungen wird der ursprünglich eingeleitete Prozess beendet. Scheitert die Mediation, wird er (ohne nachteilige Auswirkungen) wieder aufgenommen und vom gesetzlichen Richter weitergeführt. Wurde schon ein Verhandlungstermin anberaumt, kann dieser aufrecht erhalten bleiben, so dass die Mediation den Prozessfortgang nicht verzögert.

III. Zusammenfassung

Sind die Parteien grundsätzlich konsensfähig, kann ein Streitfall womöglich außerhalb eines Zivilprozesses abschließend geregelt werden. Dazu kommen prinzipiell drei Möglichkeiten in Frage: Zum einen kann vorausschauend die Zuständigkeit eines Zivilgerichts ausgeschlossen und die Zuständigkeit eines Schiedsgerichtes vertraglich begründet werden. Das Schiedsgericht entscheidet dann abschließend. Diese Vorgehensweise ist denkbar für jeden vermögensrechtlichen Anspruch, nur wenn es um den Bestand eines Mietverhältnisses über Wohnraum im Inland geht, schließt das Gesetz grundsätzlich Schiedsvereinbarungen aus. Auch wenn dieses Verfahren diverse Vorteile bietet, wie die Vertraulichkeit des Wortes, eventuell besondere Sachkunde des Gerichts, Schnelligkeit der Entscheidung oder Kostenvorteile, sollte doch der Abschluss einer Schiedsvereinbarung sorgfältig abgewogen werden; immerhin verlieren die Parteien ihren Anspruch auf rechtliches Gehör vor einem staatlichen Gericht und auf eine Entscheidung durch ein solches.

Des Weiteren kommen einvernehmliche Streitschlichtungen vor einer staatlich anerkannten Gütestelle oder in einem Mediationsverfahren in Erwägung. Im Unterschied zum Schiedsgericht fällt eine Gütestelle keine Entscheidung, sondern vermittelt nur zwischen den Parteien und unterstützt sie darin, eine gemeinsame Lösung zu finden. Ähnliches gilt für eine gerichtliche Mediation, nur mit dem Unterschied, dass diese während eines laufenden Gerichtsprozesses stattfindet. Die Prozessabteilung des Gerichts gibt den Fall an einen geschulten Richtermediator ab. Dieser entscheidet nicht, erteilt keinen Rechtsrat und bewertet nicht die Aussichten der Rechtsverfolgung. Er sorgt für eine konstruktive Gesprächsatmosphäre und einen fairen Umgang der Parteien und sorgt so dafür, dass die Parteien selbst eine interessengerechte Lösung erarbeiten können.

10. Kapitel. Kostenerstattung und Kostenfestsetzung nach Prozessende

Nach dem Prozessende stellt sich die Frage der endgültigen Kostentragung. Wichtig ist, ob vom Prozessgegner die Erstattung eigener Kosten (hauptsächlich der Rechtsanwaltsgebühren) und verauslagter Gerichtskosten, ein eventuell bezahlter Sachverständigenvorschuss oder vorgeschossene Zeugengebühren usw. verlangt werden können. Diese Kosten sind im sog. Kostenausgleichungs- oder Kostenfestsetzungsverfahren anzumelden.

I. Kostengrundentscheidung

Nach Möglichkeit sollte versucht werden, die oben aufgeführten Kosten der Rechtsverfolgung dem Gegner aufzulasten. Dies kann folgendermaßen geschehen:

1. Vergleichsweise Vereinbarung

Endet der Rechtsstreit durch einen Vergleich, wird das Gericht auch an einer Lösung zur Kostenregelung mitwirken. Prinzipiell wird das Gericht vorschlagen, dass die Kosten des Rechtsstreits entsprechend dem Obsiegen und Unterliegen der Parteien geteilt werden:

Beispiel:
Der Kläger hat 1.000 EUR eingeklagt. Die Parteien einigen sich auf eine Zahlung von 750 EUR. Der Kläger gewinnt mit ¾, der Beklagte zu ¼. Entsprechend werden die Parteien vereinbaren, dass die Kosten des Rechtsstreits vom Beklagten zu ¾ und vom Kläger zu ¼ getragen werden. Des Weiteren sind die Kosten des Vergleichs zu regeln. Diese können sich ebenfalls nach der Erfolgs-/Misserfolgsquote richten, können aber auch „gegeneinander aufgehoben" werden. Dies bedeutet hauptsächlich, dass die jeweilige Einigungsgebühr des beauftragten Rechtsanwalts/der Rechtsanwältin von jeder Partei selbst getragen wird. Dann würde die Kostenvereinbarung lauten: „Von den Kosten des Rechtsstreits tragen der Kläger ¼ und der Beklagte ¾, die Kosten des Rechtsstreits werden gegeneinander aufgehoben."

Gewinnt der Kläger in vollem Umfang oder wird dem Beklagten nur eine Nebenforderung erlassen, etwa die aufgelaufenen Zinsen, entspräche es einer gerechten Kostenvereinbarung, dass der Beklagte die Kosten des Rechtsstreits und des Vergleiches alles in allem übernimmt. Dasselbe gilt, wenn der Kläger dem Beklagten etwa nur in Bezug auf die Fälligkeit der Forderung entgegen gekommen ist, z. B. dass die eingeklagte Forderung in bestimmten Raten zu zahlen ist, mithin die Ratenbeträge gestaffelt gestundet werden.

2. Gerichtliche Entscheidung

Wird der Prozess streitig durch Urteil oder Beschluss entschieden, trifft das Gericht auch eine sog. „Kostengrundentscheidung". Dabei handelt es sich um den Ausspruch zur Kostentragung der Parteien, etwa dass der Kläger oder der Beklagte die Kosten zu tragen hat oder zu welchem Bruchteil die Kosten von den Parteien jeweils zu tragen sind. Auch bei dieser Kostengrundentscheidung geht es nicht um die Höhe der Kosten im Einzelnen, sondern lediglich um eine Entscheidung dem Grunde nach. Die Höhe der Kosten ist stets Gegenstand des gesondert nachfolgenden Kostenfestsetzungs- oder Kostenausgleichungsverfahrens.

Gewinnt der Kläger oder der Beklagte in vollem Umfang, wird das Gericht urteilen: „Der Beklagte (oder: Kläger) trägt die Kosten des Rechtsstreits." Für die obsiegende Partei bedeutet dies, dass feststeht, dass sie gegen die andere Partei einen Anspruch auf Erstattung der zur Führung des Prozesses aufgewandten notwendigen Kosten hat.

Es gibt weitere, besondere Bestimmungen zur Kostentragungspflicht im Zivilprozess. Dazu gehört die Konstellation, dass die Parteien den Rechtsstreit übereinstimmend für erledigt erklärt haben.

Beispiel:
Der Kläger klagt auf Herausgabe eines Bildes. Der Beklagte gibt dem Kläger während des Prozesses das Bild zurück. Die Parteien erklären den Rechtsstreit für erledigt. Das Gericht verurteilt den Beklagten, die Kosten des Rechtsstreits zu tragen, wenn die Klage ursprünglich zulässig und begründet war sowie (mit der Rückgabe des Bildes) ein erledigendes Ereignis eingetreten ist. Andernfalls trägt der Kläger die Kosten des Rechtsstreits. Das Gericht trifft die Kostenentscheidung nach dem bisherigen Sach- und Streitstand unter Ermessensausübung.

Ein weiterer Sonderfall zur Kostengrundentscheidung des Gerichts ist das sofortige Anerkenntnis des Beklagten. Der Kläger trägt die

Prozesskosten, falls der Beklagte die Klageerhebung nicht veranlasst hat und er den Anspruch sofort anerkennt.

Beispiel:

Der Kläger verlangt Schadensersatz aus einer Sachbeschädigung. Erstmals mit der Klage erfährt der Beklagte von der Höhe des Anspruchs. Nach Prüfung der Sachlage erkennt der Beklagte sofortig an und trägt im Prozess vor, dass der Kläger ihn außergerichtlich noch nicht zur Zahlung eines bestimmten Betrages aufgefordert hatte. Weil der Beklagte somit keinen Anlass zur Klage gab, wird das Gericht den Kläger zur Kostentragung in vollem Umfang verurteilen – neben dem Ausspruch zur Sache, dass der Beklagte gemäß seines Anerkenntnisses den bezifferten Schadensersatz zu zahlen hat.

Hat hingegen der Beklagte Anlass zur Klage gegeben, etwa weil er sich mit der Zahlung im Verzug befand, liegt kein sofortiges Anerkenntnis vor. Die Kosten des Rechtsstreits werden dem Beklagten aufgebürdet.

II. Erstattungsfähige Beträge

Bei einem Rechtsstreit können drei Arten von Aufwendungen entstehen, deren Erstattung verlangt werden kann:

1. Gebühren der selbst beauftragten Rechtsanwaltskanzlei

Der Rechtsanwalt/die Rechtsanwältin hat gegen den Mandanten einen Vergütungsanspruch nach dem RVG. Die Höhe der Gebühren richtet sich im Prozess nach dem Gegenstandswert. In der maßgebenden Tabelle (siehe Klageverfahren, Gebühren) ist die Höhe der einfachen Gebühr ausgewiesen. Die Anzahl der Gebühren des Rechtsanwalts/der Rechtsanwältin bestimmen sich nach dem Vergütungsverzeichnis, Anlage 1 zum RVG. Grundsätzlich kann der Anwalt/die Anwältin für die Vertretung im Prozess drei Gebühren, und zwar die Verfahrensgebühr (Faktor: 1,3), die Terminsgebühr (Faktor 1,2) und ggf. die Einigungsgebühr (Faktor 1,0) abrechnen. Hierzu gehören auch Auslagen, u. U. bestimmte Reisekosten des Rechtsanwalts/der Rechtsanwältin.

Diese Rechtsanwaltsgebühren werden im Kostenverfahren netto angemeldet; zuzüglich der Umsatzsteuer nur, soweit die vertretene

Partei nicht vorsteuerabzugsberechtigt ist. Die abzugsberechtigte Partei erhält die an die beauftragte Kanzlei geleistete Umsatzsteuer im Wege des Vorsteuerabzuges nach § 15 UStG zurück.

Die außergerichtlich angefallenen Anwaltsgebühren, die schon als Nebenposition mit der Klage geltend gemacht wurden (s. o., Klägerisches Vorgehen im Gerichtsverfahren, Klageverfahren, Nebenforderungen zur Klage), werden im Kostenverfahren nicht angegeben.

2. Gerichtskosten

Wird geklagt, fallen Gerichtskosten an, (siehe Klageverfahren, Gerichtskostenvorschuss). Besteht kein Anspruch auf Prozess- oder Verfahrenskostenhilfe, muss der Kläger regelmäßig drei Gerichtsgebühren im Voraus an die Landeskasse zahlen (s. o.). Die Höhe der jeweiligen Gerichtsgebühr richtet sich desgleichen nach dem Streitwert, außer es ist gesetzlich etwas anderes ausdrücklich bestimmt. Außerdem kann eine etwaige Beweisaufnahme, speziell wegen der Vernehmung von Zeugen oder der Einholung eines Sachverständigengutachtens, Vorschusszahlungen erforderlich gemacht haben.

3. Sonstige Kosten

Neben den Gebühren für den eigenen Rechtsanwalt/die Rechtsanwältin sowie den Gerichtskosten können eventuell sonstige Kosten entstanden sein, z. B. wenn zur vorprozessualen Klärung der Sachlage finanzieller Aufwand angefallen ist, z. B. zusätzliche Haftpflichtversicherungskosten des Klägers, Gutachterkosten, Kosten für Registerauskünfte (Einwohnermelderegister, Handelsregister, Gewerberegister) oder etwaige Gebühren für ein Gütestellenverfahren. Dasselbe gilt für Kosten, welche die obsiegende Partei der unterlegenen Partei im Laufe des Rechtsstreits erstattet hat.

Beispiel:
Herr Meyer wurde auf Zahlung von 855 EUR nebst Zinsen verklagt. Im ersten Rechtszug verurteilte ihn das Amtsgericht zur Zahlung. Der Kläger hatte schon nach Schluss der ersten Instanz Kostenfestsetzung gegen ihn beantragt. Auf den Kostenfestsetzungsbeschluss des Amtsgerichts zahlte Herr Meyer dem Kläger den festgesetzten Betrag – 328,38 EUR – aus. Mittels einer Rechtsanwältin legt er Berufung zum Landgericht ein. Dort hat er Erfolg. Er kann nunmehr auch die Rückerstattung dieser (sonstigen) Kosten von 328,38 EUR verlangen. Ferner kann er die Gebühren, welche bei der von ihm beauftragten Rechtsanwältin

entstanden sind und den Gerichtskostenvorschuss für das Berufungsverfahren ersetzt verlangen.

III. Kostenausgleichungsantrag und Kostenfestsetzungsantrag

Bei vollständigem Obsiegen ist ein sog. Kostenerstattungsantrag zu stellen, bei überwiegendem Obsiegen ein sog. Kostenausgleichungsantrag. Sollte der Prozess ganz oder hauptsächlich verloren worden sein, ist damit zu rechnen, dass der Prozessgegner die Kostenfestsetzung oder Kostenerstattung verlangt, bei letzterem sind die eigenen Kosten zur Berücksichtigung im Kostenverfahren anzumelden.

Der Kostenausgleichungsantrag oder der Kostenfestsetzungsantrag ist nach dem Abschluss der Instanz oder des Rechtsstreits insgesamt einzureichen. Für die Anträge berufen ist immer das Gericht, das im ersten Rechtszug zuständig war. Der Antrag kann wie folgt formuliert werden:

Formulierungsbeispiel für den Kostenfestsetzungsantrag des nicht anwaltlich vertretenen Klägers:

(Adresse des Gerichts)

Aktenzeichen: …

In dem Rechtsstreit

(…) ./. (…)

beantrage ich, die vom Beklagten an mich zu erstattenden Kosten wie nachstehend aufgeführt, festzusetzen, mit fünf Prozentpunkten über dem Basiszinssatz ab Eingang dieses Gesuches zu verzinsen und den Beschluss mit der Vollstreckungsklausel zu versehen:

Kosten für Einwohnermeldeamtsanfrage	10,50 EUR
verauslagte Zeugengebühren	100,00 EUR
Sachverständigenvorschuss:	500,00 EUR
insgesamt	610,50 EUR

Die von mir verauslagten Gerichtskosten bitte ich hinzuzusetzen. Ich bin (nicht) zum Vorsteuerabzug berechtigt.

(Unterschrift)

Das mit dem Rechtsstreit befasste erstinstanzliche Gericht errechnet anhand der Kostengrundentscheidung im Urteil – quotale Verteilung der Kosten –, welchen Betrag die unterliegende Partei an die obsiegende zu erstatten hat.

Entsprechendes gilt bei einem Vergleichsabschluss der Parteien und der getroffenen Regelung, dass (nur) noch die Gerichtskosten anteilig auszugleichen sind. In diesem Fall setzt das Gericht auf den Kostenausgleichungsantrag des Klägers den Betrag fest, den der Beklagte an den Kläger zum hälftigen Ausgleich der Gerichtskosten zu zahlen hat.

Der dann folgende Beschluss im Kostenverfahren ist ein Vollstreckungstitel, aus dem die berechtigte Partei die Zwangsvollstreckung betreiben kann. Üblich ist, nach Vorliegen des Kostentitels den früheren Prozessgegner zunächst aufzufordern, den zustehenden Betrag zu zahlen.

Formulierungsbeispiel:

Sehr geehrte Damen und Herren,

aus dem Kostenfestsetzungsbeschluss des … vom … zum Aktenzeichen … steht mir eine vollstreckbare Forderung zu. Weil Sie bislang nicht gezahlt haben, drohe ich Ihnen die

Zwangsvollstreckung

an. Insgesamt schulden Sie mir den aus der nachstehenden Forderungsaufstellung ergebenden Endbetrag, zuzüglich der Tageszinsen bis zum Eingang des Geldes bei mir.

Ich fordere Sie auf, den Betrag spätestens bis zum

(…)

auf mein Konto … bei der …, BLZ …, zu überweisen. Sollte die Zahlung nicht fristgerecht erfolgen, werde ich vollstrecken. Dadurch werden weitere Kosten entstehen.

Mit freundlichen Grüßen

Anlage

Forderungsaufstellung

Vom Gericht festgesetzter Betrag:	… EUR
Zinsen:	… EUR
Gesamtbetrag:	… EUR

IV. Zusammenfassung

Nach dem Prozessende ist die endgültige Kostentragung zwischen den Parteien zu klären. Vom Prozessgegner kann bei (überwiegendem) Obsiegen per zu stellendem Kostenausgleichungs- oder Kostenfestsetzungsantrag die Erstattung eigener Kosten, u. a. der Rechtsanwaltsgebühren, verauslagter Gerichtskosten, Sachverständigenvorschuss und Zeugengebühren verlangt werden. Haben sich die Parteien nicht im Verlauf des Rechtsstreits über die Kostentragung geeinigt, entscheidet darüber das Gericht.

11. Kapitel. Zwangsvollstreckung

Liegt das erstrittene Urteil vor, kann, sofern nicht ein besonderes Interesse an einer sofortigen Zwangsvollstreckung besteht, der Schuldner zunächst aufgefordert werden, zu bezahlen (oder die sonstige Verpflichtung aus dem Urteil zu erfüllen). Bleibt dies ohne Erfolg, dann ist zu prüfen, wie und in welchem Umfang zu vollstrecken ist. Vor der Zwangsvollstreckung ist es ratsam, eine erneute Auskunft aus dem Schuldnerverzeichnis einzuholen. Anderenfalls ist damit zu rechnen, dass sich der Gerichtsvollzieher erkundigt und zusätzliche Kosten entstehen.

I. Zwangsvollstreckungsandrohung

> **Formulierungsbeispiel:**
> Herr/Frau/Firma
> (Adresse)
> (Datum)
> **Forderung aus Rechnung (Nr.) vom (Datum) über (Betrag)**
> Sehr geehrte Damen und Herren,
> ich überreiche anliegend das Forderungskonto. Mir steht die dort berechnete vollstreckbare Forderung nebst den Tageszinsen bis zum Eingang des Betrages bei mir zu. Mangels Zahlung erhalten Sie eine
> Vollstreckungsandrohung.
> Ich fordere Sie auf, den Betrag spätestens bis zum
> (Frist von 10 Tagen)
> auf das oben/unten angegebene Konto zu zahlen.
> Sollten Sie nicht fristgerecht zahlen, werde ich vollstrecken. Dadurch werden weitere Kosten entstehen.
> Mit freundlichen Grüßen
> (Unterschrift)

Eine Forderungsaufstellung ist beizulegen. Diese sollte nach Möglichkeit nicht nur die Hauptforderung nebst Zinsen, sondern auch die Kosten umfassen. Bei letzteren ist danach zu differenzieren, ob es sich um verzinsliche oder unverzinsliche Kosten handelt. Unverzinslich sind meist selbst verauslagte Gelder, etwa solche aus vorherigen Vollstreckungen oder Einwohnermeldeamtsanfragen. Verzinsliche Kosten sind u. a. die, welche schon tituliert sind, z. B. aus einem Kostenfestsetzungsbeschluss oder aus einem Vollstreckungsbescheid. Soweit Zinsen zustehen, sind sowohl die aufgelaufenen (bis zum Tag der Vollstreckungsandrohung), als auch die noch bis zur Tilgung durch den Gläubiger anfallenden, als Tageszinsen aufzuführen. Somit umfasst die Forderungstabelle verschiedene Rubriken zur Berechnung des aufgelaufenen Gesamtbetrages, nämlich die Hauptforderung, die Kosten, die Zinsen auf die Hauptforderung und die Zinsen auf die Kosten. Danach sind die errechneten Beträge zu addieren. Das beizufügende Forderungskonto könnte nachdem folgendermaßen aussehen:

Formulierungsbeispiel:

Forderungskonto

Stand: (Datum)

Gläubiger: Herr/Frau/Firma

(Adresse)

Konto: (Bank/Kontonummer/Bankleitzahl)

Schuldner: Herr/Frau/Firma

(Adresse)

Nr.	Datum der Fälligkeit	Betrag	Buchungstext	Zinsen auf die Kosten 5 oder 8 %-Punkte über (aktuellem) Basiszins	Kosten	Zinsen auf die Hauptforderung 5 oder 8 %-Punkte über (aktuellem) Basiszins	Hauptforderung
1			1. Hauptforderung	EUR	EUR	EUR	EUR
2			2. Hauptforderung	EUR	EUR	EUR	EUR
3			verauslagte Gelder, insb. Einzahlungen an die Landeskasse	EUR	EUR	EUR	EUR

Nr.	Da-tum der Fäl-lig-keit	Be-trag	Buchungstext	Zinsen auf die Kosten 5 oder 8 %-Punkte über (aktuel-lem) Basis-zins	Kosten	Zinsen auf die Haupt-forde-rung 5 oder 8 %-Punkte über (aktuel-lem) Ba-siszins	Haupt-forde-rung
4			Kosten, insb. Mahn-kosten	EUR	EUR	EUR	EUR
5			Kosten früherer Vollstreckungsver-suche	EUR	EUR	EUR	EUR
6			etwaige Rechtsanwaltsge-bühren oder Ge-bühren für die Zwangsvollstre-ckung Nr. 3309 VV RVG	EUR	EUR	EUR	EUR
7			...	EUR	EUR	EUR	EUR
			Gesamtsummen				

Gesamtforderung am (Datum) ... EUR

zzgl. Tageszinsen ... EUR ab dem (Datum des folgenden Tages)

II. Allgemeine Voraussetzungen für die Zwangsvollstreckung

Die Zivilprozessordnung gibt dem Gläubiger Mittel an die Hand, neben der zwangsweisen Beitreibung von Geldforderungen auch die Erwirkung von Handlungen, Duldungen und Unterlassungen, die Abgabe von Willenserklärungen sowie die Herausgabe von Sachen zu vollstrecken. Zu beachten ist, dass das Zwangsvollstreckungsverfahren ausschließlich über die staatlichen Organe erfolgen muss. Es gilt das sog. Gewaltmonopol des Staates. Die Vollstreckung muss der Gläubiger aber stets beantragen, weil es keine Zwangsvollstreckung von Amts wegen gibt.

In der Praxis geht es zumeist um die Zwangsvollstreckung wegen Geldforderungen. Hierauf beziehen sich die nachfolgenden Ausführungen.

Personen, die im Klageverfahren Prozess- oder Verfahrenskostenhilfe erhalten haben, werden für ein Zwangsvollstreckungsverfahren diese staatliche Unterstützung meist nicht gewährt bekommen. Das liegt daran, dass generell die Vollstreckung als Angelegenheit betrachtet wird, für die es keiner anwaltlichen Unterstützung bedarf. Ein Rechtsanwalt/eine Rechtsanwältin kann daher oft nicht kostenfrei beauftragt werden. Dennoch kann es lohnenswert sein, professionelle Hilfe in Anspruch zu nehmen. Die Kanzleien erteilen Auskunft über die voraussichtlich entstehenden Gebühren. Diese können überdies niedrig gehalten werden, wenn zunächst nur ein Teilauftrag zur Vollstreckung erteilt wird. Bei den Amtsgerichten gibt es darüber hinaus Beratungsstellen, die bei den Vollstreckungsanträgen, die sogleich dargestellt werden, behilflich sind.

Es gibt drei **allgemeine Vollstreckungsvoraussetzungen.** Diese sind:
- Titel
- Klausel
- Zustellung.

1. Titel

Benötigt wird zunächst ein sog. Titel.

In Betracht kommen u. a.:
- ein Vollstreckungsbescheid
- ein für vollstreckbar erklärter Europäischer Zahlungsbefehl
- ein Endurteil, welches rechtskräftig oder vorläufig vollstreckbar ist
- eine sonstige Sachentscheidung eines Gerichts in Arbeitssachen
- ein Kostenfestsetzungsbeschluss
- ein Vergleich, der zu richterlichem Protokoll genommen ist
- ein Vergleich, der zwischen den Parteien oder zwischen einer Partei und einem Dritten zur Beilegung des Rechtsstreits vor einem deutschen Gericht oder vor einer durch die Landesjustizverwaltung eingerichteten oder anerkannten Gütestelle abgeschlossen ist

- ein für vollstreckbar erklärter Anwaltsvergleich
- eine Urkunde, die von einem deutschen Gericht oder von einem deutschen Notar innerhalb der Grenzen seiner Amtsbefugnisse in der vorgeschriebenen Form aufgenommen ist, sofern die Urkunde über einen Anspruch errichtet ist, der einer vergleichsweisen Regelung zugänglich, nicht auf Abgabe einer Willenserklärung gerichtet ist und nicht den Bestand eines Mietverhältnisses über Wohnraum betrifft, und der Schuldner sich in der Urkunde wegen des zu bezeichnenden Anspruchs der sofortigen Zwangsvollstreckung unterworfen hat
- eine Entscheidung, die einen Schiedsspruch für vollstreckbar erklärt, sofern die Entscheidung rechtskräftig oder für vorläufig vollstreckbar erklärt ist
- eine Leistungspflicht aus dem Adhäsionsverfahren
- ein Arrestbefehl
- eine einstweilige Verfügung.

2. Klausel

Die zweite grundsätzliche Voraussetzung für die Durchführung der Zwangsvollstreckung ist, dass eine sog. Klausel vorliegt. Diese ist der Ausfertigung des Urteils am Schluss beizufügen, von dem Urkundsbeamten der Geschäftsstelle zu unterschreiben und mit dem Gerichtssiegel zu versehen, § 725 ZPO. Sie lautet: „Vorstehende Ausfertigung wird dem usw. (Bezeichnung der Partei) zum Zwecke der Zwangsvollstreckung erteilt." Durch die Vollstreckungsklausel wird also dem Titel Vollstreckungsfähigkeit zuerkannt. Diese spezielle Ausfertigung unterscheidet sich damit von anderen einfachen Titelausfertigungen.

Hat der Gläubiger den Originaltitel mit Klausel verloren, kann er beim Prozessgericht beantragen, dass ihm eine weitere vollstreckbare Ausfertigung erteilt wird. Dazu muss er geltend machen, dass er ein schutzwürdiges Interesse an der erneuten Ausfertigung hat, mithin den Verlust des Dokuments glaubhaft – eidesstattlich – versichern.

Tipp:
Der Gläubiger kann die Zwangsvollstreckung beschleunigen, wenn er gleich nach dem Verkündungstermin beantragt, dass das Gericht ihm ein vollstreckbares abgekürztes Urteil ausfertigt.

Keine Klausel ist u. a. erforderlich beim Vollstreckungsbescheid, beim Arrestbefehl und bei der einstweiligen Verfügung sowie beim Kostenfestsetzungsbeschluss, der auf die Ausfertigung des Urteils gesetzt wird.

3. Zustellung

Die dritte prinzipielle Voraussetzung ist, dass dem Schuldner der Titel zugestellt ist oder gleichzeitig mit der Vollstreckung zugestellt wird. Eine Ausnahme gilt u. a. für den Arrestbefehl. Zu unterscheiden ist zwischen der Amts- und der Parteizustellung. Für gerichtliche Entscheidungen und Vollstreckungsbescheide ist die Amtszustellung, also durch die Justizbehörde, ausreichend. Die Parteizustellung ist beispielsweise bei Arrestbeschlüssen und einstweiligen Verfügungen erforderlich. Dann muss eine Zustellung (wenn beide Parteien anwaltlich vertreten sind) von Anwalt zu Anwalt, oder die Zustellung über den Gerichtsvollzieher erfolgen.

Bevor zwangsvollstreckt wird, ist – wiederum – zu klären, ob die Zwangsvollstreckung erfolgversprechend erscheint (z. B. Nachfrage beim Amtsgericht, ob bereits die eidesstattliche Versicherung abgegeben wurde usw.), zumal diese mit weiteren Kosten und Gebühren verbunden ist. Insoweit kann auf die Darstellung oben zur Forderungsbeitreibung verwiesen werden.

4. Sicherheitsleistung

Vor der Vollstreckung ist festzustellen, ob eine Sicherheitsleistung zu erbringen ist. Keine Sicherheitsleistung ist u. a. notwendig bei rechtskräftigen Urteilen. Zum Nachweis kann bei dem Gericht, das die Entscheidung erlassen hat, ein sog. Rechtskraft- bzw. Notfristzeugnis eingeholt werden.

> **Formulierungsbeispiel:**
> An das (Gericht, Ort)
> Adresse
> Aktenzeichen: …
> In dem Rechtsstreit
> (Parteibezeichnungen)
> überreiche ich anliegend im Original das Urteil vom (Datum) mit der Bitte, die Rechtskraft zu bescheinigen.

Keine Sicherheitsleistung braucht der Kläger ferner bei Urteilen zu erbringen, die nach §§ 708, 710 ZPO für vorläufig vollstreckbar erklärt sind. Urteile des Arbeitsgerichts sind ebenfalls vorläufig – ohne Sicherheitsleistung – vollstreckbar.

Bei Urteilen nach §§ 709, 711, 712 Abs. 2 ZPO muss der Gläubiger Sicherheit leisten. Das ergibt sich aus dem Urteilstenor selbst. Die Sicherheit ist durch Hinterlegung von Geld bzw. geeigneten Wertpapieren oder durch eine Bankbürgschaft, wenn das Gericht dies bestimmt hat, zu erbringen. Der Gläubiger muss die Sicherheitsleistung durch eine öffentliche oder öffentlich beglaubigte Urkunde nachweisen und eine Abschrift davon spätestens bei der Vollstreckung zustellen. Die Bankbürgschaft ist dem Schuldner im Original auszuhändigen.

Eine Ausnahme für zu die erbringende Sicherheitsleistung besteht für die sog. Sicherungsvollstreckung. Insoweit gilt:

Sieht ein Zahlungs-Urteil vor, dass der Kläger nur gegen Sicherheit vorläufig vollstrecken darf, braucht dieser dennoch keine Sicherheit zu leisten, wenn er bewegliches Vermögen pfändet oder in Bezug auf eine Immobilie mittels einer Sicherungshypothek vorgeht. (Dasselbe gilt für eine Schiffshypothek.) Allerdings darf der Gläubiger seine Forderung aus dem belasteten Gegenstand letztendlich erst realisieren, sobald er die Sicherheit geleistet hat. (Der Schuldner kann die Zwangsvollstreckung unter bestimmten Voraussetzungen abwenden.)

III. Besondere Voraussetzungen für die Zwangsvollstreckung

Wenn der Gläubiger seinen Anspruch erst mit dem Eintritt eines bestimmten Kalendertages geltend machen kann, darf die Zwangsvollstreckung erst mit Ablauf dieses Kalendertages beginnen. Der Gläubiger muss also eine entsprechende Bestimmung im Urteil beachten. Einschlägig ist die Bestimmung auch bei Klagen auf künftige Leistungen, bei Rentenzahlungen oder bei einer Räumungsfrist nach § 721 ZPO.

Bei Zug-um-Zug-Ansprüchen, z. B. der Zahlung des Kaufpreises Zug-um-Zug gegen Übergabe einer bestimmten Sache, sollte schon in der Klage beantragt werden, festzustellen, dass sich der Beklagte im sog. Annahmeverzug befindet. Ist dies unterblieben oder enthält das Urteil aus anderen Gründen eine Zug-um-Zug-Verurteilung ohne die Feststellung des Annahmeverzuges, muss der Gläubiger nach § 756 ZPO vollstrecken: Er muss durch zuzustellende öffentliche oder öffentlich beglaubigte Urkunde beweisen, dass er den Schuldner zufrieden gestellt hat oder dieser sich im Annahmeverzug befindet.

Beispiel:
Der Kläger muss der Beklagten von ihm speziell hergestellte, im Urteil exakt bezeichnete Folien Zug-um-Zug übergeben. Diese Sachen lässt er dem Beklagten durch den Gerichtsvollzieher überbringen, welcher darüber eine Urkunde erstellt.

Anderenfalls muss der Gläubiger dem Schuldner die Leistung (in einer den Annahmeverzug begründenden Weise) anbieten, damit der Gerichtsvollzieher die Zwangsvollstreckung beginnen kann.

Beispiel:
Nach dem Urteil wurde der Beklagte verurteilt, an den Kläger 1.000 EUR nebst Zinsen von fünf Prozentpunkten über dem Basiszinssatz seit Rechtshängigkeit Zug-um-Zug gegen Übergabe eines zehn Meter langen, fünf Zentimeter dicken Taus aus doppelgezwirbeltem Sisal zu zahlen. Der Kläger beauftragt einen Gerichtsvollzieher mit der Vollstreckung. Dieser sucht zur Einziehung des Betrages den Beklagten auf und muss ihm das Tau zur Entgegennahme tatsächlich anbieten.

IV. Wahl der Vollstreckungsart

Liegen die Vollstreckungsvoraussetzungen vor, ist zu überlegen, ob eine Zwangsvollstreckung in bewegliche oder unbewegliche Sachen (Immobilien) oder in Forderungen (z. B. vertragliche Zahlungsansprüche gegen andere Personen) und andere Vermögensrechte (z. B. Anwartschaftsrechte wie zukünftige Rentenansprüche) erfolgen soll. Möglich ist auch, mehrere Vollstreckungsmaßnahmen gleichzeitig zu ergreifen.

Merke:
Vollstreckungsmaßnahmen kosten Geld. Sie sollten deshalb nur dann veranlasst werden, wenn die Aussicht besteht, dass sie Erfolg haben.

1. Pfändungs- und Überweisungsbeschluss

Am schnellsten und effektivsten dürfte die Pfändung von Forderungen sein.

> **Tipp:**
> Die Forderungspfändung, insbesondere in das Arbeitseinkommen oder das Konto des Schuldners, ist eine sichere und schnelle Art der Zwangsvollstreckung.

Dieses Vorgehen setzt aber voraus, dass der Gläubiger die zu pfändenden Forderungen kennt. Ist ein solcher noch bestehender Anspruch des Schuldners gegenüber einem Drittschuldner bekannt, schützt die Forderungspfändung einschließlich einer Vorpfändung den Gläubiger vor dem Verschlechtern der Vollstreckungsmöglichkeiten während der Bearbeitung des Pfändungsantrages bei Gericht.

> **Hinweis:**
> Die Forderungspfändung ist möglich vor der Klauselerteilung und der Zustellung, vor Erteilung einer Titelausfertigung und vor der Zustellung.

a) Antrag. Zunächst ist beim für den Schuldner zuständigen Amtsgericht der Erlass eines Pfändungs- und Überweisungsbeschlusses zu beantragen.

> **Formulierungsbeispiel:**
> Amtsgericht XY
> (Adresse)
> (Datum)
> In der Zwangsvollstreckungssache
> Herr/Frau/Firma
> (Adresse)
> (Konto: Bank/Kontonummer/Bankleitzahl)
> gegen
> Herr/Frau/Firma
> (Adresse)
> beantrage ich,
> den nachstehend entworfenen Beschluss zu erlassen und die Zustellung zu vermitteln, an den Drittschuldner mit der Aufforderung nach § 840 ZPO.

> Vollstreckungsunterlagen und Gerichtskosten (Gebühr Nr. 2110 KV) anbei.
>
> (Unterschrift)
>
> Anlage

b) Pfändbare Drittforderung. Als pfändbare Drittforderung bei einer Bank oder Sparkasse kommen jegliche Kontoverbindungen einschließlich der Festgeldkonten, Depots und Schließfächer in Betracht.

Pfändbare Drittforderungen sind also z. B.:

*   Girokonten einschließlich des Anspruchs auf alle, auch künftige Guthaben, u. a. auf Gutschrift künftiger Zahlungseingänge, fortlaufende Guthabenauszahlung, Überweisungen an Dritte und Kündigung, wobei zugleich angeordnet wird, dass der Schuldner die entsprechenden Scheck- und Euroscheckformulare sowie Scheckkarten herauszugeben hat
*   Sparkonten einschließlich des Anspruchs auf Auszahlung aller, auch künftiger Guthaben, Zinsen, auf Einlagenrückzahlung und Kündigung, wobei zugleich angeordnet wird, dass der Schuldner die entsprechenden Sparbücher oder Sparurkunden herauszugeben hat
*   Ansprüche auf Zutritt zum Schließfach
*   Ansprüche auf Auszahlung gewährter Kredite einschließlich von Überziehungs- und Dispositionskrediten
*   Ansprüche aus Wertpapierdepotvertrag
*   Ansprüche aus freigewordenen bzw. freiwerdenden Sicherheiten.

c) Pfändungs- und Überweisungsbeschluss. Dem Antrag ist ein vorformulierter Pfändungs- und Überweisungsbeschluss beizufügen.

> **Formulierungsbeispiel:**
>
> Anlage
>
> Amtsgericht:
>
> Geschäftsnummer:
>
> (Datum)
>
> **Pfändungs- und Überweisungsbeschluss**
>
> In der Zwangsvollstreckungssache
>
> des/der Herr/Frau/Firma
>
> (Adresse)
>
> (Konto: Bank/Kontonummer/Bankleitzahl)
>
> – Gläubiger –
>
> gegen

Herrn/Frau/Firma

(Adresse)

– Schuldner –

wird wegen der in nachstehendem Forderungskonto näher bezeichneten und berechneten Forderung(en) von insgesamt

... EUR zuzüglich

1. etwaiger weiterer Zinsen gemäß nachstehendem Forderungskonto
2. der Zustellkosten dieses Beschlusses

die Forderung des Schuldners auf

die – angeblichen – Ansprüche des Schuldners gegen die Sparkasse ... Zweigstelle ... als Drittschuldnerin aus jeglichen Kontoverbindungen einschließlich der Festgeldkonten, Depots und Schließfächern wie folgt gepfändet:
- Girokonten einschließlich des Anspruchs auf alle, auch künftige Guthaben (bei Kontokorrent nach Saldoziehung) und sonstiger pfändbarer Ansprüche, u. a. auf Gutschrift künftiger Zahlungseingänge, fortlaufende Guthabenauszahlung, Überweisungen an Dritte und Kündigung, wobei zugleich angeordnet wird, dass der Schuldner die entsprechenden Scheck- und Euroscheckformulare sowie Scheckkarten herauszugeben hat,
- insbesondere zur Kontonummer ...

gegenüber dem Drittschuldner:

Herr/Frau/Firma

(Adresse)

(einschließlich etwaiger künftig fällig werdender Ansprüche aus dem gleichen Rechtsgrund) gepfändet und dem Gläubiger zur Einziehung überwiesen.

Der Drittschuldner darf, soweit die Forderung gepfändet ist, an den Schuldner nicht mehr leisten. Der Schuldner darf insoweit über die Forderung nicht verfügen, insbesondere sie nicht einziehen. Der Drittschuldner hat die gepfändete Forderung an den Gläubiger zu leisten.

Rechtspfleger

d) Forderungskonto. Das Forderungskonto sollte folgende Positionen enthalten:

Beispiel:

Forderungskonto:

unverzinsliche Kosten:	... EUR
verzinsliche Kosten:	... EUR
Hauptforderung:	... EUR nebst Zinsen 5/8 %-Punkte über Basiszins
Hauptforderung:	... EUR nebst Zinsen 5/8 %-Punkte über Basiszins
Summe ohne Zinsen:	... EUR
Zinsen auf Kosten:	... EUR
Tageszinsen:	... EUR

Zinsen auf Haupt-forderungen:	... EUR
Tageszinsen:	... EUR
Gesamtforderung am (Datum)	... EUR
zzgl. Tageszinsen	... EUR ab dem (Datum des folgenden Tages)

e) Vorläufiges Zahlungsverbot. Des Weiteren muss ein vorläufiges Zahlungsverbot ausgebracht werden, § 845 ZPO. Dazu sind der Gerichtsvollzieher, der Schuldner und der Drittschuldner anzuschreiben.

> **Formulierungseispiel:**
>
> An die
>
> Gerichtsvollzieher-Verteilerstelle beim
>
> Amtsgericht XY
>
> (...)
>
> (Datum)
>
> Sehr geehrte/r Herr/Frau Gerichtsvollzieher/in,
>
> in der Vollstreckungssache (...)
>
> bitte ich um die Zustellung des anliegenden vorläufigen Zahlungsverbotes nach § 845 ZPO an den Schuldner und an den Drittschuldner.
>
> Die anfallenden Kosten können Sie von dem oben/unten angegebenen Konto abbuchen.
>
> Mit freundlichen Grüßen
>
> Anlage: Vorläufiges Zahlungsverbot

Das vorläufige Zahlungsverbot kann wie folgt formuliert werden:

> **Formulierungseispiel:**
>
> An den Schuldner/An den Drittschuldner
>
> (Adressen)
>
> (Datum)
>
> Vollstreckungssache ...
>
> Sehr geehrte Damen und Herren,
>
> gemäß des Urteils/Vollstreckungsbescheides des (Gerichts) vom (Datum), (Aktenzeichen) kann der Gläubiger vom Schuldner den Ausgleich folgender Beträge verlangen:
>
> Hauptforderung ...

Zinsen ...

Kosten ...

Gesamt ...

Wegen dieses Anspruchs will der Gläubiger in die Forderung des Schuldners gegen den Drittschuldner aus (Forderung bezeichnen) pfänden, wovon ich den Schuldner und den Drittschuldner benachrichtige. Ich fordere den Schuldner auf, nicht über die Forderung zu verfügen. Den Drittschuldner fordere ich auf, nicht an den Schuldner zu zahlen. Entgegenstehende Verfügungen sind unwirksam.

Den Drittschuldner fordere ich ferner auf, nach § 840 ZPO zu erklären,

- ob und inwieweit er die Forderung anerkennt und zahlen wird,
- ob und welche Ansprüche Dritte auf die Forderung erheben,
- ob und inwieweit bereits anderweitig gepfändet ist.

Mit freundlichen Grüßen

Gerichtsvollzieher

Handelt es sich um einen Vollstreckungsauftrag, bei welchem eine Sicherheit zu leisten ist, muss die Urkunde, z. B. die Bankbürgschaft, mit überreicht werden. Bei einem Vollstreckungsauftrag bei Zug-um-Zug-Leistung ist der Gegenstand dem Gerichtsvollzieher auszuhändigen.

Soweit also damit die Forderung gepfändet ist, darf der Drittschuldner nicht mehr an den Schuldner zahlen, der Schuldner darf nicht mehr über die Forderung verfügen. In Höhe des Pfandbetrages werden die gepfändeten Ansprüche dem Gläubiger zur Einziehung überwiesen.

f) Pfändung von Arbeitseinkommen. Ein Antrag auf Pfändung des Arbeitseinkommens könnte wie folgt formuliert werden;

Formulierungsbeispiel:

Amtsgericht XY

(Datum)

Geschäftsnummer: ...

In der Zwangsvollstreckungssache...

stehen dem Gläubiger wegen des Urteils vom ... am ... folgende Beträge zu:

(...)

Wegen dieser Forderungen wird der – angebliche – Anspruch des Schuldners gegen seine Arbeitgeberin,

Firma ...

(Adresse)

auf das pfändbare Arbeitseinkommen gemäß § 850 ZPO einschließlich des Wertes von Sachbezügen gemäß § 850 e Nr. 3 ZPO gepfändet und dem Gläubiger bis zum Ausgleich seiner Forderung überwiesen.

Das pfändbare Einkommen ist wie folgt zu berechnen:

Nicht mitzurechnen sind die nach § 850 a ZPO der Pfändung entzogenen Bezüge, ferner Beträge, die unmittelbar aufgrund steuerrechtlicher oder sozialrechtlicher Vorschriften zur Erfüllung gesetzlicher Verpflichtungen des Schuldners abzuführen sind. Diesen Beträgen stehen gleich die auf den Auszahlungszeitraum entfallenden Beträge, die der Schuldner

a) nach den Vorschriften der Sozialversicherungsgesetze zur Weiterversicherung entrichtet oder

b) an eine Ersatzkasse oder an ein Unternehmen der privaten Krankenversicherung leistet, soweit sie den Rahmen des Üblichen nicht übersteigen.

Erhält der Schuldner neben seinem in Geld zahlbaren Einkommen auch Naturalleistungen, so sind Geld- und Naturalleistungen zusammenzurechnen. In diesem Fall ist der in Geld zahlbare Betrag insoweit pfändbar, als der nach § 850 c ZPO unpfändbare Teil des Gesamteinkommens durch den Wert der dem Schuldner verbleibenden Naturalleistungen gedeckt ist.

Unpfändbar sind:

1. zur Hälfte die für die Leistung von Mehrarbeitsstunden gezahlten Teile des Arbeitseinkommens;

2. die für die Dauer eines Urlaubs über das Arbeitseinkommen hinaus gewährten Bezüge, Zuwendungen aus Anlass eines besonderen Betriebsereignisses und Treugelder, soweit sie den Rahmen des Üblichen nicht übersteigen;

3. Aufwandsentschädigungen, Auslösungsgelder und sonstige soziale Zulagen für auswärtige Beschäftigungen, das Entgelt für selbstgestelltes Arbeitsmaterial, Gefahrenzulagen sowie Schmutz- und Erschwerniszulagen, soweit diese Bezüge den Rahmen des Üblichen nicht übersteigen;

4. Weihnachtsvergütungen bis zum Betrag der Hälfte des monatlichen Arbeitseinkommens, höchstens aber bis zum Betrag von 500 EUR;

5. Heirats- und Geburtsbeihilfen, sofern die Vollstreckung wegen anderer als der aus Anlass der Heirat oder der Geburt entstandenen Ansprüche betrieben wird;

6. Erziehungsgelder, Studienbeihilfen und ähnliche Bezüge;

7. Sterbe- und Gnadenbezüge aus Arbeits- oder Dienstverhältnissen;

8. Blindenzulagen.

Zur Berechnung des pfändbaren Teils wird auf die Tabelle zu § 850 c Abs. 3 ZPO verwiesen. Hinsichtlich der Unpfändbarkeit gilt: (hier ist der Wortlaut des § 850 c Abs. 1 bis 3 Satz 1 ZPO einzufügen, von dessen Abdruck aus Platzgründen abgesehen wurde.)

Soweit gepfändet ist, darf der Arbeitgeber nicht an den Arbeitnehmer zahlen.

(…)

g) Pfändungsgrenzen beim Arbeitseinkommen. Das Arbeitseinkommen eines Schuldners lässt sich nicht unbegrenzt pfänden, weil es – auch – zu seinem Unterhalt und dem seiner Angehörigen zur Verfügung stehen muss. Die Höhe des Pfändbaren ist daher bestimmten, gesetzlich geregelten (§ 850 c ZPO) Schranken unterworfen. Je mehr unterhaltsberechtigten Personen (also einem – auch früheren – Ehegatten / Lebenspartner oder einem Verwandten) der Schuldner Unterhalt gewährt, desto höher ist der unpfändbare Teil seines Arbeitseinkommens. Der Schuldner und seinen Angehörigen werden also durch sog. Pfändungsfreigrenzen geschützt. Die aktuellen Pfändungsfreigrenzen ergeben sich aus der jeweils geltenden Pfändungsfreigrenzenbekanntmachung (über www.bgbl.de). Die unpfändbaren Beträge ändern sich immer zum 1. Juli eines jeden zweiten Jahres, zuletzt zum 1. 7. 2011. Das Bundesministerium der Justiz gibt die maßgebenden Beträge rechtzeitig im Bundesgesetzblatt bekannt (auch online, s. o.).

Die jeweils pfändbaren Beträge folgen bei einem monatlich auszuzahlenden Lohn aus der nachstehenden Tabelle:

monatlich beim Schuldner pfändbare Einkommensbeträge					
entsprechend der Anzahl der Unterhaltsberechtigten (U.)					
– die Staffelungsbeträge sind bis zum Tabellenende jeweils fortzuführen –					
monatlicher Netto-Lohn (Werte in EUR)	Spalte 1 kein U.	Spalte 2 ein U.	Spalte 3 zwei U.	Spalte 4 drei U.	Spalte 5 vier U.	Spalte 6 fünf und mehr U.
ab 940 bis 949,99	7	0	0	0	0	0
bis 959,99	14	0	0	0	0	0
(…) usw. gestaffelt je + 10	(…) usw. gestaffelt je + 7	(…)	(…)	(…)	(…)	…(…)
bis 999,99	42	0	0	0	0	0
bis 1.099,99	112	0	0	0	0	0
bis 1.199,99	182	0	0	0	0	0

monatlicher Netto-Lohn (Werte in EUR)	Spalte 1 kein U.	Spalte 2 ein U.	Spalte 3 zwei U.	Spalte 4 drei U.	Spalte 5 vier U.	Spalte 6 fünf und mehr U.
bis 1.299,99	252	5	0	0	0	0
bis 1.309,99	259	10	0	0	0	0
(...)	(...)	(...) usw. ge-staffelt je + 5	(...)	(...)	(...)	(...)
bis 1.399,99	322	55	0	0	0	0
bis 1.489,99	385	100	2	0	0	0
bis 1.499,99	392	105	6	0	0	0
(...)	(...)	(...)	(...) usw. ge-staffelt je + 4	(...)	(...)	(...)
bis 1.599,99	462	155	46	0	0	0
bis 1.689,99	525	200	82	3	0	0
bis 1.699,99	532	205	86	6	0	0
(...)	(...)	(...)	(...)	(...) usw. ge-staffelt je + 3	(...)	(...)
bis 1.799,99	602	255	126	36	0	0
bis 1.879,99	658	295	158	60	1	0

monatlicher Netto-Lohn (Werte in EUR)	Spalte 1 kein U.	Spalte 2 ein U.	Spalte 3 zwei U.	Spalte 4 drei U.	Spalte 5 vier U.	Spalte 6 fünf und mehr U.
bis 1.889,99	665	300	162	63	3	…
(…)	(…)	(…)	(…)	(…)	(…) usw. ge-staffelt je + 2	(…)
bis 1.899,99	672	305	166	66	5	0
bis 1.999,99	742	355	206	96	25	0
bis 2.079,99	798	395	238	120	41	1
(…)	(…)	(…)	(…)	(…)	(…)	(…) usw. ge-staffelt je + 1
bis 2.099,99	812	405	246	126	45	3
bis 2.199,99	882	455	286	156	65	13
bis 2.299,99	952	505	326	186	85	23
bis 2.399,99	1.022	555	366	216	105	33
bis 2.499,99	1.092	605	406	246	125	43
bis 2.599,99	1.162	655	446	276	145	53
bis 2.699,99	1.232	705	486	306	165	63
bis 2.799,99	1.302	755	526	336	185	73

monatlicher Netto-Lohn (Werte in EUR)	Spalte 1 kein U.	Spalte 2 ein U.	Spalte 3 zwei U.	Spalte 4 drei U.	Spalte 5 vier U.	Spalte 6 fünf und mehr U.
bis 2.849,99	1.337	780	546	351	195	78
bis 2.851	1.337	780	546	351	195	78
ab 2.851	Der darüber hinausgehende Mehrbetrag ist voll pfändbar.					

Beispiel:
Der Schuldner Sorglos muss der Firma Friedmann GmbH gemäß eines gegen ihn ergangenen Urteils 1.500 EUR zahlen. Hinzu kommen Zinsen und Kosten. Die Firma Friedmann GmbH will nun beim Arbeitgeber des Herrn Sorglos das Gehalt pfänden. Der Arbeitgeber muss selbst prüfen, welche Beträge er aufgrund der erfolgten Pfändung an die Gläubigerin, die Firma Friedmann GmbH, überweisen muss. Der Nettolohn des Sorglos liegt bei 1.787,50 EUR monatlich. Der Arbeitgeber muss berücksichtigen, dass Sorglos eine nicht erwerbstätige Ehefrau und zwei noch minderjährige Kinder zu unterhalten hat. Der Arbeitgeber wird gemäß der Tabelle (Stufe 4 bei einem Einkommen von bis zu 1.789,99 EUR) monatlich 33 EUR an die Gläubigerin auskehren, bis die gesamte Schuld einschließlich Zinsen und Kosten beglichen sein wird.

Im Bundesgesetzblatt sind weitere Tabellen vorhanden für den Fall, dass der Lohn täglich oder wöchentlich ausgezahlt wird (Pfändungs-freigrenzenbekanntmachung, www.bgbl.de).

Tipp:
Will sich ein Gläubiger nicht mit den vorgesehenen Pfändungsfreigrenzen bei einem oder mehreren Unterhaltsgläubigern begnügen und höhere Beträge vollstrecken, kann er beim Vollstreckungsgericht u. U. beantragen, dass die Freigrenze herabgesetzt wird: Hat ein Unterhaltsberechtigter nämlich eigene Einkünfte, kann das Gericht auf Gläubigerantrag nach billigem Ermessen bestimmen, dass der Unterhaltsberechtigte bei der Berechnung des unpfänd-baren Teils des Arbeitseinkommens ganz oder teilweise unberücksichtigt bleibt.

2. Beauftragung des Gerichtsvollziehers

Sind dem Gläubiger die Vermögenswerte des Schuldners unbekannt oder verfügt der Schuldner nur über bewegliches Vermögen, ist der

Gerichtsvollzieher mit der Sachpfändung – ggf. kombiniert mit dem Antrag auf Abgabe der eidesstattlichen Versicherung – zu beauftragen. Auch wenn dem Gerichtsvollzieher durch die Novellierung des Zwangsvollstreckungsrechts weitere wichtige Befugnisse übertragen worden sind, ist die Sachpfändung mit ihrem meist langwierigen Vollstreckungsverlauf, der Ankündigung des Erscheinens gegenüber Schuldnern, der vielfachen Weigerung von Schuldnern, den Gerichtsvollzieher in die Wohn- und Geschäftsräume eintreten zu lassen und den Auswirkungen von Pfändungsschutzvorschriften oftmals nicht effektiv.

a) Auftragsschreiben. Zur Beauftragung des Gerichtsvollziehers ist ein Schreiben an das für den Schuldner zuständige Amtsgericht, Verteilerstelle für Gerichtsvollzieheraufträge (GVZ-Aufträge) zu richten. Dieses könnte, soweit die Abgabe der eidesstattlichen Versicherung noch nicht beantragt werden soll, so formuliert werden:

Formulierungsbeispiel:

Amtsgericht XY

Verteilerstelle für GVZ-Aufträge

(Adresse)

(Datum)

Neuer Zwangsvollstreckungsauftrag

In der Zwangsvollstreckungssache

Herr/Frau/Firma

(Adresse)

(Konto: Bank/Kontonummer/Bankleitzahl)

– Gläubiger –

gegen

Herr/Frau/Firma

(Adresse)

– Schuldner –

überreiche ich anliegend die Zwangsvollstreckungsunterlagen mit dem Auftrag, wegen der nachstehend berechneten Gesamtforderung zuzüglich weiterer Zinsen und Kosten zu vollstrecken. Erforderlichenfalls soll der Titel zugestellt werden. Ich bitte, die Taschenpfändung vorzunehmen und die Arbeitsstelle zu ermitteln, ein vollständiges Pfändungsprotokoll zu übersenden und eingezogene Beträge zu überweisen.

> Der Schuldner ist im Besitz von ...(Gegenstand angeben, soweit bekannt). Es wird gebeten, diesen zu pfänden.
>
> Falls der Schuldner ein Kfz besitzt, wird beantragt, dies zu pfänden. Bei Vorliegen einer vorrangig wirksamen Pfändung in einen Vermögensgegenstand wird beantragt, die Anschlusspfändung, § 826 ZPO, durchzuführen.
>
> Bei Arbeitgeberermittlung oder Feststellung sonstiger pfändbarer Forderungen wird um Ausbringung einer Vorpfändung, § 845 Abs. 1 Satz 2 ZPO, und um unverzügliche Nachricht gebeten. Papiere im Sinne des § 836 Abs. 3 ZPO sind vorläufig im Wege der Hilfspfändung wegzunehmen.
>
> Sollte kein Gerichtsvollzieher im Gerichtsbezirk des Vollstreckungsgerichts örtlich zuständig sein, bitte ich, die Sache an das zuständige Gericht weiterzuleiten und mich zu informieren.
>
> Mit der Einziehung von Teilbeträgen von mindestens zehn Prozent der Gesamtforderung bin
>
> ich (oder: bin ich nicht) einverstanden.
>
> (...)

b) Unterlagen. Mit dem Zwangsvollstreckungsauftrag sind der Titel und die Forderungsaufstellung zu überreichen. Handelt es sich um einen Vollstreckungsauftrag, bei welchem eine Sicherheitsleistung nach § 751 Abs. 2 ZPO erforderlich ist, ist entsprechend die Urkunde, z. B. die Bankbürgschaft mit zu überreichen.

c) Antrag auf Abgabe der Eidesstattlichen Versicherung. Will man sich nicht mit Teilzahlungen begnügen oder bei fruchtlosem Pfändungsversuch keine weitere Zeit verlieren, ist zu raten, einen Zwangsvollstreckungsauftrag sogleich mit einem Antrag auf Abgabe der Eidesstattlichen Versicherung zu verbinden. Dann ist der Auftrag am Ende zu ändern und zu ergänzen:

> **Formulierungsbeispiel:**
>
> (...)
>
> Mit der Einziehung von Teilbeträgen bin ich nicht einverstanden.
>
> Für den Fall der fruchtlosen Pfändung oder bei Vorliegen einer anderen Voraussetzung des § 807 Abs. 1 ZPO beantrage ich, kurzfristig einen Termin gemäß §§ 807 Abs. 1, 900 ZPO zur Abgabe eines Vermögensverzeichnisses und der eidesstattlichen Versicherung des Schuldners zu bestimmen. Den Antrag stelle ich auch für den Fall, dass gegen den Schuldner bereits Haft zur Erzwingung der Abgabe der eidesstattlichen Versicherung angeordnet ist. Ich bitte, das Pro-

tokoll und das Vermögensverzeichnis umgehend nach dem Termin zu übersenden.

Falls der Schuldner in den letzten drei Jahren die eidesstattliche Versicherung abgegeben hat, bitte ich, Abschriften des Terminsprotokolls und des Vermögensverzeichnisses zu übersenden oder mittzuteilen, bei welchem Amtsgericht, wann und zu welchem Geschäftszeichens der Schuldner die eidesstattliche Versicherung bereits abgegeben hat. Der Gerichtsvollzieher wird beauftragt, diesen Antrag an das Vollstreckungsgericht weiterzuleiten.

Der sofortigen Abnahme der eidesstattlichen Versicherung gemäß § 900 Abs. 2 Satz 1 ZPO widerspreche ich nicht. Ich beantrage, gemäß § 900 Abs. 2 Sätze 3 bis 5 ZPO zu verfahren. Auf die Teilnahme am Termin zur Abnahme der eidesstattlichen Versicherung verzichte ich.

Bei Abnahme der eidesstattlichen Versicherung bitte ich, den nachstehenden Fragenkatalog zu berücksichtigen:

(...)

Hinweis:

1. Falls Sie Arbeitseinkommen beziehen:

   - Welche Lohnsteuerklasse und welche Kinderfreibeträge sind auf Ihrer Lohnsteuerkarte eingetragen?

     . . . .

   - Haben Sie Ihre Lohnsteuerklasse seit Jahresbeginn geändert, falls ja, welche Lohnsteuerklasse war zum Jahresbeginn eingetragen?

     . . . .

   - Haben Sie einen Teil Ihres Arbeitseinkommens für die monatlich fällig werdenden Mietzahlungen an Ihren Vermieter abgetreten? Wenn ja, wie viel? Wie lauten Name und Anschrift des Vermieters?

     . . . .

2. Steht Ihnen ein Dienst- bzw. Firmenwagen zur privaten Nutzung zur Verfügung (Marke, Typ, Baujahr, Kilometerstand) und mit wie viel Euro wird er bei Ihrem Arbeitseinkommen angerechnet?

   . . . .

   Erhalten Sie von Ihrem Arbeitgeber sonstige Naturalleistungen und in welcher Höhe?

   . . . .

3. Bei Arbeitseinkommen unter netto 940 EUR (Ledige) oder 1.290 EUR (Verheiratete) und Beschäftigung im Unternehmen des Ehegatten/Lebensgefährten/Verwandten:

   • Welche Tätigkeit verrichten Sie nach Art und Umfang?

   ....

   • Wie viel Stunden arbeiten Sie täglich, wöchentlich, monatlich?

   ....

   • Wie lauten die regelmäßigen Arbeitszeiten?

   ....

   • Erhalten Sie neben dem Barlohn auch Sachzuwendungen und falls ja, welche?

   ....

   • Welches Fahrzeug (Marke, Typ, Baujahr, km-Stand, amtliches Kennzeichen) Ihres Arbeitgebers dürfen Sie – auch privat – nutzen?

   ....

4. Haben Sie einen Teil Ihres Arbeitseinkommens als Sicherheit abgetreten, an wen und zur Sicherung welcher Forderung? Hierzu zählen auch Abtretungserklärungen in Darlehens- oder Ratenzahlungsverträgen.

   ....

5. Bei welchem Versorgungsträger zahlen Sie auf Ihre Altersversorgung ein (Versicherungsträger und Versicherungsnummer auch bei privater Altersvorsorge)?

   ....

6. Sind Sie unwiderruflich bezugsberechtigt in Bezug auf eine Lebensversicherung (Name der Versicherungsgesellschaft)? Wird eine Direktversicherung zu Ihren Gunsten von Ihrem Arbeitgeber geführt und wie viel wird darauf monatlich eingezahlt?

   ....

7. Haben Sie Gelder auf den Namen einer anderen Person (Name, Anschrift?) auf deren Konto angelegt und bei welchem Geldinstitut? Besitzen Sie eine Verfügungsbefugnis über das Konto?

   ....

8. Falls Sie verheiratet (in eingetragener Lebenspartnerschaft) und nicht erwerbstätig sind:

   • Welche Tätigkeit übt Ihr Partner aus und was verdient er monatlich netto?

   ....

   • Geben Sie den vollständigen Namen Ihres Partners an.

   ....

9. Falls Sie keine Erwerbseinkünfte erzielen und auch keine Lohnersatzleistungen erhalten, sondern von der Unterstützung von Verwandten oder Freunden leben: Welche Personen (Name, Anschrift) unterstützen Sie mit welchen konkreten Beträgen für welchen konkreten Zeitraum?

   ....

10. Besteht eine Kreditzusage Ihrer Bank/Sparkasse und für welchen Zweck?

   In welcher Höhe und zu welchem Zweck ist Ihnen ein Kredit eingeräumt worden?

   ....

11. Besitzen Sie eine Internet-Domain und wie lautet sie?

   ....

Weigert sich der Schuldner, den Gerichtsvollzieher zur Vollstreckung einer Forderung in seine Wohnung zu lassen, muss der Gläubiger zur Fortsetzung der Zwangsvollstreckung eine richterliche Durchsuchungsanordnung beantragen, weil Wohnungen wegen des Grundrechtsschutzes (Art. 13 GG, Unverletzlichkeit der Wohnung) nur aufgrund richterlicher Anordnung durchsucht werden dürfen. Zuständig ist der Richter bei dem Amtsgericht, in dessen Bezirk die Durchsuchung erfolgen soll. Nur ganz ausnahmsweise, bei Gefährdung des Durchsuchungserfolges, darf der Gerichtsvollzieher ohne richterliche Anordnung vollstrecken.

Die Mitbewohner müssen in diesem Fall oder wenn die richterliche Anordnung vorliegt oder der Schuldner in die Durchsuchung einwilligt, die Durchsuchung dulden.

In der Nacht (von 21 bis sechs Uhr) sowie an Sonn- und Feiertagen darf nicht vollstreckt werden, falls dies für den Schuldner und die Mitbewohner eine unbillige Härte darstellen oder der zu erwartende Erfolg in einem Missverhältnis zum Eingriff stehen würde. In Wohnungen darf zu diesen Zeiten nur aufgrund einer besonderen richterlichen Anordnung vollstreckt werden.

d) Unpfändbare Sachen. In der Zivilprozessordnung und in anderen Gesetzen ist genau geregelt, welche Sachen der Pfändung nicht oder nur unter Einschränkungen unterworfen sind.

Unpfändbare Sachen:

- Beleuchtungsmittel, für den Haushalt (für vier Wochen) oder der zur Beschaffung erforderliche Geldbetrag
- Bestattungsgegenstände: Sachen, die zur unmittelbaren Verwendung für die Bestattung bestimmt sind
- Betten, soweit zur (einer Verschuldung) angemessenen, bescheidenen Lebens- und Haushaltsführung und zur Berufstätigkeit benötigt*
- Brillen
- Bücher, des Schuldners/seiner Familie, soweit zur Nutzung in der Kirche, Schule, sonstigen Unterrichtsanstalt oder bei häuslicher Andacht vorgesehen
- Dienstausrüstungsgegenstände, soweit zum Gebrauch des Schuldners bestimmt*
- Dienstkleidungsstücke, soweit zum Gebrauch des Schuldners bestimmt*
- Dünger der Landwirte, soweit zum Wirtschaftsbetrieb erforderlich*
- Ehrenzeichen;
- Familienpapiere
- Feuerungsmittel, für den Haushalt (für vier Wochen) oder der zur Beschaffung erforderliche Geldbetrag
- Formen, Platten usw., die zur Vervielfältigung eines geschützten Werkes der bildenden Künste oder der Fotografie dienen
- Fütterung/Streu: (für vier Wochen) erforderliche Vorräte oder der zur Beschaffung notwendige Geldbetrag
- Gartenhäuser*
- Gegenstände der Beamten, Geistlichen, Rechtsanwälte, Notare, Ärzte und Hebammen, soweit zur Ausübung des Berufes erforderlich
- Gegenstände des persönlichen Gebrauchs, soweit zur (einer Verschuldung) angemessenen, bescheidenen Lebens- und Haushaltsführung und zur Berufstätigkeit benötigt*
- Gegenstände, zur Fortführung der Erwerbstätigkeit von verstorbenen Beamten, Geistlichen, Rechtsanwälten, Notaren, Ärzten und Hebammen, falls Witwen/minderjährigen Erben für ihre Rechnung die Erwerbstätigkeit durch einen Stellvertreter fortführen lassen*

- Gegenstände, die zur Fortsetzung der Erwerbstätigkeit erforderlich sind, soweit der Schuldner aus seiner körperlichen/geistigen Arbeit oder sonstigen persönlichen Leistungen seinen Lebensunterhalt verdient*
- Geld, das aus Arbeitseinkommen stammt, und zwar der Anteil vom Pfändungszeitpunkt an bis zum nächsten Zahlungstermin (gemäß der Tabelle zur Pfändungsfreigrenze, s. o.)
- Geräte der Landwirte, soweit zum Wirtschaftsbetrieb erforderlich*
- Geräte und Gefäße, soweit zum Betrieb einer Apotheke unentbehrlich
- Geschäftsbücher, soweit in Gebrauch genommenen
- Haus- und Küchengeräte, soweit zur (einer Verschuldung) angemessenen, bescheidenen Lebens- und Haushaltsführung und zur Berufstätigkeit benötigt*
- Haushaltungsbücher, soweit in Gebrauch genommenen
- Hausrat (herkömmlicher Art), soweit vom Schuldner benötigt, wenn die Verwertung einen zum Wert nur unverhältnismäßig niedriger Erlös ergeben würde*
- Hilfsmittel, die wegen körperlicher Gebrechen notwendig sind, soweit zum Gebrauch des Schuldners und seiner Familie bestimmt
- Kleidung der Beamten, Geistlichen, Rechtsanwälte, Notare, Ärzte und Hebammen, soweit zur Ausübung des Berufes erforderlich
- Kleidungsstücke, im Übrigen: soweit zur (einer Verschuldung) angemessenen, bescheidenen Lebens- und Haushaltsführung und zur Berufstätigkeit benötigt*
- Kleintiere in beschränkter Anzahl, soweit für die Ernährung des Schuldners, seiner Familie oder Hausangehörigen erforderlich
- künstliche Gliedmaßen
- landwirtschaftliche Erzeugnisse des Landwirts, soweit zur Unterhaltssicherung des Schuldners, seiner Familie und seiner Arbeitnehmer oder zur Fortführung der Wirtschaft bis zur nächsten Ernte gleicher oder ähnlicher Erzeugnisse erforderlich*
- Nahrungsmittel, (für vier Wochen) soweit für den Schuldner, seine Familie und seine Hausangehörigen (die ihm im Haushalt helfen), erforderlich oder der zur Beschaffung erforderliche Geldbetrag
- Naturalien, als Vergütung von Arbeitnehmern in landwirtschaftlichen Betrieben, soweit Schuldner sie zum (Familien-)Unterhalt benötigt
- Orden
- Originalwerke, die einen Urheberrechtsschutz erhalten
- Tiere, die im häuslichen Bereich und nicht zu Erwerbszwecken gehalten werden; hat das Tier einen hohen Wert, lässt das Vollstreckungsgericht auf Antrag des Gläubigers eine Pfändung zu, wenn die Unpfändbarkeit für den Gläubiger eine Härte bedeuten würde, die auch unter Würdigung der Belange des Tierschutzes und der berechtigten Interessen des Schuldners nicht zu rechtfertigen ist
- Tiere, soweit für die Ernährung des Schuldners, seiner Familie oder Hausangehörigen, erforderlich
- Trauringe
- Vieh der Landwirte, soweit zum Wirtschaftsbetrieb erforderlich*
- Waren, soweit zum Betrieb einer Apotheke unentbehrlich

- Wohnlauben/ähnliche zu Wohnzwecken dienende Einrichtungen, soweit der Schuldner/seine Familie sie zur ständigen Unterkunft benötigt (falls sie ausnahmsweise zum beweglichen Vermögen gehören)*
- Wäsche, soweit zur (einer Verschuldung) angemessenen, bescheidenen Lebens- und Haushaltsführung und zur Berufstätigkeit benötigt*

Die mit „*" gekennzeichneten Sachen kann der Verkäufer pfänden lassen, wenn er sie unter Eigentumsvorbehalt an den Schuldner verkauft hat, jedoch muss er mittels Urkunden nachweisen, dass dieser Vorbehalt vereinbart war.

e) Austauschpfändung. Auch unpfändbare Sachen können – ausnahmsweise und nach einem entsprechenden Beschluss des Amtsgerichts (Vollstreckungsgerichts) – gepfändet werden, nämlich wenn der Gläubiger dem Schuldner vor der Wegnahme der Sache ein Ersatzstück überlässt. Dieses muss dem geschützten Verwendungszweck genügen. Möglich ist auch, dass der Gläubiger dem Schuldner den zur Beschaffung eines solchen Ersatzstückes erforderlichen Geldbetrag zahlt (dieser Geldbetrag ist dann unpfändbar).

Beispiel:

Herr Meisner schuldet Herrn Krauss nach einem rechtskräftigen Urteil des örtlichen Amtsgerichts 1.000 EUR zuzüglich Zinsen und Prozesskosten. Eine Vollstreckungsandrohung des Gläubigers hat er ignoriert. Herr Meisner beauftragt den Gerichtsvollzieher, der zwar kein Bargeld beitreiben kann, jedoch beim Schuldner eine kostbare Armbanduhr entdeckt.

Es handelt sich nach den Pfändungsschutzvorschriften um einen Gegenstand des persönlichen Gebrauchs, der grundsätzlich unpfändbar ist. Jedoch kann Herr Meisner beim Amtsgericht beantragen, dass eine Austauschpfändung vorgenommen wird. Im Anschluss daran kann er eine günstige Ersatzuhr besorgen oder Herrn Krauss das Geld dafür auszahlen.

Austauschpfändungen betreffen die oben mit „*" gekennzeichneten Sachen (aber nicht das Gerät, das Vieh, den Dünger und die landwirtschaftlichen Erzeugnisses des Landwirts und keine Dienstausrüstungsgegenstände/Dienstkleidungsstücke).

Vermag der Gläubiger den Ersatz nicht rechtzeitig zu beschaffen, kann das Vollstreckungsgericht die Pfändung mit der Maßgabe zulassen, dass dem Schuldner der zur Ersatzbeschaffung erforderliche Geldbetrag aus dem späteren Vollstreckungserlös überlassen wird. Dasselbe gilt, wenn dem Gläubiger die Ersatzbeschaffung nicht zuzumuten ist.

Das Vollstreckungsgericht soll die Austauschpfändung aber nur dann zulassen, wenn sie nach Lage der Verhältnisse angemessen ist.

Insbesondere muss zu erwarten sein, dass der Vollstreckungserlös den Wert des Ersatzstückes erheblich übersteigen wird.

3. Eintragung einer Sicherungshypothek

Weiß der Gläubiger, welche – nicht überpfändeten – Grundstücke dem Schuldner gehören, ist der Versuch zu empfehlen, mit dem Schuldner eine Vereinbarung über eine freiwillige Belastung zugunsten des Gläubigers zu treffen.

Gelingt keine Eintragung in das Grundbuch auf freiwilliger Basis des Schuldners, sollte der Gläubiger beim Amtsgericht beantragen, dass eine Sicherungshypothek eingetragen wird. Teilweise wird die Vollstreckung in das Grundvermögen als die vielversprechendste Vollsteckungsmaßnahme betrachtet: Sie lässt sich ebenfalls relativ schnell und kostengünstig umsetzen. Außerdem kann sie einen – durchaus erwünschten – Druck auf den Schuldner ausüben: Dieser wird wahrscheinlich ein Interesse daran haben, dass das Grundbuch frei von einer Zwangshypothek ist und zur Schuldenbegleichung bereit sein, um dies zu erreichen.

Erfolgt eine entsprechende Eintragung, kann ggf. die Zwangsversteigerung in das Grundstück betrieben werden. Ein finanzieller Nutzen kann dann erzielt werden, wenn der Zwangsversteigerungserlös und der eingetragene, noch gute Rang zur Gläubigerbefriedigung ausreichen (wenn also keine wesentlichen vorrangigen Eintragungen vorliegen).

Formulierungsbeispiel für den Antrag auf Eintragung einer Sicherungshypothek:

An das

Amtsgericht

– Grundbuchamt -

(Datum)

Antrag auf Eintragung einer Zwangshypothek

In der Zwangsvollstreckungssache

Herr/Frau/Firma

(Adresse)

(Konto: Bank/Kontonummer/Bankleitzahl)

– Gläubiger –

gegen

Herr/Frau/Firma

(Adresse)

– Schuldner –

wegen: Versäumnisurteils des (Gerichts) – Aktenzeichen … vom (Datum)

Ich überreiche anliegend die vollstreckbare Ausfertigung des Urteils sowie den Nachweis über die bisherigen Kosten und beantrage wegen dieser Ansprüche nach § 867 ZPO,

auf den Miteigentumsanteil des Schuldners an dem Grundstück in Walsrode, Gebäude- und Freifläche, Mittelberg 13, eingetragen im Grundbuch von Walsrode, Blatt 930 Band 29, Flur 2, Flurstück 93/1 wegen der titulierten Forderung für den Gläubiger eine

Zwangshypothek

einzutragen, und zwar wegen folgender Beträge:

- … EUR gemäß des Urteils,
- Verzugszinsen von 5/8 Prozentpunkten über dem Basiszinssatz seit dem …
- … EUR für den Vollstreckungsauftrag vom …
- Gerichtsvollzieherkosten gemäß Protokoll vom …

(…)

Ich bitte darum, mir den Titel und die Vollstreckungsunterlagen nach der Eintragung zurückzureichen.

(…)

V. Schnellübersicht: vom Mahnverfahren bis zur Vollstreckung

Antrag auf Erlass eines Mahnbescheides		Einreichung einer Klage	Antrag auf Bewilligung von Prozesskostenhilfe
Kein Widerspruch: Antrag auf Erlass eines Vollstreckungsbescheides	Falls Widerspruch: Zahlung des weiteren Gerichtskostenvorschusses	Zahlung des Gerichtskostenvorschusses	Bewilligung der Prozesskostenhilfe erfolgt durch das Gericht
Vollstreckung aus Vollstreckungsbescheid	Übergang ins Klageverfahren	Klageverfahren	Überleitung ins Klageverfahren
Falls kein Einspruch: Vollstreckungsbescheid wird rechtskräftig	Falls Einspruch: Einleitung des Klageverfahrens		

Fristsetzung durch das Gericht

Falls keine Verteidigung: Anerkenntnis- oder Versäumnisurteil		Falls Zahlung des Beklagten: Erledigung der Klage	Vergleich der Parteien	Verteidigung: Terminsanberaumung	
Kein Einspruch gegen Versäumnisurteil: rechtskräftiger Vollstreckungstitel	Falls Einspruch gegen das Versäumnisurteil: Weiterführung des Klageverfahrens	nur noch Kostenentscheidung des Gerichts	nur noch Einigung oder Entscheidung über Kosten	mit schriftlichem Vorverfahren	oder frühem ersten Termin

Ladung

Termin

Güteverhandlung

Falls Vergleich in Güteverhandlung	falls kein Vergleich
Vollstreckungstitel vorhanden	Streitige Verhandlung ggf. mit Beweiserhebung

Urteil

Falls Berufung/Beschwerde Rechtsmittelinstanz		Keine Berufung/Beschwerde rechtskräftiger Titel
Entscheidung über Berufung/Beschwerde		
Vergleich	rechtskräftiges Urteil	

Kostenverfahren

Kläger obsiegt voll	Kläger obsiegt teilweise
Kostenfestsetzungsantrag des Klägers	Kostenausgleichungsanträge der Parteien

Einleitung der Zwangsvollstreckung

Zwangsvollstreckungsandrohung

Beklagter zahlt Urteilssumme, Zinsen und Kosten	Beklagter zahlt nicht		
	Einholung der Vollstreckungsklausel, Zustellung des Titels und ggf. Sicherheitsleistung		
	Antrag auf Pfändungs- und Überweisungsbeschluss	Beauftragung des Gerichtsvollziehers	Antrag auf Eintragung einer Sicherungshypothek

VI. Anfechtung von nachteiligen Rechtshandlungen des Schuldners

Beispiel:

Herr Ralf Kühn hat gegen seinen Schuldner, Herrn Gisbert Wagner, vor zwei Monaten einen rechtskräftigen Vollstreckungsbescheid über 10.000 EUR erstritten. Die Zwangsvollstreckung mittels des Gerichtsvollziehers blieb erfolglos. Aus der eidesstattlichen Versicherung ergibt sich auch kein verwertbares Vermögen oder Einkommen. Nunmehr erfährt Herr Kühn, dass Herr Wagner erst vor kurzem sein Hausgrundstück in Köln, Stadtring 24, durch notariellen Schenkungsvertrag seiner Ehefrau übertragen hat. Er fragt sich, ob er noch etwas unternehmen kann, um seine Forderung zu realisieren.

1. Verbot der Gläubigerbenachteiligung

Der Schuldner darf ihm bevorstehende Vollstreckungsmaßnahmen nicht unterlaufen. Zum Schutz des Gläubigers stellt das Strafgesetzbuch das Vereiteln der Zwangsvollstreckung überdies unter Strafe, § 288 StGB. Verboten ist demnach, bei „einer drohenden Zwangsvollstreckung in der Absicht, die Befriedigung des Gläubigers zu vereiteln, Bestandteile des Vermögens zu veräußern oder beiseite zu schaffen". Des Weiteren wird die sog. Pfandkehr bestraft, § 289 StGB. Diese begeht, wer eine eigene bewegliche Sache dem Pfandgläubiger in rechtswidriger Absicht wegnimmt". Auch ein Dritter, der dem Gläubiger bei dieser Pfandkehr hilft oder für ihn die Gegenstände fortschafft, begeht eine Straftat. Durch diesen staatlichen Schutz wird mithin der private Forderungseinzug geschützt; wenngleich damit nicht stets erreicht werden kann, dass sich jeder Schuldner rechtstreu verhält und dessen ungeachtet beiseite geschaffte Gegenstände oder Vermögen definitiv dem Gläubigerzugriff entzogen werden. Sollten Hinweise auf eine Straftat vorliegen, sollte der erforderliche Strafantrag unverzüglich gestellt werden, um ggf. zu erreichen, dass der Schuldner im Rahmen einer strafmildernden Schadenswiedergutmachung den Gegenstand zurückführt.

Formulierungsbeispiel:

An die Staatsanwaltschaft Köln

Am Justizzentrum 13

50939 Köln

(Datum)

Strafanzeige gegen Herrn Gisbert Wagner

wegen: Vereitelung der Zwangsvollstreckung

Sehr geehrte Damen und Herren,

ich stelle Strafantrag gegen den Beschuldigten, wohnhaft in Köln, Stadtring 24.

Dem liegt folgender Sachverhalt zugrunde:

Gegen den Beschuldigten habe ich vor zwei Monaten einen (rechtskräftigen) Vollstreckungsbescheid über 10.000 EUR erwirkt, den ich

anliegend

in Kopie beifüge. Die Zwangsvollstreckung mittels des Gerichtsvollziehers blieb erfolglos. Aus der eidesstattlichen Versicherung ergab sich kein verwertbares Vermögen oder Einkommen. Anlässlich der von mir eingeleiteten Pfändungsmaßnahmen stellte sich aber heraus, dass der Beschuldigte erst vor kurzem sein Hausgrundstück in Köln durch notariellen Schenkungsvertrag seiner Ehefrau

> übertragen hat, weshalb ich meine Forderung in der Zwangsvollstreckung nicht realisieren konnte.
> Ich bitte um Aufnahme der Ermittlungen und um Information über das Ermittlungsergebnis.
> Mit freundlichen Grüßen
> (Unterschrift)

2. Anfechtungsgesetz

Darüber hinaus ermöglicht das Anfechtungsgesetz einem Gläubiger, unter bestimmten Voraussetzungen Rechtshandlungen des Schuldners anzugreifen, welche den Gläubiger bei der Realisierung seiner Forderung im Wege der Zwangsvollstreckung behindern.

Anfechtungsmöglichkeiten bestehen gemäß der nachfolgenden Tabelle:

Vorgehen des Schuldners	Zeitraum	Kenntnisse des Begünstigten
• entgeltlicher Vertrag • mit nahestehender Person, u. a. – Ehe-/Lebenspartner, – Verwandter, – in Hausgemeinschaft lebende Person, – bestimmte. gesellschaftsrechtlich verbundene Person) • Gläubiger werden direkt benachteiligt	in den letzten zwei Jahren	Begünstigter muss Benachteiligungsvorsatz des Schuldners gekannt haben
• unentgeltliche Leistung • mehr als ein gebräuchliches, geringwertiges Gelegenheitsgeschenk	in den letzten vier Jahren	keine Kenntnisse erforderlich
• Rechtshandlung • vorsätzliche Gläubigerbenachteiligung	in den letzten zehn Jahren	• Begünstigter muss Benachteiligungsvorsatz des Schuldners gekannt haben • dies ist schon dann der Fall, wenn Begünstigter von drohender Zahlungsunfähigkeit und Gläubigerbenachteiligung wusste

Beispiel (Fortsetzung):

Die Grundstücksübertragung des Herrn Wagner an seine Frau durch notariellen Schenkungsvertrag vor weniger als zwei Jahren stellt schon deshalb einen sog. anfechtbaren Rechtserwerb dar, weil es sich um eine unentgeltliche Leistung handelte, die mehr als ein gebräuchliches, geringwertiges Gelegenheitsgeschenk war. Weitere Voraussetzungen brauchen nicht vorzuliegen Herr Kühn kann damit den Rechtserwerb gegenüber Frau Wagner angreifen.

Weil dem Gläubiger bei Vorliegen eines Anfechtungsgrundes für seinen Forderungseinzug wieder dasjenige zur Verfügung gestellt werden muss, was der Schuldner aus seinem Vermögen veräußert, weggegeben oder aufgegeben hat, werden dem Gläubiger entsprechende Verfahrensmöglichkeiten eingeräumt:

- Der Gläubiger kann auf Rückgewähr des veräußerten Gegenstandes zum Schuldnervermögen klagen; insbesondere durch eine Klage auf sog. Duldung der Zwangsvollstreckung.
- eil der Erwerber diese Klage abwenden kann, indem er die Forderung bezahlt, sollte der Gläubiger von jenem zunächst außergerichtlich Zahlung verlangen.
- Der Gläubiger kann seinen Rückgewähranspruch eventuell auch im Wege des einstweiligen Rechtsschutzes (Arrestes) sichern. Letzteres ist zulässig, wenn zu befürchten ist, dass anderenfalls die Realisierung des vollstreckbaren Anspruches vereitelt wird.

Beispiel (Fortsetzung):

Herr Kühn kann daher Frau Wagner zunächst schriftlich auffordern, 10.000 EUR an ihn zu zahlen. Kommt Frau Wagner dem nicht nach, müsste gerichtlich vorgegangen werden. Als erstes wäre festzustellen, ob einstweiliger Rechtsschutz beantragt werden sollte. Dafür müsste zu befürchten sein, dass anderenfalls die Vollstreckung eines Urteils vereitelt oder wesentlich erschwert werden würde. Wenn dafür keine Anhaltspunkte bestehen, wäre ein Arrest unzulässig. Somit bliebe eine Gläubigeranfechtung durch Klage auf Duldung der Zwangsvollstreckung in das Grundstück.

Formulierungsbeispiel:

(Datum)

Sehr geehrte Frau Wagner,

ich habe gegen Ihren Ehemann, Herrn Gisbert Wagner, vor zwei Monaten einen rechtskräftigen Vollstreckungsbescheid (Datum, Aktenzeichen) über 10.000 EUR nebst Zinsen und Kosten erwirkt. Die Zwangsvollstreckung mittels des Gerichtsvollziehers blieb erfolglos. Aus der eidesstattlichen Versicherung ergab sich kein verwertbares Vermögen oder Einkommen.

> Nunmehr habe ich erfahren, dass Ihr Ehemann Ihnen vor kurzem das bis dahin ihm gehörende Hausgrundstück in Köln, Stadtring 24, durch notariellen Schenkungsvertrag übertragen hat.
>
> Diese Übertragung ist ein anfechtbarer Rechtserwerb nach §§ 3 und 4 des Anfechtungsgesetzes.
>
> Ich beabsichtige, Sie auf Rückgewähr dieses Grundstückes zum Schuldnervermögen zu verklagen, §§ 1, 4 und 11 des Anfechtungsgesetzes.
>
> Diese Klage können Sie abwenden, indem Sie gemäß der
>
> anliegenden
>
> Forderungsaufstellung bis zum
>
> (Frist von zehn bis 14 Tagen)
>
> 10.000 EUR nebst Zinsen und Kosten an mich zahlen.
>
> Sollte die Frist ergebnislos verstreichen, werde ich eine Rechtsanwaltskanzlei beauftragen, Sie auf Duldung der Zwangsvollstreckung zu verklagen.
>
> Mit freundlichen Grüßen
>
> (Unterschrift)

Ein Klageantrag müsste wie folgt lauten:

> **Formulierungsbeispiel:**
>
> (…)
>
> Ich werde beantragen,
>
> die Beklagte zu verurteilen, wegen der vollstreckbaren Forderung des Klägers von 10.000 EUR aufgrund des Vollstreckungsbescheides des Amtsgerichts (Ort, Aktenzeichen, Datum) die Zwangsvollstreckung in das (näher zu bezeichnende) Grundstück zu dulden.

Nicht nur Grundstücksveräußerungen, sondern auch andere Benachteiligungen durch Rechtshandlungen des Schuldners sind anfechtbar. Aufgrund der Komplexität der Problematik sollte aber unbedingt anwaltlicher Rat eingeholt werden.

VII. Rechtsschutzmöglichkeiten des Vollstreckungsschuldners

Wenn der Gläubiger seine Ansprüche mit einem vollstreckbaren Titel zwangsweise durchsetzt, muss sich der Schuldner grundsätzlich damit abfinden. Der Gläubiger darf aber mit der von ihm veranlassten

Zwangsvollstreckung nicht gegen Rechtsvorschriften der Zwangsvollstreckung verstoßen. Ist dies der Fall oder besteht die zugrundeliegende Forderung des Gläubigers nicht mehr (in seiner ursprünglichen Form), kann sich der Vollstreckungsschuldner u. a. mit vier
wichtigen Rechtsbehelfen wehren:

Rechtsbehelfe des Vollstreckungsschuldners:

- Vollstreckungsabwehrklage (§ 767 ZPO), auch „Vollstreckungsgegenklage"
  genannt
- Vollstreckungserinnerung (§ 766 Abs. 1 ZPO)
- Sofortige Beschwerde (§ 793 ZPO)
- Vollstreckungsschutzantrag (§ 765 a ZPO)

Für alle Rechtsbehelfe des Schuldners gilt, dass er diese nur von der
Androhung/vom Beginn der Vollstreckung an bis zu ihrer Beendi-
gung ergreifen darf. Außerhalb dieses Zeitraumes fehlt ihm das sog.
Rechtsschutzbedürfnis; etwaige Anträge des Schuldners auf Einstellung der Vollstreckungsmaßnahmen wären schlicht unzulässig. Die
Rechtsprobleme können – auch an dieser Stelle – vielschichtig sein.
Die Krux liegt in der Auswahl der Behelfe und Möglichkeiten der
Verfahrensfehler. Gerade wenn es um existentielle Fragen (Abgabe
der eidesstattlichen Versicherung, Räumungsvollstreckung, Zwangshypothek) geht, sollte daher keine Partei auf anwaltliche Hilfe verzichten.

1. Vollstreckungsabwehrklage

Besteht der vom – anscheinenden – Gläubiger geltend gemachte
Anspruch substanziell nicht mehr und droht der Gläubiger trotzdem
mit der Zwangsvollstreckung aus dem ihm vorliegenden Titel, kann
sich der Schuldner eventuell mit einer sog. Vollstreckungsabwehrklage wehren. Mit dieser besonderen Klage können Sachverhalte
geltend gemacht werden, die nach dem Ergehen des Titels, z. B. eines
Urteils, dazu geführt haben, dass der titulierte Anspruch (teilweise)
nicht mehr besteht. Mit der Vollstreckungsgegenklage wird ein
Gläubiger demzufolge Erfolg haben, wenn der Anspruch erloschen
ist oder aus sonstigen Gründen nicht mehr durchgesetzt werden
darf.

Dabei spielen u. a. folgende **Konstellationen** eine Rolle:

- Der Schuldner hat nach der Titulierung/nach Schluss der mündlichen Gerichtshandlung bereits erfüllt, z. B. bei einer Verurteilung zur Zahlung hat er den Urteilsbetrag nebst Zinsen und Kosten beglichen.
- Nach der Titulierung, z. B. nach Erlass des Vollstreckungsbescheides, hat der Schuldner eine Gegenforderung erlangt und damit aufgerechnet.
- Der Gläubiger hat mit dem Schuldner im Nachhinein einen Erlassvertrag geschlossen.
- Der Schuldner wurde wegen einer von ihm geleisteten Bürgschaft verurteilt; nachträglich ist jedoch die Forderung gegenüber dem Hauptschuldner verjährt.
- Die Leistung, die der Schuldner zu erbringen hat, ist nachträglich unmöglich geworden (Beispiel 1).
- Es ist ein Endtermin eingetreten (Beispiel 2).

Beispiel 1:

Pianist Weinreich weigert sich, seinen Vertrag zu erfüllen. Das Amtsgericht verurteilt ihn auf Antrag der Agenturgesellschaft, im nächsten Quartal zu spielen. Gleichzeitig wird ihm ein Zwangsgeld für den Fall angedroht, dass er dem nicht nachkommt. Weinreich bricht sich nunmehr die rechte Hand. Er kann unmöglich spielen. Eine Vollstreckungsgegenklage ist angezeigt, wenn die Agenturgesellschaft das Zwangsgeld eintreiben will.

Beispiel 2:

Das Cateringunternehmen Flott wurde – entsprechend eines von ihm abgeschlossenen Vertrages – verurteilt, die Klägerin am Ostermontag zu beliefern. Auch dem Cateringunternehmen Flott wurde ein Zwangsgeld angedroht. Nach Ablauf des Termins darf die Klägerin nicht mehr zwangsvollstrecken. Die Firma Flott könnte sich dann auf jeden Fall mit einer Vollstreckungsgegenklage wehren.

Bedeutsam ist, dass die Gründe des Schuldners, mit denen er sich gegen die Vollstreckung wehrt, nicht schon vor der Titulierung (in einem Prozess: vor dem Schluss der mündlichen Verhandlung) entstanden sind. Ansonsten könnte, was nicht statthaft ist, der Vollstreckungsschuldner die Rechtsgültigkeit eines vom Gläubiger erstrittenen Urteils unterlaufen.

Beispiel:
Herr Benz konnte in einem gegen ihn gerichteten Zahlungsprozess nicht beweisen, dass er den hälftigen Betrag bereits getilgt hatte. Nachdem die Berufungsfrist abgelaufen ist, also das gegen ihn ergangene Urteil rechtskräftig geworden ist, findet er die ausschlaggebende Quittung. Herr Benz kann nicht mit einer Vollstreckungsabwehrklage gegen das Urteil vorgehen, weil er den Einwand, dass er die Forderung teilweise schon bezahlt hatte, bereits im Prozess hätte vortragen können. Gleichgültig ist, ob er seine Einwendungen beweisen konnte oder nicht. Mit seinem jetzigen Vorbringen wäre er ausgeschlossen („präkludiert"), zumal die Rechtskraft des Urteils nicht ausgehöhlt werden darf.

Anders verhält es sich, wenn der anzugreifende Titel gar nicht rechtskräftig werden kann. Das ist bei gerichtlichen Vergleichen oder notariellen Urkunden der Fall: Hier gilt also die Einschränkung nicht, dass die Einwände erst später entstanden sein müssen.

Beispiel:
Bertram Fink betreibt eine Galerie. Bei der Firma Kunst GmbH hatte er zu einem Preis von 50.000 EUR wertvolle Lithografien bestellt. Nach Vertragsabschluss drohte der Geschäftsführer der Kunst GmbH, Herr Ottmar Kunst, damit, nicht zu liefern, wenn sich Herr Fink nicht mittels einer notariellen Urkunde wegen der Zahlung der 50.000 EUR der sofortigen Zwangsvollstreckung in sein Grundstück – zugunsten des Herrn Kunst – unterwirft. Tatsächlich will dieser später aus der notariellen Urkunde vorgehen. Daraufhin erhebt Herr Fink Vollstreckungsgegenklage, zumal er von Herrn Kunst widerrechtlich bedroht worden war. Die Klage ist aussichtsreich, weil die Urkunde nicht in Rechtskraft erwachsen kann. Herr Fink ist mit seinem Einwand der widerrechtlichen Drohung nicht ausgeschlossen.

Die Vollstreckungsgegenklage leitet einen neuen Prozess ein. Wird mit ihr ein Urteil angegriffen, ist das Prozessgericht des bisherigen ersten Rechtszuges zuständig. Richtet sich die Abwehrklage gegen eine andere gerichtliche Entscheidung, z. B. gegen einen Vollstreckungsbescheid, dann ist unabhängig vom Streitwert das Gericht zuständig, das die Entscheidung erlassen hat. Sinn dieser Regelung ist, dass das Gericht, das sich schon einmal mit der Sache befasst hat, nunmehr auch über die neuen Einwendungen urteilen soll. Eine anwaltliche Vertretung ist daher erforderlich, wenn vor dem Landgericht gestritten werden muss. Die Klage richtet sich gegen den aus dem Titel berechtigten Gläubiger. Mit der Klage ist zu beantragen, die Vollstreckung aus dem genau zu bezeichnenden Titel für unzulässig zu erklären.

Formulierungsbeispiel:

An das

Amtsgericht XY

(Adresse)

(Datum)

Vollstreckungsgegenklage

des/der ... (Parteibezeichnung, Adresse),

– Kläger/ Klägerin –

gegen

Herrn/Frau/Firma (Parteibezeichnung), Adresse),

– Beklagter/Beklagte –

wegen: Unzulässigkeit der Zwangsvollstreckung,

vorläufiger Streitwert: (... EUR).

Ich werde beantragen,

1. die Zwangsvollstreckung aus dem (Titel, z. B. Urteil oder gerichtlicher Vergleich des Amtsgerichts) vom (Datum des angegriffenen Titels), Aktenzeichen: (bisheriges gerichtliches Aktenzeichen), für unzulässig zu erklären.

2. Der/die Beklagte wird verurteilt, die ihm erteilte vollstreckbare Ausfertigung des (Titels) an den Kläger/die Klägerin herauszugeben.

3. Gemäß § 770 ZPO wird angeordnet, dass die Vollstreckung aus dem (Titel) des Amtsgerichts ... vom ... Aktenzeichen: ... bis zur Rechtskraft dieses Urteils einstweilen eingestellt wird.

Begründung:

Der Kläger wurde im Vorprozess rechtskräftig verurteilt, an die jetzige Beklagte ... EUR zu zahlen. Am ... hat der Kläger den Urteilsbetrag neben Zinsen und Kosten beglichen. Den Zahlungsbeleg überreiche ich als

Anlage K 1.

Der Beklagte hat mit Brief vom ...,

Anlage K 2,

angedroht zu vollstrecken, so dass das Erheben der Klage nebst des Antrages auf einstweilige Einstellung der Zwangsvollstreckung erforderlich geworden ist.

(Unterschrift)

2. Vollstreckungserinnerung

Dieser Rechtsbehelf kann sowohl dem Schuldner als auch dem Gläubiger zustehen. Sogar Dritte sind erinnerungsbefugt, wenn sie geltend machen können, dass durch die Zwangsvollstreckung eine Vorschrift verletzt worden ist, die sie schützen sollte.

a) Art und Weise der Zwangsvollstreckung. Mit der Vollstreckungserinnerung können sämtliche Beteiligten die Art und Weise der Zwangsvollstreckung beanstanden, insbesondere auch Verstöße des Gerichtsvollziehers in der Ausführung der Vollstreckung.

Der Schuldner hat mit der Vollstreckungserinnerung Chancen, wenn
- die Voraussetzungen der Vollstreckung nicht vorliegen,
- die konkrete Vollstreckungsmaßnahme gesetzlich verboten ist oder
- Vollstreckungshindernisse bestehen.

> **Beispiel:**
> Herr Müller hatte bei der Musikhaus Kling GmbH ein Klavier gekauft. Weil das Instrument fehlerhaft war, ist Herr Müller vom Kaufvertrag zurückgetreten. Davon wollte die Firma nichts wissen, so dass Herr Müller geklagt hat. Seinen Prozess hat Herr Müller gewonnen. Das Gericht hat rechtskräftig entschieden, dass die Musikhaus Kling GmbH Zug-um-Zug gegen Rückgabe des Musikinstruments den Kaufpreis zurückerstatten muss. Die Obergerichtsvollzieherin Huth pfändet nun beim Musikhaus die Urteilssumme. Die Rückgabe des Klaviers hat sie zuvor nicht angeboten. Die Schuldnerin will sich gegen die Pfändung wehren. Weil es um das Verfahren bei der Pfändung geht, ist dafür die Vollstreckungserinnerung einschlägig. Die Obergerichtsvollzieherin Huth hat gegen die Vorschrift des § 756 ZPO verstoßen. Danach musste sie vor der Vollstreckung aus dem Zug-um-Zug-Titel der Schuldnerin grundsätzlich die Gegenleistung, also das Klavier, anbieten. Dies hat sie jedoch unterlassen. Mit der Vollstreckungserinnerung wird die Musikhaus Kling GmbH daher Erfolg haben.

b) „Einfache Maßnahmen". Eine Vollstreckungserinnerung ist aber auch gegen eine „einfache Maßnahme" des Vollstreckungsgerichtes möglich. Hier ist allerdings Vorsicht angebracht: Hat das Vollstreckungsgericht eine Entscheidung gefällt, dann muss stattdessen eine Beschwerde eingelegt werden. Für die Abgrenzung zur Entscheidung ist ausschlaggebend, wie der Beschluss zustande gekommen ist. Eine Entscheidung liegt immer dann vor, wenn dem Schuldner vor Erlass der Vollstreckungsmaßnahme rechtliches Gehör gewährt wurde, ihm also möglich war, sich zur Sache zu äußern. Das gleiche gilt, wenn sich der Schuldner unaufgefordert zu Wort gemeldet hat. Ansonsten liegt eine einfache Maßnahme des Vollstreckungsgerichts vor, welche mit der Vollstreckungserinnerung angegriffen werden kann.

> **Beispiel:**
> Die Gläubigerin, Frau Becker, will die Wohnung der Schuldnerin, Frau Freitag, durchsuchen lassen. Zu der beantragten Durchsuchungsanordnung hat das zuständige Amtsgericht Frau Freitag angehört und erst danach den Durch-

suchungsbefehl erlassen. Frau Freitag kann also keine Erinnerung einlegen, sondern müsste Beschwerde erheben.

Auch wenn das Vollstreckungsgericht abschlägig über einen Antrag entschieden hat, darf keine Erinnerung eingereicht werden, sondern es muss eine Beschwerde folgen.

c) Weiteres Vorgehen. Die Erinnerung ist beim Vollstreckungsgericht, also bei dem Amtsgericht einzulegen, in dessen Bezirk die Vollstreckung stattgefunden hat oder stattfinden soll. Eine Frist für die Erinnerung gibt es nicht; wichtig ist, dass das Zwangsvollstreckungsverfahren noch nicht beendet ist. Den Antrag kann man schriftlich mit eigenhändiger Unterschrift oder zu Protokoll der Geschäftsstelle abgeben. Eine anwaltliche Vertretung ist nicht zwingend. Der Vollstreckungsbeteiligte muss vortragen, in seinen Rechten betroffen zu sein. Das ist beim Schuldner schon dann der Fall, wenn sich eine Vollstreckungsmaßnahme gegen ihn richtet. Der zuständige Richter muss prüfen, ob bei der Vollstreckung die gesetzlichen Vorschriften eingehalten wurden. Maßgebend ist dabei der Zeitpunkt seiner Entscheidung. Gerichtskosten fallen nicht an.

Formulierungsbeispiel (hier: Erinnerung des Gläubigers):

An das Amtsgericht XY

– Vollstreckungsgericht –

(Adresse)

(Datum)

Erinnerung nach § 766 ZPO

In der Vollstreckungssache

(Parteibezeichnungen)

überreiche ich anliegend das vollstreckbare Urteil des (…Gerichts) vom (Datum), Aktenzeichen: (…) sowie das Vollstreckungsprotokoll des Gerichtsvollziehers (Name) vom (Datum) und beantrage,

den Gerichtsvollzieher anzuweisen, die beiden Laptops (genaue Bezeichnung) der Marke (…) im Büro des Schuldners zu pfänden.

Begründung:

Ausweislich des Pfandprotokolls hat der Gerichtsvollzieher von der Vollstreckung abgesehen, weil es sich um Gegenstände handele, die der Schuldner zur Fortsetzung seiner Erwerbstätigkeit benötige.

Die Laptops stehen jedoch im Vorbehaltseigentum des Gläubigers.

Beweis: Kaufvertrag vom 31. 3. 2012, anliegend im Original

Der Schuldner hat dem Gläubiger den vereinbarten Kaufpreis nicht gezahlt. Der Gläubiger hat wegen dieser Kaufpreisforderung geklagt, wie sich aus den Gründen des überreichten Urteils ergibt. Der Gläubiger hatte dem Gerichtsvollzieher diesen Umstand schon vor der Vollstreckung durch Vorlage des Kaufvertrages nachgewiesen.

Beweis: anliegender Vollstreckungsauftrag

Der Gerichtsvollzieher durfte daher nicht ablehnen, zu pfänden.

(Unterschrift)

3. Sofortige Beschwerde

Sie richtet sich gegen Beschlüsse (nicht aber gegen Urteile) des Vollstreckungsgerichts. Sowohl der Schuldner als auch der Gläubiger und etwaige Dritte können sich beschweren, wenn sie von der gerichtlichen Entscheidung betroffen sind. Die Beschwerdefrist beträgt zwei Wochen ab Zustellung des maßgeblichen Beschlusses. Anwaltszwang besteht, wenn im ersten Rechtszug ein Anwaltsprozess vorlag, z. B. weil das Landgericht zuständig war. Anwaltszwang besteht desgleichen, wenn das Beschwerdegericht eine mündliche Verhandlung anordnet. Gerichtskosten fallen im Gegensatz zur Vollstreckungserinnerung an. Wird die Beschwerde verworfen/zurückgewiesen, wird eine Gerichtsgebühr von 25 EUR berechnet. Erfolg wird die sofortige Beschwerde haben, wenn die angegriffene Entscheidung unter einem Verfahrensfehler leidet oder inhaltlich falsch ist.

Formulierungsbeispiel:

An das Amtsgericht XY

(Adresse)

(Datum)

In der Vollstreckungssache

(bekanntes Aktenzeichen und Parteibezeichnungen)

lege ich gegen den Beschluss des angerufenen Gerichts vom (Datum)

sofortige Beschwerde

ein und beantrage,

den Beschluss aufzuheben und den Antrag auf Erlass einer Vollstreckungsklausel aufzuheben.

Begründung:

Der Schuldner wurde durch das Urteil des angerufenen Gerichts vom (Datum), Aktenzeichen: (…) verurteilt, an den Gläubiger eine Werkbank der Marke XYZ herauszugeben, hilfsweise Wertersatz zu leisten. Obwohl der Schuldner die Werkbank unverzüglich laut der als

Anlage beigefügten Originalquittung

herausgegeben hat, erteilte der Rechtspfleger auf Antrag des Gläubigers am (…) die Vollstreckungsklausel.

(Unterschrift)

---

4. Vollstreckungsschutzantrag

Mittels eines außerordentlichen Rechtsbehelfs, § 765 a ZPO, ist es dem Schuldner möglich, sich wegen einer unzumutbaren Härte gegen eine im Grunde rechtmäßige Vollstreckungsmaßnahme zu wehren.

a) Grundsatz von Treu und Glauben. Der Schuldner kann damit gemäß des Grundsatzes von Treu und Glauben Vollstreckungsschutz beantragen, auch wenn keine Verfahrensvorschrift verletzt wird und der geltend gemachte Anspruch ebenfalls noch unverändert besteht.

Beispiel:
Die Firma Grundeis hat gegen den Kaufmann Winter eine titulierte Forderung über 23.000 EUR erstritten. Der Kaufmann kann nicht zahlen. Daraufhin lässt die Firma Grundeis eine Zwangshypothek im Grundbuch eintragen und beantragt später die Grundstücksversteigerung. Auf dem Grundstück steht das private Wohnhaus des Herrn Winter. Für den ebenfalls dort wohnenden 89-jährigen Vater würde das Verfahren wegen der mit der Versteigerung verbundenen Aufregung in Anbetracht dessen schlechten Gesundheitszustandes lebensgefährlich werden können. Dieser Umstand rechtfertigt eine einstweilige Einstellung der Zwangsversteigerung.

b) Ausnahmefälle. Dieser außerordentliche Rechtsbehelf greift aber nur in wirklichen Ausnahmefällen ein. Das Gesetz spricht davon, dass die Zwangsvollstreckung „unter voller Würdigung des Schutzbedürfnisses des Gläubigers wegen ganz besonderer Umstände eine Härte bedeutet, die mit den guten Sitten nicht vereinbar ist". Das angerufene Gericht muss daher die Interessen der Parteien umfassend abwägen.

Bei folgenden Sachlagen nimmt die Rechtsprechung eine Sittenwid-rigkeit an, die zur (vorübergehenden) Einstellung der Zwangsvoll-streckung führt:

- Rechtsmissbrauch, insbesondere, wenn der Gläubiger bei der Vollstreckung mit Sicherheit leer ausgehen wird
- Drohen einer Kontokündigung, es handelt sich aber um eine nur kleine Forderung des Gläubigers
- Kontenpfändung, wenn nur unpfändbare Ersatzleistungen des Schuldners auf das Konto fließen
- Pfändung einer Erwerbsunfähigkeitsrente (eventuell)
- Gesundheitsgefahren, vorausgesetzt diese drohen ernsthaft für den Schuldner oder einen nahen Angehörigen
- Pfändung eines Genossenschaftsanteils, wenn der Schuldner dadurch eine langjährige Wohnung ersatzlos verlieren würde
- Räumungsvollstreckung, wenn keine Ersatzwohnung für den sozialhilfebedürftigen Schuldner vorhanden ist
- Räumungsvollstreckung, falls der Schuldner ohnehin bald über ausreichenden Ersatzwohnraum verfügen wird, so dass der Vollstreckungsschutz nur einen vorübergehenden Zeitraum überbrücken soll

VIII. Zusammenfassung

An das Erkenntnisverfahren schließt sich das Zwangsvollstreckungsverfahren an, wenn der Schuldner – auch auf eine Zwangsvollstreckungsandrohung des Gläubigers – nicht freiwillig leistet.

Allgemeine Voraussetzungen für die Zwangsvollstreckung sind der Titel (wie z.B. der Vollstreckungsbescheid, das Urteil oder ein gerichtlicher Vergleich), ferner die Vollstreckungsklausel und schließlich die Zustellung des Titels. Soweit dies durch die gerichtliche Entscheidung bestimmt ist, muss der Gläubiger ferner eine Sicherheitsleistung erbringen, eine Ausnahme besteht nur für die Sicherungsvollstreckung.

Besondere Voraussetzungen für die Zwangsvollstreckung sind etwa zu beachten, wenn der Gläubiger seinen Anspruch erst mit dem Eintritt eines bestimmten Kalendertages geltend machen darf, oder wenn eine Zug-um-Zug-Verurteilung erfolgt ist, z.B. bei einer Zahlung des Kaufpreises Zug-um-Zug gegen Übergabe der Kaufsache.

Wenn schon mit der Klage beantragt wird, festzustellen, dass sich der Beklagte im Annahmeverzug befindet, kann diese komplizierte Weise der Zwangsvollstreckung umgangen werden. Anderenfalls muss der Gläubiger durch eine zuzustellende öffentliche oder öffentlich beglaubigte Urkunde beweisen, dass er den Schuldner zufrieden gestellt hat (oder dass dieser sich im Annahmeverzug befindet).

Bei der Auswahl der Vollstreckungsart sollte geprüft werden, ob der Antrag auf Erlass eines Pfändungs- und Überweisungsbeschluss, die Beauftragung des Gerichtsvollziehers – auch zum Einholen der eidesstattlichen Versicherung des Schuldners – oder die Eintragung einer Sicherungshypothek zur Beitreibung der Forderung am meisten Erfolg verspricht. Am schnellsten und effektivsten dürfte meist die Forderungspfändung sein. Das Arbeitseinkommen eines Schuldners lässt sich aber nicht unbegrenzt pfänden, weil es auch zu seinem Unterhalt und dem seiner Angehörigen zur Verfügung stehen muss.

Bisweilen versuchen Schuldner, bevorstehende Vollstreckungsmaßnahmen zu unterlaufen, indem Vermögenswerte beiseite geschafft oder, z. B. auf nahe Angehörige, übertragen werden. Das Vereiteln der Zwangsvollstreckung ist jedoch strafbar und das Anfechtungsgesetz berechtigt den geschädigten Gläubiger, unter bestimmten Voraussetzungen Rechtshandlungen des Schuldners anzugreifen, welche ihn bei dem Forderungseinzug per Zwangsvollstreckung behindern.

Auf der anderen Seite bestehen auch gesetzliche Rechtsschutzmöglichkeiten des Vollstreckungsschuldners. Dazu gehören die Vollstreckungsabwehrklage, die Vollstreckungserinnerung, die sofortige Beschwerde und der Vollstreckungsschutzantrag. Diese Rechtsbehelfe greifen ein, wenn die Zwangsvollstreckung gegen Rechtsvorschriften verstößt oder die zugrundeliegende Forderung des Gläubigers nicht mehr – in seiner ursprünglichen Form – besteht. Im Übrigen muss sich der Schuldner mit der gegen ihn gerichteten Zwangsvollstreckung abfinden.

12. Kapitel. Forderungseinzug im Insolvenzverfahren

Eine Forderungsbeitreibung per Zwangsvollstreckung ist den einzelnen Gläubigern grundsätzlich verwehrt, wenn über das Vermögen illiquider Schuldner das Insolvenzverfahren durchgeführt wird.

Checkliste Insolvenzverfahren:

Ein Insolvenzverfahren wird eröffnet, wenn ein sog. Eröffnungsgrund vorliegt.
1. Allgemeiner Eröffnungsgrund ist die Zahlungsunfähigkeit des Schuldners.
   - Dieser Tatbestand setzt voraus, dass der Schuldner nicht mehr in der Lage ist, seine fälligen Zahlungspflichten zu erfüllen.
   - Dies wiederum ist gewöhnlich anzunehmen, wenn er seine Zahlungsrückstände nicht mehr begleicht (wenn er über einen Zeitraum von drei Wochen nicht in der Lage ist, zehn Prozent der fälligen Verbindlichkeiten zu erfüllen).
2. Beantragt der Schuldner selbst, das Insolvenzverfahren in die Wege zu leiten, ist auch seine (nur) drohende Zahlungsunfähigkeit ein Eröffnungsgrund. Ist die Schuldnerin eine juristische Person, muss der Antragsteller vertretungsberechtigt sein, um den Eröffnungsantrag stellen zu können.
   - Der Schuldner droht zahlungsunfähig zu werden, wenn er voraussichtlich nicht imstande sein wird, die Verbindlichkeiten im Zeitpunkt ihrer Fälligkeit zu erfüllen.
   - Ab dem 1. 1. 2014 wird die gesetzliche Formulierung lauten: „Überschuldung liegt vor, wenn das Vermögen des Schuldners die bestehenden Verbindlichkeiten nicht mehr deckt. Bei der Bewertung des Vermögens des Schuldners ist jedoch die Fortführung des Unternehmens zugrunde zu legen, wenn diese nach den Umständen überwiegend wahrscheinlich ist."

Während der Dauer eines Insolvenzverfahrens ist es verboten, in die sog. Insolvenzmasse und in das sonstige Vermögen des Schuldners zu vollstrecken (die Insolvenzmasse ist das gesamte Vermögen, das dem Schuldner zur Zeit der Verfahrenseröffnung gehört und das er während des Verfahrens erlangt). Damit soll ein „Wettlauf der Gläubiger" verhindert werden. Jedoch gelten Ausnahmen für Unterhaltsansprüche oder Forderungen aus vorsätzlichen sog. „unerlaubten Handlungen", z. B. wegen Betruges, Unterschlagung, Untreue, Sachbeschädigung, Vollstreckungsvereitelung usw.: In diesen Fällen können Bezüge aus einem Dienstverhältnis (oder an deren Stelle tretende laufende Bezüge) gepfändet werden, jedoch nur die Teile der Bezüge, welche für andere Gläubiger nicht pfändbar sind.

I. Insolvenzantrag

Auch im Falle der Schuldnerinsolvenz sollten Gläubiger versuchen, einen möglichst hohen Anteil ihrer Forderung zu realisieren. Dazu sollte ein Anspruchsinhaber zunächst – bevor es zu irreversiblen Bevorzugungen anderer Forderungsberechtigter kommt – beim Amtsgericht den Eröffnungsantrag stellen. Der antragstellende Gläubiger kann damit wenigstens erreichen, dass alle Gläubiger gleichmäßig behandelt werden, weil eine Gläubigergesamtheit entsteht und unbillige Zufallsergebnisse durch Einzelzwangsvollstreckungen beendet werden.

Beispiel:

Die A. & B. Kleinert GmbH hat gegen ihren Kunden, den eingetragenen Kaufmann Steffen Zent, einen rechtskräftigen Vollstreckungsbescheid über 6.500 EUR erwirkt. Die Zwangsvollstreckung verlief leider erfolglos. Herr Zent hatte bereits vor einem Monat die eidesstattliche Versicherung abgeben müssen. Nun erfährt der Geschäftsführer Bert Kleinert, dass Herr Zent an eine andere Gläubigerin monatliche Raten von 100 EUR zahlt und ihr das Eigentum einer Maschine übertragen hat. Die A. & B. Kleinert GmbH sollte umgehend einen Insolvenzantrag stellen, um weiteren Benachteiligungen beim Forderungseinzug entgegenzuwirken.

1. Bedingungen

Für den Antrag auf Eröffnung des Insolvenzverfahrens ist regelmäßig das Insolvenzgericht zuständig, in dessen Bezirk der Schuldner seine selbstständige wirtschaftliche Tätigkeit ausübt, im Übrigen das Insolvenzgericht, in dessen Bezirk der Schuldner seinen Wohnsitz hat. In dem Eröffnungsantrag sind die eigenen Forderungen und die Zahlungsunfähigkeit des Schuldners darzustellen und glaubhaft zu machen, am besten durch das Einreichen von Originalurkunden. Nicht erforderlich ist die Titulierung des geltend gemachten Anspruchs, jedoch muss dann sein Bestehen überwiegend wahrscheinlich sein. Zu dessen Glaubhaftmachung kann auch eine sog. Versicherung an Eides statt, z. B. des Antragstellers, ausreichen.

Formulierungsbeispiel:

An das

Amtsgericht XY

– Insolvenzgericht –

(Adresse)

(Datum)

Antrag

des (Name und Adresse des Gläubigers)

– Antragsteller –

gegen

(Name und Adresse des Schuldners)

– Antragsgegner –

wegen Insolvenzeröffnung.

Ich beantrage,

über das Vermögen des (Name des Schuldners) in (Ort der selbstständigen wirtschaftlichen Tätigkeit/Wohnort) das Insolvenzverfahren zu eröffnen.

Ich rege an,

Sicherungsmaßnahmen nach §§ 21, 22 InsO anzuordnen.

Begründung:

Der Antragsteller hat gegen den Schuldner eine titulierte Forderung über ... EUR zuzüglich Zinsen sowie eine weitere Forderung von ... EUR aus einem Kostenfestsetzungsbeschluss.

Die Zwangsvollstreckung aus dem Urteil des ...Gerichts (Ort) vom ..., Aktenzeichen: ... sowie aus dem Kostenfestsetzungsbeschluss verlief negativ. Nach dem Pfändungsprotokoll des Gerichtsvollziehers (Name) vom (Datum) waren Zwangsvollstreckungen anderer Gläubiger beim Antragsgegner in der letzten Zeit ebenfalls erfolglos. Der Antragsgegner ist zahlungsunfähig.

Zu befürchten ist, dass sich die Vermögenslage ohne die Anordnung von Sicherungsmaßnahmen weiter verschlechtern wird, speziell weil der Antragsgegner laufend über sein Vermögen, insbesondere über sein Inventar verfügt.

Zur Glaubhaftmachung überreiche ich als

Anlagen

das Original der vollstreckbaren Ausfertigung des Urteils und des Kostenfestsetzungsbeschlusses, die Fruchtlosigkeitsbescheinigung des Gerichtsvollziehers sowie die eidesstattliche Versicherung des Antragstellers.

(Unterschrift)

Anlage: Eidesstattliche Versicherung

In Kenntnis der strafrechtlichen Folgen einer falschen Versicherung an Eides statt erkläre ich, dass der Antragsgegner in der Zeit vom ... bis zum ... folgende Vermögensverfügungen getroffen hat:

(...)

(Unterschrift)

---

2. Maßnahmen des Insolvenzgerichts

Nach § 21 InsO hat das Insolvenzgericht „alle Maßnahmen zu treffen, die erforderlich erscheinen, um bis zur Entscheidung über den Antrag eine den Gläubigern nachteilige Veränderung in der Vermögenslage des Schuldners zu verhüten." Weil das Insolvenzgericht eine derartige Gefahrenlage ohne weitere Anhaltspunkte nicht erkennen kann, sollte der Gläubiger diese mit dem Insolvenzantrag darlegen und glaubhaft machen.

3. Gefahren für den Gläubiger

Ein Antrag auf Verfahrenseröffnung durch den Gläubiger kann aber dann untunlich sein, wenn er insbesondere in den vergangenen drei Monaten Teilleistungen des Schuldners erhalten hat und damit rechnen muss, dass ein Insolvenzverwalter die Zahlungen später anficht, weil der Gläubiger mit diesem Forderungseinzug anderen Gläubigern zuvorkommen wollte. Besonders Forderungsbeitreibungen in den letzten drei Monaten vor der Eröffnung des Insolvenzverfahrens unterliegen nämlich dem Rückforderungsrecht des Insolvenzverwalters.

II. Vertragsfortführungen und Vertragsabschlüsse mit dem Insolvenzverwalter

Nachdem das Verfahren eröffnet worden ist, wird das Gericht regelmäßig einen sog. vorläufigen Insolvenzverwalter bestellen und dessen Befugnisse festlegen. Es wird wahrscheinlich anordnen, dass Verfügungen nur mit Zustimmung dieses vorläufigen Insolvenzverwalters zulässig sind.

Wenn der Insolvenzverwalter den Geschäftsbetrieb des Schuldners in diesem Stadium weiterführen und dazu neue Aufträge vergeben will, wird er dem Vertragspartner sog. Kostendeckungserklärungen vorlegen, mit welchen er zusagt, dass die Bezahlung während der vorläufigen Verwaltung aus der Insolvenzmasse erfolgen wird und damit quasi sichergestellt ist.

> **Tipp:**
> Verspricht der vorläufige Insolvenzverwalter Kostendeckung für die Bezahlung von Neuaufträgen, sollte unbedingt der Beschluss des Insolvenzgerichts über die Anordnung der vorläufigen Verwaltung eingesehen werden, um die Reichweite der Handlungsbefugnisse des Verwalters zu prüfen. Dieser muss eindeutig ermächtigt worden sein, einzelne, im Voraus genau festgelegte Verbindlichkeiten eingehen zu dürfen. Es ist aber durchaus vorstellbar, dass gar keine Ermächtigung zur Begründung von neuen Verbindlichkeiten (sog. Masseverbindlichkeiten) besteht. Dann kann keine Bezahlung aus der Insolvenzmasse erfolgen. Von einem Vertragsschluss dürfte abzusehen sein, auch wenn der vorläufige Verwalter letztendlich persönlich haftet.

III. Realisierung der Altforderungen

Die Verfahrenseröffnung bewirkt dessen ungeachtet nicht, dass wechselseitig noch offene Ansprüche erlöschen. Die vor der Insolvenz geschlossenen Verträge bleiben weiterhin bestehen. Der vertragliche Erfüllungsanspruch ist lediglich nicht mehr durchsetzbar. Damit kann der Gläubiger nicht mehr verlangen, dass ein Vertrag abgewickelt wird. Wenn der Insolvenzverwalter aber auf Vertragserfüllung besteht, kann der Gläubiger bevorrechtigte Zahlung aus der Masse verlangen. Der Gläubiger ist auch befugt, den Verwalter aufzufordern, unverzüglich zu erklären, ob er auf Erfüllung des Vertrages besteht; anderenfalls kann dieser keine Vertragsdurchführung mehr verlangen und der Gläubiger weiß, woran er ist.

Besonderheiten gelten für Vermieter oder Verpächter des Schuldners: Wegen der Vermögensverschlechterung vor der Insolvenz können diese nicht kündigen.

Vielleicht besteht bei erbrachter Vorleistung des Gläubigers auch die Möglichkeit, sich mit dem vorläufigen Insolvenzverwalter über das Begleichen bestehender Altforderungen auseinanderzusetzen. Falls der verschuldete Geschäftsbetrieb weiter geführt werden soll und in diesem Rahmen dessen Weiterbelieferung mit Waren des Gläubigers gewünscht ist, besteht Verhandlungspotential: Einigen sich Gläubiger und Verwalter auf neue Vertragsabschlüsse, sollte der Gläubiger diese davon abhängig machen, dass auch seine alten Ansprüche – zumindest teilweise – erfüllt werden. Zahlungen des Insolvenzverwalters auf die Altverbindlichkeiten kann der Gläubiger dann einbehalten. Sie können später nicht zurückgefordert werden, zumal der Verwalter einen Vertrauenstatbestand begründet hat, welcher eine Anfechtbarkeit der Zahlungen für die Zukunft regelmäßig ausschließt.

IV. Gläubigerbeteiligung und Gläubigerrechte

Im Insolvenzverfahren gilt der Grundsatz der Gläubigerautonomie, d. h., die Gläubiger treffen die wesentlichen Entscheidungen über den Verlauf des Insolvenzverfahrens. Deshalb sind Gläubiger erst einmal berechtigt, die Insolvenzakte auf der Geschäftsstelle des Amtsgerichts einzusehen. So können sie sich persönlich über die Quotenerwartung informieren.

Kontroll- und Mitwirkungsrechte lassen sich über die Gläubigerversammlung und den Gläubigerausschuss (gewählt von der Gläubigerversammlung) wahrnehmen. Im frühen Berichtstermin informiert der Insolvenzverwalter über die wirtschaftliche Lage und ihre Ursachen, etwaige Aussichten für einen Unternehmenserhalt und einen Insolvenzplan mit den Auswirkungen für die Gläubiger. Die Gläubigerversammlung beschließt über die Stilllegung oder vorläufige Firmenfortführung, die Erstellung eines Insolvenzplanes und womöglich sogar über die Wahl eines anderen Insolvenzverwalters. Der Gläubigerausschuss überwacht und unterstützt den Insolvenzverwalter.

V. Forderungsanmeldung

Die Insolvenzmasse dient der Erfüllung von Ansprüchen der persönlichen Gläubiger (Insolvenzgläubiger), die zur Zeit der Verfahrenseröffnung einen begründeten Vermögensanspruch gegen den Schuldner haben (§ 38 InsO). Das Insolvenzgericht fordert daher die Gläubiger mit dem Eröffnungsbeschluss auf, innerhalb einer vorgegebenen Frist ihre Forderungen beim Insolvenzverwalter schriftlich anzumelden. Spätere Forderungsanmeldungen lösen eine Nachmeldegebühr aus. Grund und Betrag der Forderungen sind anzugeben sowie ggf. die Tatsachen, aus denen folgt, dass sich der Anspruch aus einer sog. unerlaubten Handlung, z. B. einer Straftat, ergibt. Solche Forderungen sind von der sog. Restschuldbefreiung des Schuldners ausgenommen. Sie bleiben damit auch nach Abschluss des Insolvenzverfahrens in jedem Fall bestehen. Im Übrigen sind bestehende Sicherheiten an beweglichen Sachen oder Rechten mitzuteilen.

Formulierungsbeispiel Anmeldung einer Forderung zur Insolvenztabelle:

Herrn

Rechtsanwalt/Insolvenzverwalter

(Adresse)

(Datum)

Insolvenzverfahren über das Vermögen des (Name des Schuldners)

Amtsgericht (Ort), Aktenzeichen (...)

Forderungsanmeldung des (Name des Gläubigers)

Sehr geehrter Herr (Rechtsanwalt/Insolvenzverwalter),

ich melde folgende Forderungen zur Insolvenztabelle an:
1. erste Hauptforderung im Rang des § 38 InsO
    a) Forderung aus Kaufvertrag, entsprechend Rechnung vom . .: ... EUR
    b) Kosten, die vor Eröffnung des Verfahrens entstanden sind: ... EUR
    c) Aufgelaufene Zinsen gemäß anliegender Aufstellung: ... EUR

Insgesamt: ... EUR
2. zweite Hauptforderung im Rang des § 38 InsO
    a) Forderung aus vorsätzlich begangener unerlaubter Handlung: ... EUR
       (Begründung siehe Anlage)
    b) (...)
3. Abgesonderte Auszahlung (falls spezielle Gläubiger-Sicherheiten bestehen)

> Ich beanspruche eine abgesonderte Befriedigung – unter gleichzeitiger Anmeldung des Ausfalls.
>
> Ich überreiche anliegend Abschriften der Kaufverträge, Lieferscheine und Rechnungen sowie die Kopie des Urteils des (Gericht) … vom (Datum), Aktenzeichen: (…).
>
> Ich bitte Sie, nach dem allgemeinen Prüfungstermin zu bestätigen, dass die angemeldeten Forderungen in voller Höhe anerkannt wurden.
>
> Mit freundlichen Grüßen
>
> (Unterschrift)

VI. Verwertung von Sicherheiten

Schon bei Vertragsabschluss ist darauf zu achten, die Forderung durch entsprechende Sicherungsinstrumente (s. o., Forderungsausfällen vorbeugen, Verlangen von Sicherheiten: Grundpfandrechte, Eigentumsvorbehalt oder Forderungsabtretung) zu schützen, um dadurch in einem Insolvenzverfahren Aus- bzw. Absonderungsrechte zu begründen. Auch noch nach einem Vertragsabschluss können nachträglich – bei frühzeitiger Skepsis in Bezug auf die finanzielle Zuverlässigkeit des Vertragspartners – derartige Sicherheiten vereinbart werden.

1. Grundpfandrechte

Gläubiger, die Rechte an unbeweglichen Gegenständen haben, können trotz der Insolvenz mittels Zwangsversteigerung oder Zwangsverwaltung gegen den Schuldner vorgehen. Diese Gläubiger können also die Verwertung der Grundpfandrechte weiterhin beeinflussen. Der Insolvenzverwalter kann ebenfalls ein solches Grundstück zwangsversteigern lassen oder auch beantragen, dass die von den Gläubigern eingeleiteten Zwangsmaßnahmen einstweilig eingestellt werden. Nutzbringender sind freilich gewöhnlich eine konstruktive Kooperation mit dem Verwalter und eine freihändige Grundstücksveräußerung.

2. Eigentumsvorbehalt

Wird der Käufer einer unter Eigentumsvorbehalt gelieferten Sache insolvent, kann der Insolvenzverwalter wählen, ob er den Kaufvertrag erfüllen will oder nicht. Schweigt der Verwalter oder entscheidet er sich für die Nichterfüllung des Vertrages, kann der Verkäufer den Gegenstand heraus verlangen. Er ist kein Insolvenzgläubiger mehr; sein Anspruch auf Aussonderung des Gegenstandes bestimmt sich nach Gesetzen außerhalb des Insolvenzrechts.

Formulierungsbeispiel Geltendmachung eines verlängerten Eigentumsvorbehalts samt Auskunftsanspruch:

Herrn

Rechtsanwalt/Insolvenzverwalter

(Adresse)

(Datum)

Insolvenzverfahren über das Vermögen des (Name des Schuldners) Aussonderungsanspruch

Sehr geehrter Herr Rechtsanwalt/Insolvenzverwalter,

am (Datum) habe ich unter verlängertem Eigentumsvorbehalt (Bezeichnung der Gegenstände) an den Schuldner geliefert. Den Vertrag/die Bestellung, die Rechnung und den Lieferschein überreiche ich anliegend in Kopie. Der Schuldner hat den Kaufpreis nicht (vollständig) gezahlt. Ich fordere Sie daher auf,

a) die angegebenen Gegenstände, sollten sie in Ihrem oder im Besitz des Schuldners sein, bis zum (Frist) herauszugeben;

b) anderenfalls Auskunft darüber zu erteilen,
   • wann der Schuldner die Gegenstände ggf. vor Verfahrenseröffnung veräußert hat,
   • welche Gegenstände nach Verfahrenseröffnung veräußert wurden,
   • zu welchen Bedingungen die Veräußerung erfolgte,
   • ob und ggf. in welcher Höhe die Gegenleistung bereits realisiert wurde,
   • ob diese noch unterscheidbar in der Insolvenzmasse vorhanden ist und,
   • soweit die Gegenleistung noch nicht vollständig realisiert wurde, in welcher Höhe der noch offene Anspruch besteht. Name und Anschrift des Anspruchsgegners sind mitzuteilen;

c) die Auskünfte bis spätestens zum (Frist) zu erteilen.

Mit freundlichen Grüßen

(Unterschrift)

3. Sicherungsübereignung und Pfandrechte

Auch eine Sicherungsübereignung oder etwa Pfand- und Zurück-
behaltungsrechte helfen dem Gläubiger in der Insolvenz als sog.
Absonderungsrechte weiter.

Absonderungsrechte bestehen zugunsten der Gläubiger,
* welche vom Schuldner Sicherungseigentum erhalten haben
* die an einem Gegenstand ein Pfandrecht haben (per Gesetz, rechts-
geschäftlich oder auch durch Pfändung erlangt)
* denen nach dem Handelsgesetzbuch ein Zurückbehaltungsrecht
zusteht oder
* denen ein Zurückbehaltungsrecht an einer Sache zusteht, weil sie
etwas zum Nutzen dieser Sache verwendet haben (soweit ihre
Forderung aus der Verwendung den noch vorhandenen Vorteil
nicht übersteigt).

Der Insolvenzverwalter ist zwar berechtigt, diese so belasteten beweglichen Sachen zu verwerten, er muss dem Gläubiger aber seine
Veräußerungsabsicht anzeigen und der Gläubiger ist berechtigt, innerhalb einer Woche auf eine bessere Verwertungsmöglichkeit hinzuweisen. Der Gläubiger muss den Namen und die Adresse des
Kaufinteressenten mitteilen. Übergeht der Verwalter einen solchen
Vorschlag, wird der Gläubiger so gestellt, als sei die von ihm genann-
te bessere Verwertungsmöglichkeit genutzt worden. Wenn durch
eine Verwertung auch die damit angefallenen (Pauschal)Kosten abgedeckt werden, kann es gelingen, dass sich der Gläubiger vollständig
schadlos halten kann.

4. Sicherungsabtretung

Wurde dem Gläubiger zur Sicherheit eine Forderung abgetreten, ist
ebenfalls der Insolvenzverwalter berechtigt, diese Sicherheit zu verwerten.

Beispiel: Die Abakus GmbH hat gegen den Kaufmann Bantus
aus einem Werkvertrag einen offenen Zahlungsanspruch über
5.000 EUR. Die Abakus GmbH ist zur weiträumigen Stundung bereit, wenn Herr Bantus seine Forderung gegenüber der Coeme OHG
von 4.800 EUR abtritt, was erfolgt. Ein halbes Jahr später ist Herr
Bantus insolvent. Der Insolvenzverwalter zieht den immer noch bestehenden Anspruch über 4.800 EUR ein und kehrt ihn abzüglich der

angefallenen (Pauschal)Kosten an die Abakus GmbH aus. Einen Großteil der Forderung konnte diese Firma also noch einziehen.

VII. Prozesse gegen den Insolvenzverwalter und den Gemeinschuldner

Falls Gläubiger im Insolvenzverfahren durch Handlungen des Insolvenzverwalters oder des Gemeinschuldners benachteiligt werden, können Gläubiger ihre Rechte klageweise durchsetzen. Im Wesentlichen kommen unter drei verschiedenen Gesichtspunkten Klagen gegen den Insolvenzverwalter persönlich (handelnd in seiner Eigenschaft als Verwalter über das Vermögen des Gemeinschuldners) oder den Gemeinschuldner in Betracht:

Klageart	Klageziel
Klage auf Feststellung einer streitig gebliebenen Insolvenzforderung	Diese Klage greift ein, wenn der Insolvenzverwalter die zur Tabelle angemeldete Forderung des Gläubigers im Prüfungstermin endgültig bestreitet. Mit der Klage will der Gläubiger erreichen, dass seine Forderung zur Tabelle genommen wird.
Klage auf Feststellung einer unerlaubten Handlung	Diesem Prozess liegt folgende Konstellation zugrunde: Der Gläubiger hat gegen den Schuldner einen Anspruch aus vorsätzlicher unerlaubter Handlung und meldet diese zur Insolvenztabelle an, wo er in dieser Weise festgestellt wird. Der Gemeinschuldner bestreitet die Forderung an sich nicht, widerspricht aber der Forderungsanmeldung als vorsätzliche unerlaubte Handlung, um später Restschuldbefreiung auch wegen dieses Anspruchs zu erhalten. Der Gläubiger muss durch Urteil feststellen lassen, dass die titulierte Forderung aus einer vorsätzlichen unerlaubten Handlung stammt, damit er nach dem Ende der Insolvenz den Anspruch weiterhin geltend machen kann.
Schadensersatzklage gegen den Insolvenzverwalter	Es handelt sich um eine Zahlungsklage, die der Gläubiger darauf stützt, dass der Insolvenzverwalter ihm finanziellen Schaden zugefügt hat, etwa durch Verletzung von Eigentumsrechten, wenn der Insolvenzverwalter das auf einen Eigentumsvorbehalt gestützte Aussonderungsrecht des Gläubigers missachtet und die Sache weiterveräußert. Er haftet dann persönlich auf Schadensersatz.

VIII. Vom Insolvenzverwalter anfechtbare Zahlungen/ Vollstreckungshandlungen

Nach der Eröffnung des Insolvenzverfahrens prüft der Insolvenzverwalter pflichtgemäß, ob Tilgungsleistungen des Schuldners an einzelne Gläubiger zurückzufordern sind.

Der Gläubiger, der mit einer Anfechtung seitens des Insolvenzverwalters rechnen muss, sollte seine Forderung vorsorglich zur Insolvenztabelle anmelden, um einem kompletten Forderungsausfall entgegenzuwirken.

Die Anfechtung von Zahlungen und/oder der Hingabe von Sicherheiten – wegen der Benachteiligung anderer Gläubiger – kommt maximal für die letzten zehn Jahre in Betracht. Je länger der Vorgang zurück liegt, desto höher sind die Anforderungen für eine Anfechtung. Praxisrelevant sind vor allem solche im letzten Quartal vor Verfahrenseröffnung.

1. Rechtshandlungen/Geschäfte im letzten Quartal vor dem Eröffnungsantrag

Die letzten drei Monate vor dem Insolvenzantrag werden vom Gesetz als „Krise" betrachtet. In diesem Zeitraum ist die Benachteiligung anderer Gläubiger gesetzwidrig.

Gewährung von Sicherheiten und Rechtsgeschäfte unter folgenden Fallgruppen zurückfordern:

Der Gläubiger hat Geld/Sicherheiten erlangt, welches/welche er
- nicht oder
- nicht zur Zeit der Krise (z. B. weil der Anspruch noch nicht fällig war) oder
- nicht in dieser Art zu beanspruchen hatte. Beispiele: der Gläubiger hat
  - eine andere als die geschuldete Leistung erhalten,
  - zwangsvollstreckt,
  - die Zwangsvollstreckung angedroht oder
  - einen Insolvenzantrag angedroht

und entweder

• dem Gläubiger war bekannt, dass die Insolvenzgläubiger benachteiligt werden oder • der Gläubiger kannte Umstände, die zwingend darauf schließen lassen.	der Schuldner war zahlungsunfähig.

Der Schuldner war zahlungsunfähig und	
der Gläubiger kannte • die Zahlungsunfähigkeit oder • Umstände, die zwingend darauf schließen lassen und entweder	
er hat dem Gläubiger durch eine Rechtshandlung Geld/Sicherheiten gegeben.	er hat ein Rechtsgeschäft vorgenommen, das die Insolvenzgläubiger unmittelbar benachteiligt.

Der Insolvenzverwalter kann daher Rechtshandlungen (Geldzahlungen und/oder die Vertritt der Insolvenzverfasser die Auffassung, dass einer dieser Sachverhalte gegeben ist, wird er den betreffenden Zahlungsempfänger auffordern, das Erlangte zurückzugeben. Der Gläubiger sollte dennoch sorgfältig prüfen, ob dieses Verlangen gerechtfertigt ist.

Beispiel:

Die Tillmann GmbH hat gegen ihren säumigen Kunden, den Kaufmann Schmitz einen Zahlungstitel über 4.300 EUR erwirkt. Den Titel hat sie ihrem Kunden bereits zugestellt – indes ohne ihm ausdrücklich Zwangsvollstreckungsmaßnahmen anzudrohen. Herr Schmitz, der noch nicht zahlungsunfähig war, überweist nun 3.000 EUR. Zwei Monate später wird über sein Vermögen das Insolvenzverfahren eröffnet. Der Insolvenzverwalter fordert die 3.000 EUR von der Tillmann GmbH mit der Begründung zurück, dass jene die Zahlung nicht „in dieser Art" zu beanspruchen gehabt habe. Die Tillmann GmbH braucht das Geld dem Insolvenzverwalter jedoch nicht zu erstatten, weil kein Anfechtungsgrund besteht: Es lag keine Zwangsvollstreckung und keine Androhung der Zwangsvollstreckung vor, sondern nur eine Vorbereitungshandlung zur Zwangsvollstreckung.

Tipp:

Fordert der Insolvenzverwalter zur Rückgabe von Geld oder Sicherheiten auf, sollte der betroffene Gläubiger nicht vorschnell einlenken. Er sollte sich vielmehr vergewissern, ob sich aus den Fakten zweifelsfrei ergibt, dass ein Anfechtungssachverhalt gegeben ist; z. B., dass andere Insolvenzgläubiger tatsächlich benachteiligt wurden. Der Gläubiger müsste bei dieser Konstellation also zu-

> mindest über Umstände zur Liquiditäts- und Vermögenslage informiert gewesen sein, und zwar darüber, dass die Insolvenzgläubiger ihre Gelder in absehbarer Zeit nicht voll erhalten.

2. Rechtshandlungen im letzten Monat vor dem Eröffnungsantrag

Im dem letzten Monat vor der Antragstellung ist die Anfechtungsmöglichkeit durch den Verwalter besonders leicht. Er kann jede Gläubigerbevorzugung anfechten, die

- nicht,
- nicht in der Art oder
- nicht zu der Zeit

zu beanspruchen war. Weitere Voraussetzungen müssen nicht vorliegen (die Krise und die Kenntnis des Gläubigers von der Krise werden unwiderlegbar vermutet).

3. Rechtshandlungen und Rechtsgeschäfte nach dem Insolvenzantrag

Vorteile für einen Gläubiger, die nach der Eröffnung des Verfahrens erlangt worden sind, sind ebenfalls fast immer angreifbar.

Es genügt, dass der Gläubiger Umstände kannte, die zwingend auf die Zahlungsunfähigkeit oder den Eröffnungsantrag schließen lassen.

Unter dieser Voraussetzung sind auch Rechtsgeschäfte des Schuldners anfechtbar, welche die Insolvenzgläubiger unmittelbar benachteiligen, so wenn bei Austauschverträgen Leistung und Gegenleistung nicht gleichwertig sind. Auch ist dies der Fall, wenn der Schuldner etwa einen Gläubiger dadurch bevorzugt, dass er ihm gegenüber einen aussichtsreichen Prozess nicht führt oder es unterlässt, die Einrede der Verjährung zu erheben.

4. Rechtshandlungen in den letzten zehn Jahren

Aber auch noch in einem Zeitraum von bis zu zehn Jahren vor der Verfahrenseröffnung kann der Insolvenzverwalter Rückforderungsansprüche geltend machen; nach dem Ablauf der drei Monate seit Eröffnung aber (bis auf Sonderfälle) nur wegen vorsätzlicher Schuldnerverfügungen zum Nachteil der Gläubiger. Derartige Aktionen missbilligt das Gesetz und sanktioniert sie entsprechend.

Zu erstatten sind demzufolge Geldzahlungen oder die Gewährung von Sicherheiten unter drei **Voraussetzungen:**

- Zunächst muss es sich um eine Handlung des Schuldners gehandelt haben.
- Des Weiteren muss der Schuldner gewollt, gewusst oder „billigend in Kauf genommen" haben, dass er mit der Bevorzugung des Empfängers andere Gläubiger benachteiligt.
- Schließlich muss der Bevorzugte diesen Vorsatz des Schuldners gekannt haben, (hiervon ist auszugehen, wenn die drohende Zahlungsunfähigkeit und die Benachteiligung der übrigen Gläubiger zur diesem Zeitpunkt bekannt war).

Beispiel:
Die Gläubigerin, die XY-GmbH, hatte vor einem halben Jahr eine Kontenpfändung aus einem rechtskräftigen Vollstreckungsbescheid betrieben. Diese Pfändung wurde Zug um Zug aufgehoben, nachdem der Schuldner das Geld überwiesen hatte. Nunmehr wird über das Vermögen des Schuldners das Insolvenzverfahren eröffnet. Der Insolvenzverwalter verlangt nach § 133 InsO, der die sog. Vorsatzanfechtung regelt, das Geld zurück. Er meint, dass eine Gläubigerbenachteiligung durch eine Handlung des Schuldners vorgelegen habe. Allerdings liegt keine Handlung im Sinn dieser Vorschrift vor, wenn der Gläubiger zwangsvollstreckt hat. Dasselbe gilt, wenn der Schuldner infolge des Pfändungsdrucks keine andere Wahl mehr hatte, als zu leisten. Die XY-GmbH braucht also das Erlangte nicht zurück zu erstatten.

Gerade bei einer Rückforderung des Insolvenzverwalters innerhalb des Zehn-Jahres-Zeitraumes sollte daher sorgfältig überprüft werden, ob dieses Verlangen tatsächlich begründet ist.

IX. Zusammenfassung

Der einzelne Gläubiger darf gegen den Schuldner nicht (mehr) zwangsvollstrecken, wenn über das Vermögen illiquider Schuldner das Insolvenzverfahren durchgeführt wird. Ein Insolvenzverfahren wird bei (drohender) Zahlungsunfähigkeit des Schuldners eröffnet.

Der Gläubiger sollte von einem Antrag auf Eröffnung des Insolvenzverfahrens absehen, wenn er in den vergangenen drei Monaten Teilleistungen des Schuldners erhalten hat. Dann ist nämlich damit zu rechnen, dass der Insolvenzverwalter die Zahlungen später anficht, weil der Gläubiger mit diesem Forderungseinzug anderen Gläubigern zuvorkommen wollte. Dem Rückforderungsrecht des Insolvenzverwalters können aber sogar Zahlungsbeitreibungen der letzten zehn Jahre unterliegen.

Die weitestgehende Realisierung der Altforderungen steht für den Gläubiger im Insolvenzverfahren im Vordergrund. Innerhalb einer vom Verwalter vorgegebenen Frist sind die Forderungen schriftlich anzumelden. Besser gestellt sind diejenigen Gläubiger, welche mit dem Schuldner schon frühzeitig – bei Vertragsabschluss oder auch noch später – Sicherheiten, wie Grundpfandrechte, Eigentumsvorbehalt oder Forderungsabtretungen, vereinbart haben. Im Insolvenzverfahren stehen ihnen dann Aus- bzw. Absonderungsrechte zu.

Im Insolvenzverfahren zu Unrecht benachteiligte Gläubiger haben auch hier die Möglichkeit zu klagen, so auf Feststellung einer streitig gebliebenen Insolvenzforderung, auf Feststellung einer unerlaubten Handlung oder auch eine Schadensersatzklage gegen den Insolvenzverwalter.

Sachverzeichnis